「価値を否定された人々」

ナチス・ドイツの強制断種と「安楽死」

中野智世・木畑和子・梅原秀元・紀愛子

新評論

「価値を否定された人々」——ナチス・ドイツの強制断種と「安楽死」／目次

序　9

第一章　優生学とナチス・ドイツの強制断種手術――木畑和子　19

第三章　「安楽死」の犠牲者——バイエルン地方のある精神病院の事例から——　中野智世　169

第四章　強制断種・「安楽死」の過去と戦後ドイツ——紀　愛子

「価値を否定された人々」

ナチス・ドイツの強制断種と「安楽死」

私たちは空襲から逃れるために転院させられたのではありません。そうではなくて、人里離れたところで目立たないように餓死させるためです。［…］ここに来た人のうち、生きているのはごくわずかです。みんな骸骨のように痩せ衰え、ハエのように死んでいきます。

（「安楽死」犠牲者エルンスト・プッツキの母親への手紙）

序

エルンスト・プッツキ——ある一人の「安楽死」犠牲者

一九〇二年、エルンスト・プッツキ（次頁図　序-1）はドイツ西部のデュッセルドルフ近郊で鉄道作業員の息子として生まれた。[1] 八人兄弟だった。初等教育を終えるとすぐ工場に働きに出て、第一次世界大戦（一九一四〜一八年）中には軍役に就いたが数カ月で除隊となり、以後、臨時工などをしながら北ドイツの各地を転々とした。三〇歳になる頃、痛風とリューマチで次第に足が不自由になり、入院治療のかいもなく、三三年一〇月にドイツ北部のハノーファーの身体障害者施設に入所する。ちょうどこの頃、政権を握ったナチ党のもとで「浮浪者」「反社会的分子」への摘発が強まっており、プッツキはひと月あまりで手厚い世話を受けられる施設を追い出され、ホームレス宿泊施設を経てハノーファー近郊にあるヴンストルフの精神病院へと送り込まれた。プッツキは、自分は精神疾患の患者ではないとして退院を要求し、親戚や友人に助けを求め、陳情や異議申し立てを繰り返し、結局、母親の申し出により三五年七月にドイツ西部のハーゲンの母のもとに戻ることになった。退院はしたものの、健康保健局から派遣されたソーシャルワーカーはプッツキ

図　序-1　エルンスト・プッツキ。病院のカルテより（1943年）。
出典：LWV-Archiv, K 12 Nr. 2274 (Ernst Putzki).

が「精神分裂病」の疑いがあると報告し、ヴンストルフの精神病院も、プッツキを断種法に基づく強制断種手術の該当者として健康保健局に届け出ている。ただし、本人の身体障害により（歩行には二本の杖の助けが必要だった）「子孫を残す危険性」がないとして、遺伝健康裁判所への断種の申立ては先延ばしとなった。

プッツキは熱心なプロテスタント信者で、ナチ政権と距離を取っている教会グループの勉強会に参加していた。彼にとってアドルフ・ヒトラーは反キリスト者であり、そうした考えを日常的に（商店や床屋などでも）発言していたという。また、自身が精神病院で受けた処遇を不当として補償や年金の増額を繰り返し求めていたため、プッツキは「要注意人物」として再び当局に目をつけられることになった。一九四二年一二月、家に押し掛けたナチ党員数名によって、彼は母親の目の前で警察へと連れていかれた。警察はプッツキが「総統［＝ヒトラー］への侮辱」に満ちた「国家に敵対的な内容」の手紙やビラを作成・配布し「公共の秩序安寧を脅かした」とし、官医はプッツキを「妄想症」で治癒不能な「精神病」と診断して施設収容を命じた。四三年一月、彼は拘置所からハーゲンの東に位置するヴァールシュタインの県立精神病院に送られた。厳しい行動制限や手紙の検閲があるにもかかわらずプッツキは家族や知人に手紙を書き続け、「自分は精神病ではない」と訴えるだけではなく、刻々と悪化しつつあった戦況の見通しや政府およびヒトラー批判を書き綴り、風刺画を描いた（次頁図　序‐2）。

しかし、それらの手紙は医師の指示によって投函されず、プッツキはその年の七月にドイツ中部、ヘッセン州のヴァイルミュンスターの精神病院に転院させられた。この病院は医師も介護人もほとんどがナチ党員で、ここに入院した患者は計画的に餓死させられており、劣悪な処遇で入院患者の死亡率は五〇％に上っていた。病のために股関節と背骨が硬直し背の曲がったプッツキの身長は一六〇センチメートルそこそこだったが、入院時の彼の体重はすでに四三キログラムしかなかった。彼は母親宛ての手紙でそこでの惨状を以下

図　序－2　エルンスト・プッツキが病院内で描いたヒトラー批判の風刺画（1943年）。
出典：LWV-Archiv, K 12 Nr. 2274 (Ernst Putzki).

のように書いている。

親愛なるお母さん！

今日は一九四三年九月三日、戦争もこれで四年目になりました。〔…〕みんなの手紙は八月二二日の日曜日に届きました。〔…〕手紙で知らせてくれた小包はようやく昨日着きました。きっと徒歩で届けられたのでしょう。中身の二ポンドのリンゴと傷んでドロドロになって変な匂いのしている梨のムースは、むさぼるように食べてしまいました。〔…〕

私たちは空襲から逃れるために転院させられたのではありません。そうではなくて、人里離れたところで目立たないように餓死させるためです。私と一緒にヴァールシュタインの病院からここに来た人のうち、生きているのはごくわずかです。みんな骸骨のように痩せ衰え、ハエのように死んでいきます。毎週、おおよそ三〇人が亡くなって、棺もないまま骨と皮だけにな

Dokumente!!!

Liebe Mutter! Wir haben heute schon 4 Jahre Krieg und den 3.9.43. Wir geben Nachrichten! Euer Brief kam am Sonntag d. 22.8. hier an. Die Stachelbeeren bekam ich nicht. Das angekündigte Paket erhielt ich erst gestern und wurde wahrscheinlich zu Fuß herein gebracht. Der Inhalt, 2 [illegible] Äpfel u. eine, eine faule, matschige Masse von stinkenden Birnenmus wurde mit Heißhunger überfallen. Um eine Hand voll zu faulem Zeug rissen sich andere Todeskandidaten drum. Meine Schilderungen aus Wunstorf wurden nicht geglaubt aber diese hier muß man glauben weil sich jeder von der Wahrheit überzeugen kann. Also: Nachdem ich an Paul 2, an Paula 1 Brief von Warstein schrieb, schickte ich Dir 6 Tage vor dem Transport die Nachricht von unserer Übersiedlung nach hier und bat noch um Deinen Besuch. Der Transport war am 26. Juli und ich bin Montag genau 6 Wochen hier. Wir wurden nicht wegen der Flieger verlegt sondern damit man uns in dieser wenig-bevölkerten Gegend unauffällig verhungern lassen kann. Von den Warsteinern, die mit mir auf diese Sterbestation kamen, leben nur noch wenige. Die Menschen magern hier zum Skelett ab und sterben wie die Fliegen. Wöchentlich sterben rund 30 Personen. Man beerdigt die hautüberzogenen Knochen ohne Sarg. Die Bilder aus Indien oder Rusland von verhungerten Menschen habe ich in Wirklichkeit um mich. Die Kost besteht aus täglich 2 Scheiben Brot mit Marmelade, selten Margarine oder auch trocken. Mittags u. abends je 3/4 Liter Wasser mit Kartoffelschnitzel und holzigen Kohlabfällen. Die Menschen werden zu Tieren und essen alles was man eben von anderen kriegen kann so auch rohe Kartoffel und Runkel, ja wir wären noch anderer Dinge fähig zu essen wie die Gefangenen aus Rußland. Der Hungertod sitzt uns allen im Nacken, keiner weiß wer der Nächste ist. Früher ließ man in dieser Gegend die Leute schneller töten und in der Morgendämmerung zur Verbrennung fahren. Als man bei der Bevölkerung auf Widerstand traf, da ließ man uns einfach verhungern. Wir leben in verkommenen Räumen ohne Radio, Zeitung und Bücher, ja, ohne irgend eine Beschäftigung. Wie sehne ich mich nach meiner Bastelei. Wir essen aus kaputtem Essgeschirr und sind in dünnen Lumpen gekleidet in denen ich schon mehr gefroren habe wie einen ganzen Winter in Hagen. Vor 5 Wochen haben wir zuletzt gebadet und ob wir in diesem Jahre noch baden, wissen wir nicht. Alle 14 Tage gibt es ein reines Hemd u. Strümpfe. Das ist Sozialismus der Tat. Euer Ernst.

図　序－3　エルンスト・プッツキの母親宛ての手紙（1943年9月3日付）。
出典：LWV-Archiv, K 12 Nr. 2274 (Ernst Putzki).

って埋葬されています。[…]

毎日の食事はふた切れのパンとマーマレード、たまにマーガリン、何もついていないこともあります。昼と夜はそれぞれ四分の三リットルの水と細かく刻んだジャガイモ、硬い繊維だらけのキャベツのくずです。みんな獣と化して手に入るものは何でも食べています。[…] 飢え死には誰の身にも迫っていて、次が誰の番かは誰にもわかりません。以前、この地域では患者をさっさと殺してしまって、夜明けに運び出して［遺体を］焼いていました。住民の抵抗にあってからは、ただ飢え死にさせることにしたのです。私たちは荒れ果てた部屋で、ラジオも新聞も本もなく何もすることなく生活しています。好きな工作でもやれたなら。壊れた食器で食事をし、ボロボロの服を着て[…]震えています。最後に入浴したのは五週間前で、今年中にもう一度入浴できるかどうかはわかりません。きれいなシャツと靴下は一四日ごとです[2]（図　序－3）。

この手紙もまた投函されず、母親の元に届くことはなかった。母親はその後も息子を引き取りたいと訴えていたが、一年後の一九四四年九月二九日、プッツキはヴァイルミュンスターの東に位置するハダマーの「安楽死」殺害施設に移送され、母親のもとには翌四五年一月に彼の死亡が伝えられた。死因は肺炎とされていたという。

エルンスト・プッツキは、第二次世界大戦（一九三九〜四五年）下のドイツで行われた「安楽死」と称される大量殺害の犠牲者の一人である。ナチ体制下のドイツでは、ユダヤ人に対するホロコースト（ナチスによるユダヤ人大量殺戮）と並んで、体制にとって「価値の低い」「価値のない」存在と見なされた人々がさまざまな迫害の対象となった。病気や障害のある人、社会規範に逸脱すると見なされた人などが次世代に子孫を残さぬように強制的に断種（不妊化）され、戦争が始まると、こうした人々に加え、不治の病人や認知症の高齢者、病気で働けなくなった外国人労働者など多種多様な人々が組織的に殺害された。これら「価値の低い」「価値のない」存在と見なされた人々の殺害、あるいはその将来世代の抹殺のプロセスには、政権指導部はむろんのこと、医師や官僚、司法や福祉・教育関係者などさまざまな人々が関わっていた。わずか一〇年あまりのナチ時代に、強制断種の犠牲になった人々の数は四〇万人、「安楽死」の犠牲者数は三〇万人とされている。

本書のねらい

本書の目的は、無数の人々の生と尊厳を破壊した強制断種と「安楽死」の歴史を明らかにすることにある。これほどの規模の蛮行がなぜ可能となったのかは、ヒトラーという特定の個人や優生思想の広がりといった単一の原因論で説明することはできない。断種と「安楽死」の思想的背景、ナチ支配や戦時下という時代状況、計画策定から実行へと至るまでのプロセスを広く見渡し、複雑な歴史の様相を解きほぐしていく必要がある。本書が問おうとするのは、例えば以下のような問題である。

人間を価値づけ、「価値の低い」「価値のない」人々、あるいはその子孫を排除するという思想はいつどこから生じたのか、それが単なる一部の人々の思想ではなく実行へと移されることになった契機は何か、政治体制や社会・経済的状況は事態の展開にどのような影響を及ぼしたのか、積極的にイニシアティヴを握って計画を策定し、実行に関わったのはどのような人々だったのか、ターゲットとなる犠牲者はどのように想定され、計画実行のためにいかなる手続き・方法が取られたのか、実際に犠牲となったのはどのような人々で、彼らの経験はいかなるものだったのか、犠牲者の家族や遺族はどのように対応したのか、また、こうした措置が準備され進められるなかで、抵抗する人々や歯止めになるものは存在しなかったのか。

さらに、本書の問いは強制断種と「安楽死」の「その後」にも向けられる。というのも、この惨事は一九四五年のナチ体制の終焉とともに終わったわけではなかったからである。ホロコーストが戦後すぐにナチの悪行として広く内外に知られるようになったのに対し、強制断種と「安楽死」はそうではなかった。加害者・犠牲者がともに沈黙するなかで、この問題は長らく忘れ去られたままであり、強制断種の被害者が沈黙を破って声を上げたのはようやく八〇年代で、「安楽死」犠牲者がナチの不正による犠牲者として公式に追悼されたのは二〇一七年になってからのことであった。[3] それまで長きにわたり強制断種と「安楽死」に光が当たらなかったのはなぜか、彼らの犠牲が、社会のなかで広く「犠牲」として認知されるまでになぜこのように長い年月がかかったのだろうか。本書では、戦後ドイツ社会（ここでは主に西ドイツ）が、強制断種と「安楽死」という「過去」に対してどのように向き合ってきたか、その模索のプロセスにも目を向ける。

こうした問いの解明を通して強制断種と「安楽死」を歴史的に理解し、この歴史が現代の私たちに投げかけている問題を考える手がかりとしたい。

本書の構成

右のねらいに沿って、本書は以下のように構成されている。

まず第一章では、強制断種の背景となった優生学について、ドイツにおける優生学の確立と展開を跡づけるとともに、ナチ政権の成立後すぐに制定された「遺伝病子孫予防法」（いわゆる断種法）に基づいて行われた強制断種の実態を検討する。強制断種はナチの優生政策としてしばしば「安楽死」とひと括りに言及されるが、法的措置として行われた強制断種と極秘裡の作戦として行われた「安楽死」とは、その方法や手続きにおいてまったく異なっていた。ここでは、断種対象者の届出・申立てから遺伝健康裁判所による審理と決定、断種手術の実施に至るまでのプロセスをたどった後、実施に関わった医師たち、断種の犠牲者たちの姿が描かれる。

第二章では、「安楽死」殺害の構想から実行までの概要が提示される。まず、本来は「良い死」を意味する「安楽死」という言葉の内容が時とともに変化し、病者や弱者の殺害を許容するものへと転じていく概念史を通して「安楽死」の思想的背景を検討する。次に、ナチ体制下の「安楽死」がＴ４作戦の名で知られる組織的な大量殺害だけでなく、各地の精神病院主導で行われた患者殺害、戦闘行為にともなう敵地での患者殺害などさまざまな殺害が組み合わさった複合であり、それが戦時という一種の「緊急事態」のもとで行われていたことを、「子ども安楽死」、Ｔ４作戦、「分散した安楽死」という代表的な殺害を通して検討していく。

続く第三章では、「安楽死」の犠牲者と彼らが置かれた状況に焦点を当てる。ある一つの精神病院を事例として、「安楽死」が誰を対象としてどのように行われたのか、犠牲となった人々の姿を明らかにし、彼らの生死を分けたもの（疾患名や病状、治癒の見込み、労働能力、教育可能性、人種、性別、年齢、家族・親族との関係、病院内での「素行」など）を検討する。「安楽死」が日常の光景となっていく第二次世界大戦下の精神病院のありようと、そうしたなかでの犠牲者の経験や家族とのやりとり、具体的なライフヒストリーを通して、個人を襲った「生の破壊」を示す。

第四章では、強制断種と「安楽死」の過去に対する戦後ドイツの取り組みが検討される。ナチ体制崩壊後、断種手術や殺害の実行者たちに対する責任追及が十分に行われなかった結果、ドイツ医学界では長きにわたって沈黙が支配した。そうした沈黙の時代を経て、一九八〇年代から少しずつ進展していく強制断種や「安楽死」に関する歴史研究、被害者に対する戦後補償、そしてかつての「安楽死」殺害施設における記念碑・記念館の設立など、現在進行中のさまざまな取り組みが概観される。

最後に、現代を生きる私たちにとってこの強制断種と「安楽死」の歴史は何を示唆するのか、そしてまた、この「容易ならぬ過去」との対話を模索するドイツの取り組みからどのようなことが考えうるのかを示して結とする。

なお、本書で用いる用語についてひと言述べておきたい。本書においては、現在では使われない「精神分裂病」「精神薄弱」「白痴」「狂人」などの表現を用いている。これらの言葉は、当時は一般的な医学用語として医師や官僚のみならず、犠牲者やその家族の間でも普通に用いられていた。そのこと自体が当時の疾病観、病人・障害者観を示すものであり、これらのある種「生々しい」言葉を一律に中立的な言葉に言い換えてしまうことは、当時の時代の雰囲気を無害化し、犠牲者が晒されていた差別的視線を見えなくすることにもつながりかねない。そのため本書では、各執筆者の判断により、こうした表現を文脈に応じて使い分けている。

また、本書では特に断りのない限り犠牲者についても実名と顔写真を挙げている。後述するように、犠牲者の名前と顔を挙げることの是非については現在のドイツにおいても議論がある。[4] しかし近年では、遺族が積極的に犠牲者のバイオグラフィーを刊行し、実名とともに生前の写真を公開することで犠牲者を追悼し、個人の尊厳を取り戻そうとする動きも盛んになっている。[5] 本書においても、犠牲者を匿名の集団としてではなく、個人として描くことがこの問題の理解に不可欠であると考えるため、犠牲者の実名と顔写真をすでに公表されている場合に限って挙げている。

注

1 エルンスト・プッツキの生涯については、ナチ「安楽死」に関するポータルサイト「追悼の地―Ｔ４」のウェブサイト https://www.gedenkort-t4.eu/de/node/1029#lebenswege（最終閲覧日二〇二一年七月一日）を参照。

2 20099910.pdf (btg-bestellservice.de) 一七頁（最終閲覧日二〇二一年七月一日）。

3 この年、連邦議会で毎年行われるナチ犯罪の犠牲者の追悼式典で初めて「安楽死」犠牲者が取り上げられ、プッツキの手紙はダウン症の俳優ゼバスティアン・ウルバンスキによって朗読された。

4 Fuchs/Rotzoll/Müller/Richter/Hohendorf (2014); Hohendorf/Raueiser/Cranach/Tiedemann (2014).

5 例えば、Falkenstein (2012).

第一章

優生学とナチス・ドイツの強制断種手術

木畑和子

はじめに

本章においては、ナチス・ドイツを中心として優生学および断種手術[1]の概容を述べ、その実態について論じていきたい。

ドイツの優生学をめぐる研究は、一九八〇年代以降飛躍的に発展してきており、特に、ナチ時代の強制断種手術に関わるテーマについての研究状況の進展は著しい。さらに二〇〇〇年頃より、各地域の健康保健局（日本の保健所に似た組織）の史料や断種手術の当否を審理した遺伝健康裁判所史料などを用いた地域研究や、個々の病院や施設に保管されていた史料を駆使した研究が進み、強制断種のさまざまな実態の解明が進んできた。

優生学および断種政策に関わった医療専門家集団や保健衛生行政機構に関する研究、犠牲者たちについても大部の研究書が数多く出され、ドイツにおける優生学の研究全体は容易に追いきれないほどの状況である。これらの新たな研究により、犠牲者たちの様相の理解もさらに深まり、これまでの研究の相対化が迫られたりしている。例えば、女子の教護児童を断種から守った、とこれまでいわれてきたあるディアコニッセンハウス（ディアコニッセはプロテスタント系福祉事業で社会奉仕に従事する女性のこと）が、実際は過酷な状態で少女たちの強制断種を進めていたことが、つい数年前、明らかにされている。[2]

ナチ時代の強制断種政策は、法律もなく極秘裡に行われた「安楽死」政策とは異なり、法律（ナチ政権が成立した一九三三年に制定され、三四年から施行された断種法）のもと、遺伝健康裁判所の審理を経て実施された。しかし手術そのものは秘密裡に行われ、また人々の不安が広がるのを恐れたアドルフ・ヒトラーが手術件数の公表を禁じたため（一九三六年五月）[3]、正確な犠牲者数は今なお確定されていないが、約四〇万人と推定されている。[4]

本章では、ドイツの新たな個別研究などにも拠りつつ、優生学の思想と、その実践としての断種手術のプロセス、実態を検討する。病院や治療施設に入所していた人々のみならず、社会で日常生活を送っていた人たちまでもが、「遺伝病患者」としていかにして抽出されたかという点をはじめ、遺伝健康裁判所での審理の過程などに光を当てることによって、強制断種の具体的な様相を明らかにしていきたい。

その際注目すべきは、ナチ時代の国策となった優生政策が、優生学がそもそも目指していた「人種改良」（ここで用いられる人種とは、人種主義に基づく人種のことではなく、「人間という種 race」の意）から大きく乖離した様相を呈していたことである。その原因をナチの断種政策に求めるか、あるいは優生学自体がそもそも抱えていた問題に求めるかということから、優生学そのものを再考する姿勢も必要とされる。本章では、そうした点も検討していきたい。

1　優生学とは

優生学誕生の時代的背景

優生学は一九世紀末、社会改良の重要な手段としてイギリスの科学者フランシス・ゴルトンによって提唱された。「優生学の祖」といわれるゴルトンは『種の起源』（一八五九年）を著したチャールズ・ダーウィンのいとこで、自然界の自然淘汰についてのダーウィンの進化論に強い刺激を受けた。ゴルトンはダーウィンの進化論を、人間の知能の遺伝と直接結びつけて理論化しようとした。彼は、人間の身体的特質のみならず、才能も性格も、行動までも遺伝すると考えたのである。そして彼は一八八三年に、「適者」の出生を促し、淘汰（選別）によって進化を操作することで、より「優れた人間」を作り上げようとする科学を「優生学eugenics」（「よき生まれ」）と命名した。彼は人間の心や知能を決定づけるものとして、「育ち」よりも「生まれ」、すなわち遺伝をより重視したのである。

同じく一九世紀後半、動植物について論じた進化論を人間社会の問題へ適用しようとする社会ダーウィニズムも登場した。ダーウィンが生物の自然淘汰について述べたのに対し、社会ダーウィニズムは、生物界は「弱肉強食」の生存闘争の世界であり、人間社会も強者でなければ生き残れず、優れた民族や人種のみが生き残ると論じた。[5]「適者生存」から「弱肉強食」へと議論を展開したのである。[6]

二〇世紀の初めには社会ダーウィニズムが急進化し、優生学との混合が見られるようになった。その際、文明社会では自然淘汰が閉じられ、何もしなければ逆淘汰（「価値高き人」が減り、「価値低き人」が増える。これらに関しては、後述）が起こるというゴルトンの考えが大きな役割を果たした。社会ダーウィニズムの信奉者がそうした優生思想を前向きに受けとめたのは必然であった。彼ら自身、「貧窮」から精神病に至るまで、社会的に望ましくない特質の大半は遺伝によってもたらされると主張していたからである。ちょうど一九〇〇年に、メンデルの遺伝法則の有効性があらためて「再発見」され、遺伝という概念が誕生したことが、ここでは大きな意味を持った。[7]

この主張を進めていくと、社会を維持するのに望ましい「適者」が子どもをたくさん産むことは奨励されるべきであり、反対に「不適者」は子どもを産まないよう制限されるべきであるということになる。ただしこの時点では、優生学的に子どもを産ませないことが必要であるとまでは考えられていなかった。過酷な生存競争のなかで「不適者」はいずれ消え去る運命にあり、「適者」がますます栄えていくと考えられていたからである。[8]

一九世紀の西ヨーロッパでこのような思想が誕生した背景には、工業化の急速な進展という事態があった。経済の拡大、急速な都市化と都市への人口集中などが起こり、それが社会問題を顕在化させた。地縁・血縁で結ばれてきた農村共同体での生活を離れ、仕事を求め都市に移動した人々のなかには、過酷な工場労働や劣悪な住宅環境のもと、さまざまな犯罪やアルコール依存、売春、自殺に走る者も増えていった。都市化はさらに結核、乳児死亡、性病など衛生学に関わる問題を引き起こした。そうしたなかで「精神異常者」や「精神薄弱者」、特に「反社会的」で「非生産的」な人間が目に見えて増えているという不安を、多くの人々が抱くようになった。[9]

優生学はこのような問題を抱える人々を「価値低き人、低価値者 minderwertig」とし、一九〇〇年の前後

図表1－1　ヴェストファーレン州精神病院の患者数（1850〜1933年）

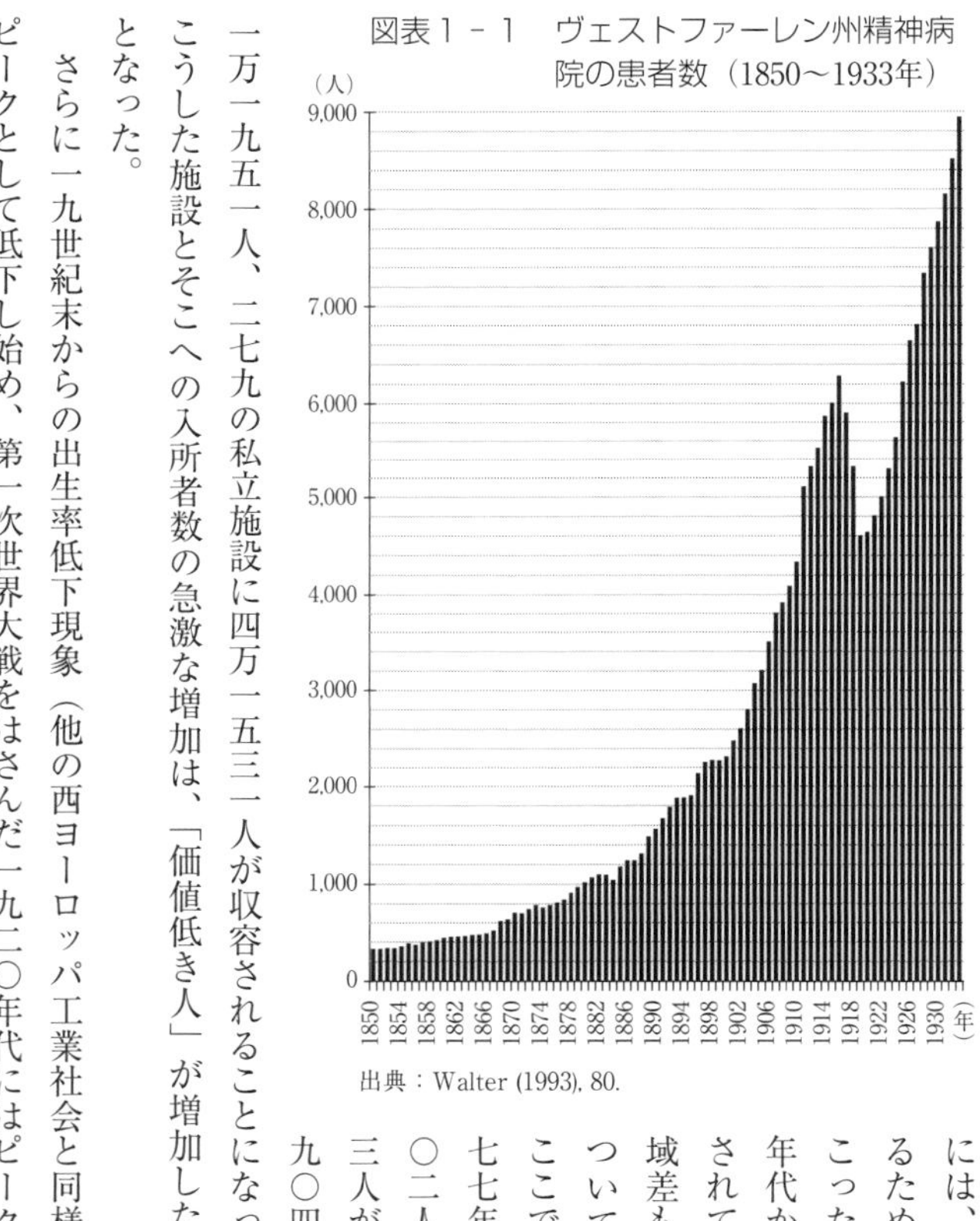

出典：Walter (1993), 80.

には、そのような人たちを入所させるための精神病院創設ラッシュが起こった。図表1－1には、一八九〇年代からの患者急増の様相がよく示されている。この施設増加率には地域差もあり、また未収容の対象者については信頼できる数字がないが、ここではドイツ帝国においては一八七七年、九三の公立施設に三万三二〇二人、一一四の私立施設に七一七三人が収容されていたのに対し、一九〇四年には一八〇〇の公立施設に一一万一九五一人、二七九の私立施設に四万一五三一人が収容されることになったとする数字を挙げておこう。[10]こうした施設とそこへの入所者数の急激な増加は、「価値低き人」が増加したという危機意識を強める要因となった。

さらに一九世紀末からの出生率低下現象（他の西ヨーロッパ工業社会と同様、ドイツでも一八七〇年代をピークとして低下し始め、第一次世界大戦をはさんだ一九二〇年代にはピーク時の二分の一となった）のなか、「価値の低い」「反社会的」な人間のほうが多産であり、このままでは逆淘汰による人間の「退化」が起こるのではないかという人々の不安が現実味をおびてきたように思われ始めた。この「退化」への不安は、優生学の誕生・伸張にとって決定的な意味を持った。社会ダーウィニズムと優生学の結びつきはこのような状況を背景に進んだのである。

「価値高き人」と「価値低き人」

遺伝形質に関して「価値高き人、高価値者 höherwertig」とは、運動に特に優れた人とか、特に知能が高い人を指しているのではなく、社会的・文化的役割を果たす能力のある人を意味する。人種衛生学（後述）の最も初期の提唱者の一人で医師のヴィルヘルム・シャルマイヤーなどはギムナジウム（九年制の中等教育機関）を修了したような教養市民層（教育ある中産階級）を理想像としてイメージしていた。[11] そして「健康は義務」という言葉を標榜したナチ時代には、特に壮健であることが重視された。[12]

他方「価値低き人、低価値者 minderwertig」は、しばしば非生産的な人の同義語として用いられていた。一九世紀の工業化の過程で発現した社会に「不適格」な「価値低き人」は、国民の「負担」となっているとされ、「不適者」の増大は人々に不安を与えた。この「minderwertig」を筆者はこれまで主に「劣等」と訳してきたが、[13]「劣等」ではもっぱら重度の障害者が断種の犠牲者となったかのような誤解が生じるおそれがある。ナチ時代のプロパガンダ写真や図像には、重度の障害者たちがいかに国家・社会にとって「負担」となり、本人自身にとって障害はまさに苦しみであることを訴えているものが多い。しかし実際には重度の障害はなくても「相対的に価値が低い」とされた人間が多く絡め取られて排除されたのである。その結果、本章で示すように、日常生活を営み、家庭を持ち、子どものいるような人でも強制断種の対象とされた。したがって「価値低き人、低価値者」といった表現のほうが多少なりともナチの断種の実態に沿った訳語ではないかと思われる。本章であらためて述べるように、そのような「価値低き人」が人口に占める割合の算定は、優生学者によって大きく違ったものの、いずれにせよきわめて膨大な人数が想定されたのである。

優生学の広がりと多様性

優生学は、二〇世紀初め頃までにはアメリカ合衆国、西ヨーロッパをはじめとする多くの国々に広まり、それぞれの国家が抱える問題に応じた展開を見せていった。アメリカ合衆国では犯罪は遺伝によるものであるからと、「欠陥ある血統」を根絶するという取り組みが大規模な断種法実施のもとでなされた。特にカリフォルニア州ではその実施が徹底しており、一九二〇年までの同州の断種手術数は合衆国全体の約八割を占めた。その主な対象となったのは精神病院の入所者や刑務所に収監されていた性犯罪者などである。[14] 一方、フランスの優生学は、断種手術につながるような遺伝決定論は取らず、後天的な獲得形質の遺伝を唱えるラマルク主義の影響を強く受けた環境重視の考えのもと、個々人の衛生状態の改善を重視した。[15]

国際的な広がりのなかで多様化した優生学の厳密な定義は容易ではない。[16] ここでは共通した要素を押さえて、「人間の遺伝的『劣化』の防止ならびに『改良』を行い、遺伝的に『優れた』人間を殖やそうとする思想およびその運動」という定義を挙げておきたい。

近年日本では、優生思想は「命の価値づけ」や「命の選別」という言葉としばしば結びつけられ使用されている。第二次世界大戦開始とともに始まった障害者の「安楽死」計画（本書第二章参照）のように、人間の生命の価値づけに基づいて生存の適否を判断する思想全般を指して、優生思想という言葉が用いられているのである。しかし、本来優生学とは、遺伝の問題、すなわち生殖コントロールと関わる問題であり、ナチ時代のような、殺害につながるような人間の選別に関わる問題ではなかった。そのことはあらためて押さえておきたい。優生学は「人種改良」によって、「価値高き人」からなるユートピアを作ろうとしたのであるが、ナチ時代には、優生学の基礎となる遺伝とは関係のない実にさまざまな「物差し」が用いられて、断種の決定がなされたのである。本章ではその点を重視して論じていきたい（第4節参照）。

生殖コントロールを通して「人種改良」を行うためには、遺伝的に問題がある人間に子どもを産ませないという断種などのやり方と、遺伝的に優れた人間に対し出産奨励策を取り、優れた人間を殖やすというやり方との、二つの方法がある。前者を消極的（禁絶的 negative）優生学といい、後者を積極的（生殖奨励的 positive）優生学という。しかし出産奨励策をとって、実効性をもって遺伝的に優れた人間の出産の増加を図ることは、ナチ時代もそうであったが、まずは不可能であった。そのため、「人種改良」には断種という消極的優生学こそ有効な政策であるとの確信が持たれたのである。

優生学の多様性という点で、一つ強調しておきたいことがある。優生学と人種主義の関係である。ドイツで優生学がナチに結びついたことにより、優生学が反セム主義（ユダヤ教徒を「セム人」として人種主義的にとらえ、差別・排斥する人種的偏見。反ユダヤ主義ともいう）を含む人種主義と一体のものであるかのように受け取られることもある。しかし優生学は、自由主義者、社会主義者などをはじめとする、さまざまな政治的立場の人間に支持されてきたきわめて幅広い性格を持ち、二〇世紀初めにはユダヤ教の宗教的指導者ラビにもかなりの熱意でもって受け入れられていた。[17] 優生学が人種主義と直接的に結びついたのは、後述するように、ナチ時代の優生政策の進展のなかにおいてであった。

ここで優生学をめぐる用語の問題について簡単に触れておきたい。ドイツ語圏では優生学のことをもっぱら人種衛生学（Rassenhygiene）という用語で表している。[18] 人種衛生学における「人種」とは先に述べたように人間の種のことであり、人種主義の人種や民族を意味するものではない。二〇世紀の最初の三〇年間は人種衛生学と優生学はほぼ同意語として用いられており、[19] ドイツ語文献では論者によっては「優生学／人種衛生学」と併記したり、特段の書き分けなく両者をともに用いたりする場合もある。ただし、人種衛生学という用語の使用を避けたい優生学者もおり、優生学のほうがより幅広い意味を持ったといえよう。これに対してナチ時代には人種衛生学者がリーダーシップを取ったため、人種衛生学という言葉で表記される場合が多かった。本章では場合に応じ適宜、双方の用語を用いている。

人種衛生学

医師アルフレート・プレッツは彼の主著『人種衛生学綱要―わが人種の有能さと弱者保護』（一八九五年）のなかで、人種の改良について、優生学という用語ではなく「人種衛生学」という用語を用いつつ、人間の種を守るのみならず、人間の質を改善しなくてはならないと主張した。彼は人種衛生学の「伝道師」とも呼ばれ、世界初の優生学雑誌を発行したほか、世界初の優生学組織「国際人種衛生学会」の創設（ベルリン、一九〇五年）を主導して、ドイツ優生学の牙城の一つを形成するなど、シャルマイヤーとともに人種衛生学の発展に大きな役割を果たした。

この組織名からわかるように、ドイツの人種衛生学は最初から「国際」性を意識していたが[20]、その初期の課題は、他の西ヨーロッパ諸国の優生学と変わることはなかった。ただしドイツの特徴として挙げられるのは、一八七一年に統一したドイツ帝国が、英仏に比べ遅れて登場した近代国家であったことである。ドイツは列強と肩を並べるために、工業化を急速に進めようとした。その結果起こった大きな社会変化、特に労働運動の活発化は、教養市民層からは国家の円滑な運営を阻害するものと受け取られた。帝国が置かれたこのような状況において労働者たちを統合するためにも、またその間さまざまな形で生じていた社会問題に対処するためにも、何らかの社会政策が必要であることが多くの人々の共通の認識となっていった。人種衛生学はこうした社会・政治問題に医療で対処しようとしたのである。[21] 一九〇〇年頃、優生学者は「反アルコール・キャンペーン」を支持するようになったが、そうした動きに見られたような優生学と社会改革との結びつきが優生学の発展の基礎となった。[22]

第一次世界大戦中、各国に優生学会ができ、ドイツでも組織名が「ドイツ人種衛生学会」と改称された。その会員（三一名）のおよそ三分の一が医師・医学者で、ほかは動物学者や人類学者などで構成されていた。政治的立場のいかんにかかわらず、社会改革が必要だと考える人々が優生思想に惹かれていたのである。ドイツ人種衛生学会に集った人々の幅は広く、ほとんどすべての政治的立場（共産主義者は除く）の人々、宗教的にはカトリック、プロテスタント、ユダヤ教徒などさまざまな立場の人々がいたし、人種主義者もいれば、また反対に人種主義を厳しく批判する人々もいた。[23]

多種多様な人々にとって、優生学はまずもって進歩の思想だったのである。彼らは医学・生物学によって社会改革をなしうるという期待を抱いていた。なお、この学会のベルリン支部の創設者の一人、精神科医・遺伝学者エルンスト・リュディン（後の「カイザー・ヴィルヘルム精神医学研究所」所長）は、ナチ時代の断種法成立にも関わることになる。彼は後述するように、精神病が遺伝によるものであれば、断種によって精神病を克服ができるのではないかと精神病と遺伝に関する研究を進めていた。[24]

このようななか、「民族の健康」を守るためには病気の「予防」が重要であるから、優生学は単に病気を治すのではなく、次の世代・社会の将来を見据えた優生学的措置が重要であると考える人々が生まれてきた。例えばシャルマイヤーは、民族の生物学的「退化」を防ぎ、国民の負担を合理的に解決するために、積極的優生学、すなわち優れた人々（彼によれば教養市民層）の出生率を上げることが重要であると主張した。彼が応募した懸賞論文「諸民族の興亡における遺伝と淘汰」は、国民の業績能力を可能な限り合理的に強化できるかどうかが国家にとっては重要で、強くて健康な国家を保証するためには優生学が理想的であると論じたものだが、これはドイツの鉄鋼王が設けたクルップ賞を受賞（一九〇三年）した。この受賞は優生学的考えが人々に浸透する契機ともなり、ドイツの優生学が運動として進展していく上で大きな意味を持った。[25]

またプレッツは、一九一〇年には「低価値者」の結婚制限政策および「高価値者」の多子家庭への補助金支給政策を主張するようになった。英米での議論と同様、ドイツでも「有能ではない人間」が存在することに対する負担をめぐって「低価値者」という言葉がしばしば使われることになったのである。このような議論のなかで、国家の負担軽減のためにドイツでもアメリカに倣って断種手術を導入し、「低価値者」による出産の防止や、そのような人たちに自身の経費を賄わせるために、労働コロニーの創設を提案する人種衛生学会メンバーも出てきた。[26]ほかに、健康であることを示す証明書や結婚申請書などの導入によって「不適者」の結婚を防止する試みもなされた。[27]

優生学は人間の質を改良しようとしたものであるが、当時のドイツにおいてもう一つ重要な課題は、適切な（質の高い）人口を殖やそうとする人口政策だった。前述したように世紀転換期ドイツでは他の西ヨーロッパ工業社会と同様に出生率の減少が起こっていたのであり、人口政策への着目を招くこの状況は、社会不安を生んでいた。皇帝ヴィルヘルム二世の黄禍論（こうかろん）やスラブ脅威論の広がりは、そうした状況を背景としていたが、優生学もまたこの時代背景のもとで、影響力を増していったのである。[28]

2　ヴァイマル共和国時代の優生学

社会国家とグロートヤーン[29]

第一次世界大戦はドイツの国家体制を帝政から共和政へと大きく転換させた。優生学者には戦争に反対した者が少なくなかったが、それは平和主義者としてではなかった。例えばシャルマイヤーやフリッツ・レンツ（後述）は、原始時代であれば戦争は人種の劣等な部分をふるい分けするのに有効な手段として優生学の課題を実現する選択原理となったかもしれないが、近代戦は有能な男性の死をもたらす「逆淘汰」を意味し、退化につながると考えたのである。[30]

大戦はドイツに二〇〇万人もの有為な青年たちの大量死をもたらした上に、過酷な戦後賠償を招き、領土喪失による人口減は深刻な打撃と人口問題に関するさらなる危機感を抱かせた。新しい国家は政治的・社会的・経済的な混乱や悲惨さのなかで出発したが、それは優生学の課題を大きく変えることにもなった。

ヴァイマル共和国（一九一九～三三年）は憲法によって社会国家としての法的基礎を持つ国家となったが、そのなかで国民の健康はもはや個人のものだけでなく、文明と生産的社会の基盤でもあるとされた。そうした変化のもと、人口の質と量の問題が常に課題とされ、健康保健局や、公営・私営の優生結婚相談所などが数多く創設された。ナチ時代の人種衛生学実践の制度的ルーツはヴァイマル共和国時代に組み立てられた社会国家制度にもあるといってよいだろう。[31]

優生学は次第に共和国の健康、福祉、社会政策の核となっていき、その政策実行にあたっては医学者や優生学者が大きな役割を担うようになった。ただし、ヴァイマル時代の状況がナチ時代のそれのルーツとなったといっても、ナチ時代の優生政策に直接つながる転機は、一九二九年の大恐慌時代となる。その点に留意した上で、ヴァイマル初期から見ていきたい。

この時期の優生学を考える上で重要な人物として、社会主義者の医師アルフレート・グロートヤーンがいる。彼は社会民主党の国会議員でもあった。グロートヤーンは社会衛生学者として病気発症における社会的原因を重視し、その問題を解決すべく、第一次世界大戦前には人口問題や衛生問題に関する法律や社会制度の整備に力を注いだ。同時に彼は、病気発症には社会環境のみならず、遺伝で得た体質も影響するという認識も持っていた。とはいえ彼は「遺伝法則について余りに多くが不明」であるとし、「完全には壮健とはいえない両親」でも三人以上子どもを産むことを提唱している。[32] 彼は二〇世紀に入って顕著になった人口減少問題を解決するためには、まず人口の「量」を殖やすことを重視したのであり、一方で、断種を含んでいることから優生学に対しては消極的であった。

しかし第一次世界大戦後になるとグロートヤーンは、全人口のほぼ三分の一（約二〇〇〇万人）は「低価値者」であるとして人口の「質」を問題にするようになった。[33] 彼は社会衛生学の観点から病の根源にある環境の改善に尽力するとともに、それまで否定的であった考え方、すなわち壮健な肉体を作る「優生学の実践化」の必要性を説くようになったのである。ただしグロートヤーンは「低価値者」の「生殖制限」の必要性について触れはしたものの、実際に生殖の禁止を唱えることはなかった。[34]

グロートヤーンが優生学を受け入れ、支援するようになった変化の背景の一つには、エルヴィーン・バウアー／オイゲン・フィッシャー／フリッツ・レンツ著『人類遺伝学・人種衛生学概説』（一九二一年）[35] という優生学に関する書物がドイツで広く受け入れられるようになったことがある。[36] 一九二〇年代には、犯罪、出生率の低下、性病、結核、「アルコール中毒」（アルコール依存症）などの社会的原因による病気などからドイツ国民を救うことを目的とした公共の福祉政策や社会衛生学が優生学へ接近していく状況が見られたのである。

社会民主党内にはグロートヤーンと同じく優生学に魅了された人が少なくなかった。社会主義も優生学も進歩に対する楽観主義的姿勢を共有していたため、党内に優生学を支持する人たちがいたことは不思議ではなかった。彼らは優生学の「科学的」な手法に関心を持ち、科学技術を用いた社会改良を考えた。[37] カトリック政党である中央党でも、社会民主党と同じく優生学への支持の広がりが見られた。カトリックの優生学者の中心はヘルマン・ムッカマン（元イエズス会士の生物学者。一九二七年から三三年まで後述する「カイザー・ヴィルヘルム人類学・人間遺伝学・優生学研究所」の要職に就く）で、彼は中央党との関係を通し、政府に対しても熱心に働きかけることができた。

優生学の制度化と影響力の増大

優生学はこうしてヴァイマル時代に社会政策などを通じて次第に大衆に浸透していくようになった。またアカデミックな世界でも、ギムナジウムや多くの大学で講義科目となり、専門職化が急速に進み、研究組織が整備されていった。一九二三年にはミュンヒェン大学医学部にフリッツ・レンツを教授とする人種衛生学講座が初めて設けられた。他方、二〇年代初期からは、ドイツの優生学研究を確立すべく、当時最大の研究促進組織であったロックフェラー財団などアメリカの学術支援団体が、遺伝や「アルコール中毒」などの研究に熱心に巨額の資金援助を行った。アカデミックな独立研究機関の「カイザー・ヴィルヘルム精神医学研究所」（一九二四年設立）や「カイザー・ヴィルヘルム人類学・人間遺伝学・優生学研究所」（一九二七年設立）などもアメリカによる資金援助を受けている。この両者は「カイザー・ヴィルヘルム協会」（マックス・プランク研究所の前身）という研究機関の傘下で重要な優生学研究所となり、科学としての優生学の地位確立に大きく寄与した[38]。これらの研究所の活動によって、三〇年までにはドイツはアメリカと並ぶ国際的な優生学運動の推進役として、イギリスをはるかに凌ぐ影響力を持つようになっていた[39]。

「カイザー・ヴィルヘルム精神医学研究所」には、前身の「精神医学研究所」時代からリュディンを所長とする家系・血統研究と人口統計研究を行う部門が設置されており、家系・血統を調べることで、犯罪性癖や精神病に遺伝的根拠があるかどうかという研究が行われていた。

「カイザー・ヴィルヘルム人類学・人間遺伝学・優生学研究所」は人類学者・遺伝学者のオイゲン・フィッシャーを所長としてベルリンに設立された。この研究所は、ドイツにおける遺伝学の中心的研究機関の一つとなり、官医や法律家、社会事業従事者、神学者などを対象とする優生学や遺伝学の教育・育成機関となった[40]。そして公衆衛生や社会問題を優生学で解決できるという確信を官僚たちに与える役割を担ったのである。

この研究所の人類遺伝学部門部長オトマー・フォン・フェアシューア（医師・遺伝学者。後に同研究所所長[41]）は、ナチ時代の指導的人種衛生学者の一人であり、双子を用いて精神障害と遺伝の関係についての研究を行ったことで有名である。「精神薄弱者」の遺伝と犯罪との関係や、結核、ガンなどの病気と遺伝との関係、すなわち精神的・肉体的素質の遺伝研究を進めた彼は、一九二七年には「精神的に劣った」人間の断種を勧めるようになっていた。

またナチ政権成立後、この研究所から追放されたムッカマンの後任として優生学部門を率いたレンツは第一次世界大戦前から活発な著作活動をしており、国際的にも著名な遺伝学者として評価されていた。彼は北欧人種の優秀性を信奉するイデオロギーと、反セム主義を支持する人種主義者であった。レンツたちが著わした前述の『人類遺伝学・人種衛生学概説』は、三〇〇以上もの専門誌（ドイツ語以外も含む）で書評されるなど、おそらく世界で最も有名な優生学の教科書ともいわれるようになった。[42] ヒトラーはミュンヒェン一揆失敗（一九二三年）後、刑務所に収監されていた時期にこの本を読んだとされており、[43] 収監中に執筆を始めた『わが闘争』でも、優生学の議論を反映する形で次のように断種の構想を記している。「欠陥のある人間が、他の同じように欠陥のある子孫を生殖することを不可能にしてしまおうという要求は、最も明晰な理性の要求であり、その要求が計画的に遂行されるならば、それこそ、人類の最も人間的な行為を意味する。その要求は幾百万の不幸な人々に不当な苦悩を免れさせるだろうし、そして結果として、一般的な健康増進をもたらすだろう[44]」。

大恐慌と優生学の急進化

優生学の課題の大転換を迫ることになった一九二九年の大恐慌が始まったのは「カイザー・ヴィルヘルム人類学・人間遺伝学・優生学研究所」設立から二年後のことだった。恐慌期には「扶助の差別化[45]」ともいえるような、福祉の対象とする人間を生産性で振り分ける必要が説かれるようになった。ヴァイマル共和国の福祉体制の再検討が行われるようになったのである。そして短期間のうちに、人種衛生学の世界では生産性の低い「不適者」に対する強制断種が支持されるようになり、またほとんどの専門家は、少なくとも任意の断種を賢明なことと見なすようになった。[46]

一九三一年頃からは、社会政策が「共産主義を防ぐ保険」としては高すぎるという声が強まり、さらに左翼系の政治家の間でも、増大する社会的コストに対する最も効率的な予算配分が求められるようになっていった。その状況下で優生学者たちは、優生学の実施が福祉予算の軽減にもなり、またもし犯罪行為が悪質な遺伝形質によるものならば、犯罪者に費やす費用も優生学で軽減されると主張し始めた。グロートヤーンなども強制断種を支持する立場に立って議論をするようになった。[47] 以下では大恐慌を機とする優生学の急転回を、カトリックとプロテスタント双方の姿勢に即して紹介してみたい。

カトリック教会とプロテスタント教会の優生学的転回

カトリックのムッカマンは、「精神的欠陥者」の施設入所費用の負担を問題にした。彼らにかかる福祉費用と健康な家族にかかる費用を比べてみれば、「今後は遺伝病患者を減らすためにあらゆる努力をしなくてはならない」という結論になるとし、優生学にはこれが可能だと主張した（一九三一年）のである。[48]

ただし「積極的優生学の教皇」[49] といわれたムッカマンは、この時点ではまだ断種を主張していなかった。カトリックにおいては、一九三〇年一二月教皇ピウス十一世が回勅「キリスト教的婚姻（カスティ・コンヌビイ）」を発表した。これは人間の肉体の不可侵性に対する許すことのできない侵害である断種や結婚禁止などの「厳しい」優生学は非とする一方、「優しい」優生学的措置、すなわち優生学的自己抑制あるいは結婚相談、隔離問題などには同意するという姿勢を示すものであった。ムッカマンの考えもこの線に沿っていたのである。しかし、その彼も後述するようにドイツ最大の州プロイセンでの断種法案作成に関与した際は、本人の自由意思での断種を認めるようになった。

他方プロテスタントの側では、一九二〇年代、数多くのプロテスタントの神学者や医師が遺伝学に取り組み、量的・質的人口政策における改革を求めていた。プロテスタント系福祉事業の中心的担い手であった国内伝道会（病院、療養所、福祉施設、教育施設を擁するなど組織的な社会福祉活動を展開し、ヴァイマル共和国の社会福祉体制において重要な役割を果たした）[50]は優生学をめぐる専門家会議「トライザ会議」（一九三一年五月）で、消極的優生学すなわち断種の実施を宗教的・道徳的に正当化するに至った。

トライザ会議では、「遺伝的に健康だからといって、『価値が高い』ということにはならない。むしろ、肉体的・精神的欠陥がある人間のほうが倫理的・社会的に価値の高いことがありうることは経験していることである。しかし、今すぐわれわれの福祉事業が優生学的な方向に転換することは避けがたいと思われる」[51]（抄訳）との宣言がなされた。この宣言は、後述する一九三三年のプロイセン断種法案につながり、またその翌年のナチ体制下の断種法の制定（一九三四年一月一日施行）およびその実施との関連において重大な意味を持つことになった。トライザ会議での決議はプロテスタント福祉事業組織の優生学的転回ともいえる大きな方針転換を意味したのである。[52]

プロテスタントのこの転換の背景に見られる主張を、二人の人物に即して紹介しておこう。

まず自然科学者ベルンハルト・バーフィンクである。彼は、社会立法による福祉事業によって「反社会的分子」（犯罪者や乞食、浮浪者、同性愛者、売春婦、「ジプシー」（＝ジンティ・ロマ）、労働意欲のない福祉年金生活者などのことを指す）を社会に復帰させ、社会経済的状態を改善することは可能でも、彼らが結婚し子どもを産むと、多くの「反社会的分子」をさらに産み出してしまい、キリスト教的「隣人愛」により民族全体の生存が犠牲になると考えた。「反社会的分子」に対する支出が国民所得に占める比率が未曾有の高い水準となり、「価値高き者」には十分な資金を充当することができない状況となっている、というのがバーフィンクの考えであった。そうした彼の優生思想がプロテスタント世界で注目を集めるようになった。[53]

バーフィンクの主張に影響を受け、キリスト教への優生学・断種の導入に大きな役割を果たしたのが、医師・社会衛生学者・経済学者であるハンス・ハルムゼン[54]であった。彼は国内伝道会中央委員会において、優生思想の受容に重要な役割を果たした人物である。彼は遺伝生物学的に見て健常であることと、その人物が高い価値を持っていることは必ずしも一致しないという、トライザ会議での宣言と同様のことを前提としつつも、「とくに病んだ生命の誕生を防がなくてはならない」とした。そのため断種法を制定すれば「わが民族が行き過ぎた扶助と福祉事業のために没落するという危険の淵」に自分たちが立たされてしまうことを防ぐことができる、としたのである。トライザ会議後には、ハルムゼンは「キリスト教による隣人愛の要求は現在の世代だけでなく、将来の世代にも向けられるべきである」こと、「より高次の秩序のために肉体の不可侵性を毀損する権利もまた与えられている」ことを主張した。すなわち神の創造の意思が満たされているという認識のもとで、断種を是認する姿勢を明確にしたのである。[55]

プロイセン断種法案

このように大恐慌により、ドイツでは断種をめぐる意見に大きな変化が見られ、断種実施を可能にする空気が醸成されてきた。科学者、精神分析家、医師たちが、国内伝道会などのキリスト教系福祉団体や非宗教系福祉団体が行っていた優生学推進ロビー活動に加わるようになったこともこの機運を後押しした。政界を見ると社会民主党も党としての意見の表明をせぬまま賛成に回っていった。グロートヤーンなどは強制断種を唱えるようになった。[56]断種への支持はナチ党と保守党のなかで強まっていった。[57]共産党とカトリック勢力を除けば、断種法の成立に必要な政治的環境は整いつつあったといえよう。

この頃、精神病院や障害者施設などは、厳しい財政逼迫状況のもとで経費節減を迫られていた。そのなかで、断種という方策を考える医師は、終身収容、結婚禁止、去勢のような「厳しい」措置よりも、断種のほうが患者の自由を守ることにほかならず、人間的であるととらえた。また改革派（一九二〇年代にドイツの精神病院で広まった、開放保護と積極治療を進めようとする動き）[58]の精神科医たちも優生学・人種衛生学を受け入れ、断種支持の姿勢を示していった。厳しい財政運営のなか、優生学者と改革派の両者は断種という対処の仕方で一致していったのである。[59]

一九三二年一月にプロイセン州参議院で、優生学をもとに「欠陥者」に対する福祉関連費用の引き下げを検討するとの決議がなされ、断種法案（あくまでも立証可能な「遺伝的欠陥」のある個人の「自発的意思」による断種手術を許可するというもの）が検討されることになった。同年七月に開催されたプロイセン断種法案作成検討会議には、七八人の専門家（特に医師）が招集された。ハルムゼン、ムッカマン、グロートヤーン、フェアシューアなども参加した。リュディンは後のナチの断種法によく似た案を提出している。その会議にはナチ党員も何人か参加しており、後にナチ体制下で帝国健康指導者となるレオナルド・コンティは「ナチ党の名のもとに」完全な強制が必要と主張した。しかし彼の案はナチ党メンバーなどを除き、受け入れられることはなかった。[60]

法案作成に向けて事態が動くに際しては、ムッカマンの主導のもと、カトリック政党の中央党が、国家レベルでもプロイセン州のレベルでも断種に対するそれまでの留保を放棄したことが政治的に大きな意味を持った。カトリック教会は断種を拒絶するという原則を守っていたが、中央党はそれとは異なる対応を取り、断種を認めたのである。ただし認められたのはあくまでも任意の断種であった。[61]

作成されたプロイセン断種法案はヴァイマル共和国末期の政治的混乱のなか、プロイセン州政府の機能が停止されたことにより成立には至らなかった。とはいえ、こうして断種法案が作成されたということの意味は大きい。これは、断種実行への大きな転換がドイツで起こったことを意味したのである。

この断種法案検討会議で示された最も重要なことは、あるナチ党員が、「低価値として一般的に認識される基準」を誰一人として問題にしなかったと記しているように、遺伝病の診断基準をどこにも明記しなかったことである。診断基準が確立されないままの状態はそれ以降も変わらず、その結果、まったく病気でない人たちも含めて「遺伝病患者」として手術されていくことになる。[62]

またこの会議で、保守的な立場に立つある女医は、優生学に基づく断種を支持しつつ、断種は「人口政策」の問題ではなく、個人の悲劇を防ぐ目的のために行われるべきで、当該の個人には「十全の機会と法的保護」を与えることが必要であると述べた。しかし実際にこの会議の場で野蛮な力の行使を完全に否定したのは、カトリックの医師一人だけだった。断種法の実施について、多くの参加者は、強制するにしても国家による直接的な強制を避けることを考えていた。そのような強制はこうした法律に否定的なインパクトを与えかねなかったからである。[63]

3　第三帝国と優生学——強制的断種法の成立

断種法の成立

一九三三年一月三〇日、ヒトラー政権が成立（第三帝国）した。それから半年も経たぬ三三年七月一四日に「遺伝病子孫予防法」[64]（以下、断種法と記述）が閣議決定され、翌三四年一月一日に施行された。断種法自体を扱う前に、まずこの法律成立時の受け止められ方に触れ、さらに断種の対象と考えられていた人々の規模について述べておきたい。

プロイセンの断種法案にせよ、このナチ政権下の断種法にせよ、国民がこれをどのように受けとめていたかについての詳細はわからない。ナチの断種手術研究の先駆者ギーゼラ・ボックは、ナチ政権発足後すぐにこの法律が成立した理由を、多くの人々が実際不満に思っていることに対し、この法律が期待を持たせるような約束をしたからだと見ている。すなわち、「価値低き人」が子どもを産まなければ、公共支出（特に地域的基金による公共支出）や障害者施設でのケアコストが削減でき、非嫡出子が減少し、補助学校（養護学校の旧称）が不要となるため、その分失業者への補助や「望ましい」国民に対する保健の補助の増加が期待できる、といった功利的な主張が力を持ったのである。こういった議論に加え、医師たちのなかには、ドイツ民族の「再生」という問題を重視していた者も少なくなかった。[65]

人種衛生学者たちは当然のことながら、ヒトラー政権の成立、そしてこの断種法の制定を大きな喜びをもって受けとめた。[66] すでに大恐慌以降、政治的右派に位置する何人かの人種衛生学者は、ヒトラーに自分たちの希望をかけていた。彼らにとってナチ党は、ドイツが直面していた「遺伝の危機」に立ち向かう唯一の政党と思われたからである。医師のアルトゥール・ギュットやレンツ、プレッツ、リュディンたちは、国際的に敬意を払われていた影響力のある人種衛生学者として、ナチによる人種衛生学国家の政策に協力する意思があった。[67] 彼らは医学の力によって「適者」を殖やし、「業績主義社会」を実現していくことに大きな期待を寄せたのである。

想定された断種対象者数

優生学の浸透から断種法成立までの期間、優生学者や政治家たちは、どの程度の人口を「人種改良」の対象として考えていたのだろうか？　その数字をいくつか挙げてみたい。

ヒトラーは一九二九年のナチ党大会で、生まれてくる子どもが年間一〇〇万人だとして、そのうち七〇万人から八〇万人の最弱者を殺害したらドイツ国民の力が上昇する、と演説している。[68] ヒトラーが「最弱者の殺害」という表現で具体的に何を考えていたかはわからないが、いずれにせよ生まれてくる子どもの七、八割までもが望まれたレベルに達していないと考えていたことになる。なお、後にヒトラーは、党大会で一四歳からおよそ五〇歳までの人口の一％以上が断種の対象となった断種法を「真に革命的だ」と称賛している。[69]

グロートヤーンは前述のように、全国民のうち実にその三分の一が、子孫を残すのは望ましくない「低価値者」であると述べたことがある。これほどの極論ではないものの、古くからの人種衛生学者の多くはグロートヤーンが挙げた値を最高値としつつも、国民の約一〇分の一を「低価値者」とすることでほぼ一致していた。しかし彼らのうちの急進派は、ナチ時代にもグロートヤーンの三分の一という数字をしばしば引き合いに出していた。[70] ヒトラーに影響を与えたとされるレンツも、国民の三分の一は子どもを持つべきではないとし、また断種法制定に重要な役割を果たしたリュディンもその主張に賛成した。

リュディンをはじめとする人種衛生学者は、断種手術の対象を、出産可能人口のなかでも「軽度」の患者を考えていた。重い症状の人たちに比べ、「軽度」の患者のほうが子どもを産む「危険」性が非常に高いと考えたのである。病気が治癒あるいは寛解し、病院や施設から退所し、自由に生活でき、異性と出会うことのできる人間がターゲットとなった。対象者の多くは「境界線のケース」に該当する人たちで、「ノーマルからの逸脱」の度合いによって、「価値」や「生殖にふさわしいか否か」が推定された。後述するように、手術が決定された人たちが、医師や遺伝健康裁判所に対して、「自分は病気でも遺伝病でもない」と主張したのは、対象者に「軽度」の人が多かった事実を考えれば、ある意味必然的なことであった。断種対象となった人たちの実に約三分の二が、病院や施設ではなく自宅で家族と一緒に住むなどしていたのである[71]。

レンツの主張を今少し述べておけば、彼は断種法が対象を限定しすぎているとし、「精神薄弱者」一〇〇万人、「精神病者」一〇〇万人、「白痴」一七万人に断種を施すべきとした。さらに彼は「数」百万人の「精神病質者」、六〇〇万人の「精神的に十分な価値のない人たち」、少なくとも六〇〇万人の「肉体的に弱く、病んでいる人たち」も子孫を残すべきではない人間として挙げた。彼は半ば本気で国民の三分の一は生殖をしないことが望ましいと考えていたのである。ただしこれは、この「下位の人たち」を強制的に断種するということを意味したのではない[72]。

断種法成立直前の一九三三年六月、内務大臣ヴィルヘルム・フリックがナチの「人口および人種政策」のアウトラインを発表している。彼は現代の「人道主義的価値観」や病人・弱者・「価値なき人」のための社会福祉が退化をもたらすとし、毎年生まれた子どもの一〇〇万人以上に「身体的および精神的な遺伝性疾患」があり、全人口の二割は親になるのは望ましくないとした[73]。ちなみにリュディンらによる断種法の最初のコメンタール（法律の逐条解釈）には断種すべき人数として一二〇万人という数字[74]が示されていたが、関係官僚はその数をとりあえず四〇万人へと減らした。これはドイツの全人口の〇・五%、すでに触れた数字であるが、主要対象年齢（一四～およそ五〇歳）人口の一%を少し超えていた。この四〇万人という数字は実際に断種された人々の数とほぼ合致している[75]。

断種法とその問題点

◉断種法の内容　断種法自体の検討に移ろう。以下が同法の主要部分である。なお、第一条第2項の「遺伝病」とされた病名の現在用いられている表記も［ ］で加えた。（ ）は法律原文のもの。

遺伝病子孫予防法[76]

第一条

1　医学研究の経験により、その子孫が重度の身体的および精神的な遺伝病に罹患する可能性が高い確率で予想されるときには、外科手術によって遺伝病者を不妊化（断種）できる。

2　本法にいう遺伝病とは、次の各号に挙げるいずれかの病気にあたるものをいう。

一　先天性精神薄弱［知的障害］

二　精神分裂病［統合失調症］

三　循環精神病（躁鬱病）［双極性障害］

四　遺伝性てんかん［てんかん］

五　遺伝性舞踏病（ハンチントン病）

六　遺伝性盲目［視覚障害］

七　遺伝性聾唖［聴覚障害］

八　重度の遺伝性の身体的奇形

3　重度のアルコール中毒［アルコール依存症］者も、これを不妊化できる。

第二条

1　不妊化されるべき本人は、不妊化の申立てができる。本人が、申立能力がないとき、心神耗弱のため禁治産の宣告を受けたとき、一八歳未満のときは、法定代理人が後見裁判所の許可を得て申立てを行う。

（後略）

第三条
次に挙げる者も不妊化の申立てができる。

1　官医
2　病院、精神病院、刑務所の入所者に対しては施設長

第四条　申立ては、遺伝健康裁判所書記課の所定の用紙でこれをしなければならない。申立てをするには、その根拠を明らかにすべき医師の所見その他の資料を提出しなければならない。書記課は、申立てを受けたときは官医にこれを通知しなければならない。

第五条　不妊化の決定は遺伝健康裁判所がこれを行う。（後略）

第六〜一一条（略）

第一二条
1　不妊化の裁判が確定したときは、（中略）不妊化されるべき本人の意思にかかわらずこれを執行する。この場合には、官医は警察署に必要な措置を求めなければならない。他の措置が不十分

な場合には、直接的な強制の処分を行うことができる。
（後略）

第一三〜一四条（略）

第一五条
1　審理手続あるいは手術に関与した者は、その秘密を漏らしてはならない。
2　第1項の者が、正当な理由なく審理手続あるいは手術の秘密を漏らしたときは、一年以下の禁錮ないし罰金に処する。（後略）

第一六〜一八条（略）

◉断種対象者　まず断種対象者について説明したい。この断種法での最大の問題は断種手術の対象とされる病気と遺伝との関係である[77]。

第一条第2項には「遺伝病」とされる病気が列挙されている。しかしその第一号から第三号までの病名には「遺伝」という用語が付されていない。特に第2項第一号の「精神薄弱」は「先天性」とされているが、「精神薄弱」のさまざまな症状が遺伝かどうかの立証は困難であるため、「遺伝性」の代わりに「先天性」とつけられたのである[78]。

「先天性精神薄弱」として申し立てられた場合の診断書には「ヒステリー性精神病質者」「性的乱れ、軽躁病的徘徊癖の精神病質者」「重いてんかん質の精神病質者」「ニセの論理を振りかざす、反社会的精神病質者」などという補足説明がつけられていた。またある医師は「精神薄弱」についての論文で、「精神薄弱者は正常な人間と比べ不適切な感情の爆発、反抗的態度、敵前逃亡などが多く、飲酒者、犯罪者、売春婦のなかには比較的高い確率で精神薄弱者がいる」としている。[79] このような診断書の補足説明や医師の見解からわかるように、「精神薄弱」の診断には社会的規範が大きく働いたことにも注意したい。後述するようにナチの優生学の最大の犠牲者は、社会的規範との関係で「先天性精神薄弱」とされた人々なのである。

同様に第2項第二号の「精神分裂病」も明確に限定できる病気ではなく、遺伝と関係があると考えられてはいたものの、単一の原因で発症する病気ではなかった。さまざまな精神症状を示す病気全体につけられた名称であり、断種に際しては、「精神分裂病」も「精神薄弱」と同様に診断書に病名を書くのみで、遺伝性の証明や、その症状を厳密に書くことは必要とされていなかった。

断種法に挙げられた病気のうち、環境要因にかかわらず遺伝要因のみで発症するのは第2項第五号のハンチントン病だけである。[80] 断種法で「遺伝病」として挙げられた病気の発症が、ハンチントン病を除きメンデルの遺伝の法則に適合していないことは当時から認識されていた。また聾啞であったり盲目であったりする親からも、健康な子どもが生まれることは、ナチ時代でもよく知られていた。他方、当時においても遺伝病と認識され、相対的に高い確率で遺伝することがわかっていた血友病は、この断種法の対象にはなっていない。

また「アルコール中毒」についても、当時の人種衛生学者のほとんどは、アルコールが突然変異をもたらす物質であると考え、重度の「アルコール中毒者」は「ドイツ人の胚原形質」を損傷するとしていたことから、断種の対象にすることが正当化された。[81] ただし、第2項に挙げられた八つの「遺伝病」とは異なるととらえられていたため、第2項とは別に第3項が立てられたのである。「アルコール中毒」を断種法の対象と

図表１－２　「アル中女からのおぞましき遺伝」
（全国農業生産者団展示画像、1936年）

＊83年間に894人の子孫。うち437人（約50％）が「反社会的分子」であり、彼らにかかる経費は500万マルク。救貧院へ40人。重度の犯罪者67人。殺人者７人。売春婦181人。乞食142人。

出典：Hinz-Wessels (2004), 99.

したのは、当時の「社会問題」に生物学的方法で対処しようとしたこの法律の本質をよく示している。

「アルコール中毒者」の断種は二〇世紀初めから主張されており、ナチ体制期になると厳しい反飲酒政策が行われるようになっていた。図表1－2は、「アルコール中毒」が「反社会的分子」の子孫を大勢殖やすとしたナチ時代のプロパガンダである。アルコールの害が子々孫々に与える影響をいかにとらえていたかがよく示されている。

◉断種の届出（Anzeige）と申立て（Antrag）　次いで、断種に至る手続について述べてみよう。断種手術は、対象者についての届出、遺伝健康裁判所への申立て、裁判所での審理・決定、断種決定者への施術という過程を取った。

まず申立てであるが、断種法の第二条では、本人が不妊化のための申立てをできるとされている。プロイセンの断種法案では、断種に際して本人の事前の承諾が絶対的条件であった。しかし、ナチの断種法では、第二条でこのように規定されていたものの、第三条では官医や州立病院・刑務所の施設長も申立てができるとされており、それに際して本人の承諾は条件となっていなかった。そして実際のところ、申立てを行ったのは大多数がこの第三条の該当者たちであり、本人による申立てはわずかだったのである。[82]

第四条ではその申立ては書面により遺伝健康裁判所に対して行うとされている。しかし官医が「遺伝病」の疑いある人物をどのように把握するかについては触れられていなかった。そのため「遺伝病」の疑いがあるとする患者を官医に届け出ることが「免許を得た医師、および患者の治療・検査、相談に関わった医療関係者全員」に義務化された（断種法施行令一九三三年一二月五日）[83]。医師たち（開業医・専門医・施設医師・福祉事業部門の医師・大学病院の精神科医など[84]）は患者について知り得た事実を公的機関、すなわち官医に通知するという届出義務を課されたのである。官医はその届出に基づき、遺伝健康裁判所に審理の申立てを行うかどうかを判断した。断種法の実施において、官医は非常に重要な役割を果たしていたのである。この届出義務を守らなかった医師は、一五〇マルク以下の罰金刑を課され、開業免許剝奪まで含む厳罰の対象とされた。[85]

この届出義務はさらに、歯科医、独立の看護婦、地域看護婦、マッサージ師、治療師、無免許医、助産婦などにも課された。一方、「役人やさまざまな公務に就いている人間（社会事業従事者、補助学校教師）、役所（福祉事務所、児童局）、同じく党機関（ナチ党福祉機関など）」も届出を「推奨」されたが、義務ではなかった。[86]

◉遺伝健康裁判所　断種法第四条から第一〇条までは、断種手術実施の判断をする遺伝健康裁判所に関する条文である。裁判における審理の流れは次のようなものであった（図表1－3）。まず、「遺伝病」の疑いで届出がなされた対象者は官医の診断を受け、その診断書（鑑定書）が、裁判所に提出される申立書の医学的資料とされた。裁判は二審制で、非公開で行われた。出頭に応じないときは強制的に引致する（第七条第2項）という強制規定も盛り込まれていた。

一審裁判所は全国に二〇五カ所設けられ、一審に不服の場合は上級審裁判所（全国に一八カ所）に抗告ができた。裁判官は三名からなり、裁判長は職業的裁判官出身者もしくは法律家であった。他の二名の陪席裁判官は優生学に通暁しているという条件のもと、官医・開業医各一名で構成され、なかでも精神科医に重要な役割が与えられていた。医師は国家の健康政策の裁判官かつ執行者にもなったのである（次頁図表1－4）。裁判所を設けて断種決定を行うという法的手続きによって、断種法のもとで公正で十分な審理が担保され

図表１－３　遺伝健康裁判所審理進行表

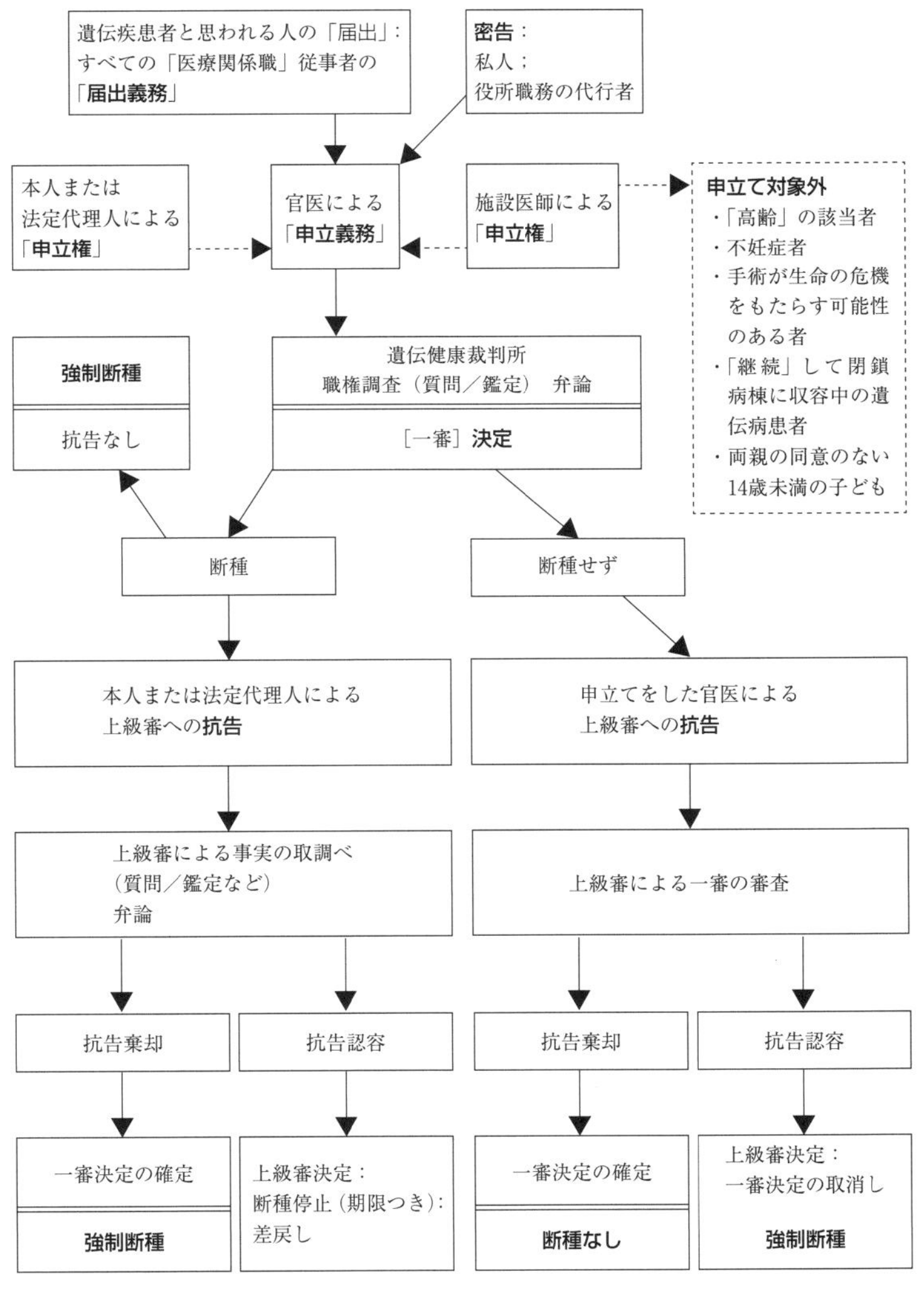

出典：Heitzer (2005), 281.

図表１－４　遺伝健康裁判所裁判官。出典：Bock (2004), 70.

たかのような見せかけが取られていたが、実際には遺伝の根拠も求められなかった。杜撰(ずさん)な遺伝検査が行われ、対象者を出向かせるため、警察権力が用いられることもあった（第一二条第1項）。そもそも届出に用いられる調査用紙（本書第二、第三章参照）の書式は[87]、該当者の知能検査のほか、本人の経歴や健康状態、態度、家族・親族の状況について尋ねる欄があるだけの簡単なものであった。家族・親族についての質問項目では、断種法に挙げられた「遺伝性疾患」、精神的・肉体的な障害の有無、性格異常者、自殺者（未遂も含む）の存在などが問われていた[88]。この程度の材料だけで、該当者に対して「遺伝病」かどうかの判断が下されたのである。

断種法施行の初期には、本人に対する裁判所での質問手続が義務化されていた。それは裁判官の負担となった。すでに始まっていた医師不足が裁判官を務める医師の確保の困難を招き[89]、ポツダムの裁判所での例では、「審理に一人二〇分かかれば、一五件で五時間となる。そのようなことを医師の裁判官に求めることができるだろうか」という懸念が裁判長により呈されている。そのため、しばしば本人への質問手続なしで審理が行われるようになった[90]。実際に、審理に一八分かけていた例もあるが、上級審ではわずか一五分で五人分の審理が行われていた例もあった[91]。いかに裁判官たちに絶対的権力が与えられ、また十分な審理もなく断種決定がなされていたか、この報告からだけでも推し量れよう。

強制断種の強化――関連諸立法と断種法改正

◉断種法強化の関連法　断種法が制定された後、その関連法制定によって強制断種の対象が拡大し、強制断種の実行を支える健康保健局組織が全国的に整備された。以下、関連法のうちの主なものを挙げていきたい。

まず、断種法制定の四カ月後の一九三三年一一月二四日、「危険な常習的犯罪者撲滅法」が閣議決定された。この法律によって「常習的犯罪者」の強制断種と「危険な性犯罪者」（同性愛者も含む）の去勢が決められた[92]。これは「反社会的分子」に対する処罰としての優生学が機能し始めたことを意味した。

さらに一九三五年三月、それまで断種法の対象ではなかった「ラインラントの雑種（バスタード）」の強制断種計画の検討が始まった。「ラインラントの雑種」とは、第一次世界大戦後フランス占領下のラインラントでフランスの植民地兵（アラブ系・アフリカ系・アジア系）とドイツ人女性との間に生まれた「混血児」に対する蔑称である。彼らは人種混交によってありとあらゆる「劣等」なものが混ざり込んでいる「雑種」として差別のもとに置かれていた。まだ一〇代のこの「混血児」たちは「白痴」、先天性梅毒などとされ、三七年に三八五人の断種が行われたのである[93]。

このようにして、優生学を建前としていた断種手術に、処罰的色彩の強い目的や、ゲルマン民族の「劣化」を防ぐという異人種排除の人種主義的目的が加わってきた。断種法は、その成立時にはヴァイマル末期のプロイセン断種法案の性格を受け継いでおり、まだ人種主義的とはいえなかった。しかし人種主義的イデオロギーを標榜するナチ体制のもと、優生学は「ドイツ人の血統保護法」（一九三五年九月に公布されたナチの反セム主義政策の根幹をなすニュルンベルク諸法の一つ。ユダヤ人、「ジプシー」、その「混血」との結婚禁止）以降、人種主義的性格を強めたのである。ただしこの時点では、ユダヤ人はドイツ人と同じ形で断種手術の対象に含まれており、少なくとも反セム主義は断種手術には反映されていなかった。ユダヤ人に対する断種手術の申立書受付が停止されたのは、ホロコースト開始後の一九四二年三月になってからである。[94]

◉「保健事業統一法」と健康保健局　断種法制定の翌年の一九三四年七月三日に「保健事業統一法」が制定された。州の自治を強く認めたヴァイマル期の分権主義的な保健行政を中央集権的に統括し、衛生制度を組織化することにより、内務省主導のもと統一的な国家医療政策が作り上げられたのである。断種法を短期間で成立させ、内務大臣フリックから断種法の「創造主」と呼ばれたギュット（内務省健康保健局局長）は行政改革を進めたが、そのギュットにとっても、国家と州、国家と党との間の利害の調整には困難がつきまとっていた。[95] その状況が「保健事業統一法」によって修正されたのである。

健康保健局の仕事の中核は「遺伝・人種保護」（結婚相談・断種法・ドイツ人の血統保護法・結婚健康法（後述）などの担当部分・結婚資金法・多子家庭への補助や遺伝情報のカード化導入などが含まれる）であり、ほかに健康教育、結核・性病・身体障害者や「アルコール中毒者」のケアなども担当していた。

健康保健局は州および都市ごとに設置され、その指導者には主に国家によって任命された官医が就任した。官医は公務員であり、開業医と異なり患者に対してではなく、国家に対して責任を負っていた。[96] 各州の健康保健局の数は「保健事業統一法」によって定められた。プロイセン州ではヴァイマル期の健康保健局を使うことにより容易に必要数の八五％が充足できた。それに対し、ドイツ南部バイエルン州では七％しか充足していなかったため、急遽健康保健局が多数創設されなくてはならなかった。一九三八年のオーストリア合邦後のドイツ領域では健康保健局は七四四カ所、官医数は一三一五人となった[97]。若い官医は早くからのナチ党員が多く、強制断種を積極的に推進する傾向があった。開業医などと違い、患者と密接なコンタクトのない官医は、断種法の実行に重要な役割を果たすこととなった。

健康保健局というヴァイマル期からの国家機構をナチが自由に使えるようになったことで、保健事業を支えるこの官僚機構はナチの遺伝健康政策を確実に実行に移すための基盤となっていった[98]。「保健事業統一法」はこのようにしてヴァイマル時代の社会衛生学が人種衛生学へと移行していく契機となったのである。

図表1－5（次頁）はパッサウ（バイエルンのカトリック地帯にある、人口密度が低く農業色の強い小都市）遺伝健康裁判所管轄地域住民に対する遺伝生物学的調書作成の仕組みを示す。「遺伝病患者」の疑いのある個人の遺伝情報が各地の健康保健局を中心に集められており、申立てのための鑑定書作成だけでなく、結婚相談などのためにもこの遺伝情報が用いられた[99]。ただし、遺伝情報の収集状況は地域によって差があった。例えばドイツ西部ヴェストファーレン州の場合、一九三八年一〇月の時点で、住民の二割から四割近くの遺伝情報を集めた健康保健局もあるが、大多数の健康保健局の情報収集率は一割にも満たない状況であった[100]。

◉一九三五年の改革　一九三五年には断種法や医師の地位に関わる四つの重要な法律・規程が作成された。まず六月に制定された「強制的中絶法」は、断種法を改正し、「遺伝病患者」の妊婦中絶を母体保護と優生学的理由で可能にした。その結果、妊娠六カ月までに「遺伝病」とされた妊婦約三万人の強制的中絶が行われた。

図表1－5　パッサウ遺伝健康裁判所管轄地域住民の遺伝生物学的調書作成の仕組み

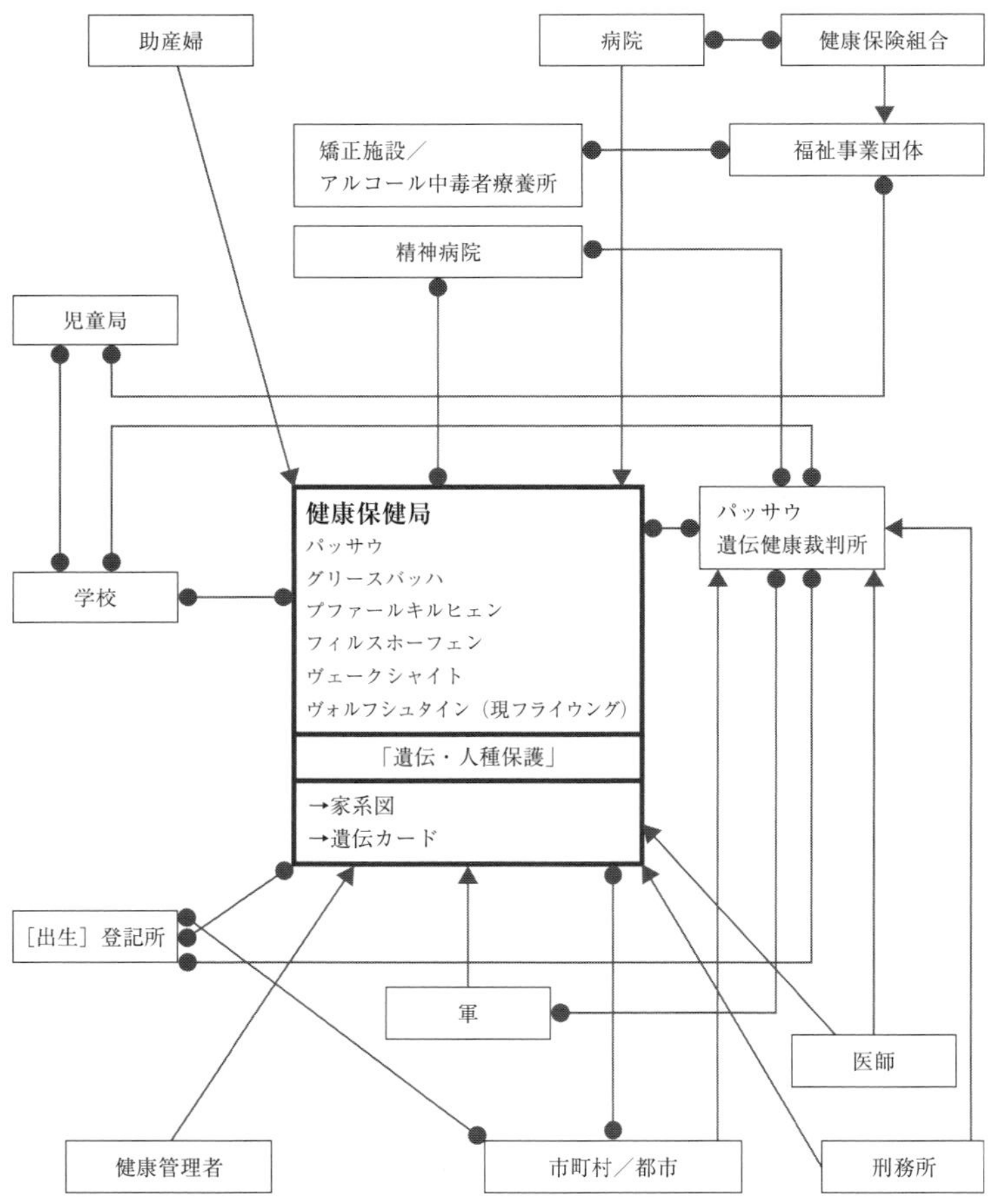

→印は情報提供義務・報告義務、●─●印はデータ交換。

出典：Heitzer (2005), 78.

九月にはユダヤ人などとの結婚を禁止した「ドイツ人の血統保護法」が、引き続き一〇月には「ドイツ民族遺伝健康保護法」（＝結婚健康法）が公布された。この結婚健康法で、ドイツ国民は遺伝保護の理由から結核、性病、「遺伝病」の患者などとの結婚が禁止されることになった。そのため結婚に際しては地域の健康保健局から婚姻適正証明書を取得することが義務づけられた。また一二月には、断種された人間は遺伝的に健康と見なされた人間と結婚できないことが、同法によって規定された。このようにナチ体制下では、結婚に際して「異人種」を排除するという人種主義に基づく方策が、人種衛生学により「遺伝病患者」や不治の病人を排除するという方策と並んで取られることになったのである。[101]

断種政策の遂行には、「遺伝病」と疑われる患者の届出をはじめとして、遺伝健康裁判所における鑑定人および裁判官としての役割から手術の執刀に至るまで、断種のすべてに関わる医師たちの掌握が不可欠であったことはいうまでもない。そうした役割を担う医師全体を管理統制する目的で、同じく一九三五年一二月、内務大臣フリックにより「帝国医師規程」が出された。この規程は医師の社会的地位を高める側面も含んではいたものの、基本的には医師たちの自由を規制し、彼らに義務を課し、規程に反した場合は処罰の対象にするという性格を持っていた。この新たな「帝国医師規程」により、医師たちの医療行為をナチ体制に強固に組み入れるシステムが出来上がったのである。[102]

これらの法律・規定に加え、一九三六年一一月には、医師に対する統制権、裁判権を持つ帝国医師会議所（全医師強制加入の組織）が創設された。医師の開業認可とともに、「民族的な信頼性」が疑われる医師の開業不許可など、医師の統制はこれまで以上に厳しい処罰をともなうものとなり、同会議所は医師の自由を剝奪するような機能を持つ組織となった。[103]

4　断種法の実施状況・問題点

断種対象者の届出・申立て

次に断種法の実施状況を検討したい。

断種法実施の全体的な推移は以下のようなものである。断種が始まった一九三四年には八万四三〇〇件を越える申立てがなされた。男女が半々である。申立ての対象となった人々のうち、六万七三〇〇人強に対して決定が下され、そのうち六万二四〇〇人強が断種という決定であった[104]。断種開始以降の四年間で、毎年五万人以上が断種された。断種された人々の総数は前述のように第二次世界大戦終結まで約四〇万人に上ったが[105]、断種手術の多くは戦争開始以前に行われた。

全国的な統計によれば、申立て件数は一九三六年から減少傾向を見せ、三八年にはさらにその傾向を強めた。特に、精神病院等の施設では若くて症状が軽く社会復帰の可能性のある収容者に断種手術を受けさせ、退所させたため、すでに三五年末には断種対象者が減っていたのである。例えば、ミュンヒェン近郊のエグルフィング‐ハール精神病院では三四年、患者の三分の二が断種手術を受け、数カ月以内には退所させられている[106]。

申立て件数の減少傾向については地域差があるが、例えば、一九三五年から強制断種を開始したドイツ西部ザールラント州での申立て件数は三七年から三八年にかけてほぼ半減している。その理由としては、最初の三年間でほとんどの「遺伝病患者」が掌握されたことや、断種法に対する人々の不安が強まったことが指摘されている。「本人による」断種申立て件数は、三六年には申立て件数全体の約二四％であったが、その二年後には一〇％弱と半減した。[107] ちなみに本人による申立ては、「民族の老化」を防ぐなどということよりも、もうこれ以上子どもを産みたくないという個人的な理由によるもののほうが多かった。[108]

加えて他の理由としては、一九三六年に帝国医師指導者ゲアハルト・ヴァーグナーが遺伝健康裁判所の裁判官と医師を批判した（後述）という要因も挙げることができる。ヴァーグナーからの批判をかわすため、内務省側は裁判官と医師に対し、活動をより注意深く行うよう指示を出したのである。[109]

一九三九年八月三一日（ドイツ軍のポーランド侵攻前日）には、断種の申請は「特別に危険の高い生殖」の場合に限るという内務省命令が出された。そしてその後、手術件数は激減した。この時期における手術数の減少については、「安楽死」の枠組みのなかで「低価値者」が殺害されていったことにより、断種による遺伝形質の「浄化」の役割が減じたと考えられたことも、その要因につながったのではないかと思われる。[110]

実施状況の細部に立ち入ってみると、以下のような点が問題となる。

先に述べた通り、強制断種の初期は精神病院等の施設の収容者が大きなターゲットとなっており、一九三四年から三六年の間に断種された人たちの三〇％から四〇％は施設収容者であったと推定されている。[111] ただし、地域レベルで見ると、その地域に大規模精神病院や関連主要施設が存在するかどうかで、当然ながら状況は大きく異なった。例えば、そのような大規模施設のなかった小都市パッサウの犠牲者たち（七五名）の申立て時の居住場所は、自宅が男子三八・七％／女子三四・七％で、農村での住込みが男子六・七％／女子一〇・七％であったのに対し、精神病院の収容者は男子一・七％／女子一・三％、刑務所の収監者は男子二・七％／女子一・三％ほかであり、ほとんどが家庭や住み込み先で生活していた人たちであった。[112]

精神病院などの施設収容者の申立てを誰が行ったかについて、ボックは、全国平均の割合として、施設長によるものは一九三四年に約三〇％であったのに対し、官医によるものが三五年に七〇％、三七年には九〇％へと増加したことを指摘している。その理由についてボックは、多くの地域で医師や施設に対する信頼喪失が人々の間で広がり、医師や施設側が申立てをボイコットしたため、官医による申立てが増えたと推測している[113]。

多くの患者を断種に送り出した精神病院施設のなかには断種対象者を探すのに熱心な施設長がいた。施設の収容者の三分の一が断種対象となった例が多いが、バイエルンのカウフボイレン - イルゼー精神病院では、一四〇九人の収容者中八二％が手術を受けさせられた。手術した上で彼らを退所させることは、施設長にとっては好都合であった。施設は定員オーバーとなっており、経費節約を求める強い圧力に晒されていたからである。ドイツ中部の都市マインツ近くのアイヒベルク精神病院では、一九三八年に断種手術を受けさせられた入所者の八〇％が短期間のうちに退所させられている[114]。

次に一九三五年段階における断種申立人の内訳を、ベルリン遺伝健康裁判所の例に即して見てみたい。一二九六件の申立てのなか、郡医および官医四八・八％、精神病院などの病院二八・四％、親族／介護人／後見人一一・三％、本人七・六％、矯正施設一・九％、刑務所一・二％、監察医〇・八％であった。すなわち地域医と官医が約半数、精神病院などの病院が約三〇％であり、親族その他、患者の周辺からの申立てがこれに続く。また本人の申立権に基づく申立てもある。断種手術は施設から退所できる唯一の道であったこともその一因と考えられる（ただし、親族や本人による申立てはその後減少した[115]）。

地域による申立て件数の多寡には、カトリック地域かプロテスタント地域かの違いのほか、個々の届出・申立てを行う部署、施設の長、医師の姿勢が断種手術に積極的か否かという点や、部署間で生じる権限争いなど、さまざまな要素が関係していた。[116] 例えば、ドイツ北部、ハンブルク近くの中規模都市ブレーマーフェルデとブクステフーデにおける一九三四年の申立て件数を比べてみると、近接したほぼ同程度の都市であるにもかかわらず、前者が一件、後者が二三件と大きく異なる。これについては断種法に対する医師の姿勢の違いによる表れと考えられている。[117]

断種が非常に多かったハンブルクの例では、申立て件数は二万四二六〇件（一九三四～四五年）であり、その八〇％が断種と決定された。申立て件数が多かった理由としては、全病院施設が管理する入所患者の病歴データや、学校が保管する生徒の保健資料などを、直接利用できるシステムが整っていたという事情がある。また、ナチ司法指導部が、ハンザ同盟以来の歴史ある古くからの国際港湾都市ハンブルクについて、「遺伝病が混ざり合った人間」を数多く生んだ土地であるとの偏見を持っていたという要因も指摘されている。[118]

ただしある地域の申立て件数が少ないからといって、それは必ずしも断種法への拒絶的態度を意味するのではなかった。単に健康保健局がその業務に熱意を示さなかった場合もある。

申立てと同じく、断種に重要な役割を果たしたのが、その前段階である「患者と思われる人の届出」である。届出制度は一九三六年に強化されたが、[119] その背景として考えられるのは、施設入所者を対象とした断種が大がかりに行われた結果、施設外で生活している人に対しても断種が広がっていったことである。この制度はあらゆる医療関係者が自らの患者を断種対象者として届け出るというもので、いわば全国民を対象とした「密告」義務制度といえるようなものであった。密告には私怨によるものも見られた。[120] 医療関係者以外の私人による届出は届出人に関する情報が厳格に守られていたこともあり、比較的容易に行われた。ドイツ中部の都市ゲッティンゲンでは、三四年から四五年に出された二四三二件の届出のうち、五六％が裁判の対象とはならないとして却下されている。[121] この却下の理由の分析はなされていないが、審理に値しないと思われた届出が多く出されていたと推測される。

ボックは断種への届出数（一九三三〜四五年）をほぼ一〇〇万人と推定しており、これは当時における全ドイツの一六歳から五〇歳人口の約三％にあたるとしている。また一九三四年の断種届出総数は二二万二〇〇〇名であったが、そのうち裁判所に申し立てられたのは前述のように八万四三〇〇名強である。三四年、三五年のみ届出数がわかるが、その両年では届出人の内訳は三五％が施設長、二一％が官医、二四％が他の医師で、二〇％が「その他の人々」であった。施設長の多くは医師であることからして、全体の八〇％が医療関係者からの届出であった。[122] 多くの患者が、自分を治療した医師によって届出の対象とされたのである。

「日の差さぬところには…花も咲かない」――遺伝健康裁判所でのある裁判

ここで裁判所での審理の具体的な様子について、一九四二年に官医から「先天性精神薄弱」として断種手術の申立てがなされた、ベルリンのドロテア・Ｌ（一八歳）を一例として見てみたい。[123] 彼女は補助学校卒業後、段ボール紙製造工場などで女工として働いており、婚約者もいた。官医の所見によれば、彼女の姉も断種手術を受け、父親も「先天性精神薄弱」の疑いがあり、また姉も他の二人の兄弟も学業成績が悪かった。ドロテアは職場では簡単な作業しかできず、届出によって行われた知能検査の点数も低く、断種手術の前提を満たしていると官医は判断した。彼女の両親が遺伝健康裁判所に宛てた手紙には、戦後（第一次世界大戦後）の非常に劣悪な栄養状態と住環境のなかで育ち、くる病になったこと、「日も差さぬところには…花も咲かない」などとドロテアの生育歴が記されている。

裁判所で彼女は学校で不得意な科目を聞かれ、算数が苦手と答えると、すぐさま算数の問題がたくさん出された。彼女の得意な分野についての質問はなく、次には仕事や家族について聞かれた。それから現在の政治情勢についての質問が始まった（以下はその質問内容。彼女の返答は括弧内）。

いつから戦争が始まりましたか。（一九四一年から）
もう何年戦争が続いていますか。（三年間）
どこの国と戦争をしていますか。（イギリス）
ほかに敵がいますか。（ロシア人とチェコ人）
ラジオでは何を聴くのが一番好きですか。（民謡）
何が放送されていますか。（彼らは多くの飛行機を撃っています。沈めています）
一体何を沈めているんですか。（大きな船です）
どういう意味ですか。（イギリス人と関係を持ちたくないからです）

続いて、断種の判断材料として裁判所が好んで使ったなぞなぞの「ひっかけ」を含んだ問いが出された。

足場から転落し、足を骨折した作業員は医者にみてもらうために急いで近くの病院に走って行きました。この文章でおかしなところがありますか。（出血もしているのだろうから、お医者さんは包帯を巻かなければなりません）
作業員は走れますか。（ケガをしたならば、走れません。車で運んでもらわなくてはなりません）

以上のような誤答や、的外れなやりとりなどにより、彼女の断種が決定された。父親は抗告したが、棄却

図表1－6　ゲッティンゲン大学病院婦人科強制断種診断名別グラフ（1934～39年、全699人）

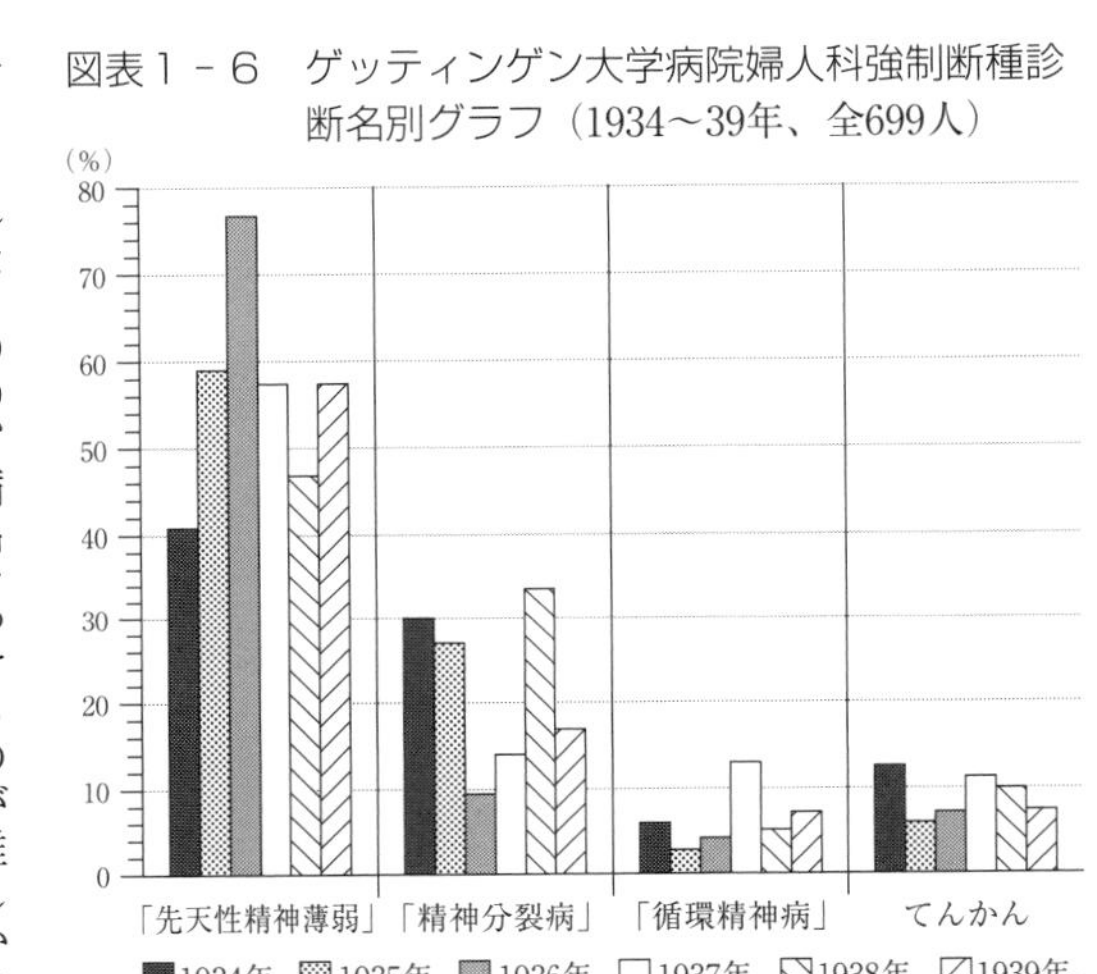

出典：Koch (1994), 25.

された。その間に、「先天性精神薄弱」のために断種手術を受けた姉が、手術後死亡した。ドロテアも手術のためにベルリン大学病院に入院したが、医師たちが手術を拒否し、定期観察を提案したため、裁判所もその措置を認めた。

そもそも断種法で「遺伝病」とされた病名が、当時の医学水準からして見ても疑念を含むものであったことは先に述べた通りである。しかしドロテアの例に見られるように、「先天性精神薄弱」という病名をつけられた人たちが最大の犠牲者となっている。**図表1－6**のグラフはゲッティンゲン大学病院の例であるが、強制断種の犠牲者のほとんどが「先天性精神薄弱」という年度（一九三六年）も見られた。また、他の地域の事例では、中立ての対象になると考えられたものの、病名をつけるのが難しかったような人たちが、「精神薄弱」のカテゴリーに入れられたというケースも多かった。なお**図表1－6**には、ハンチントン病、「遺伝性盲目」、「遺伝性聾唖」、身体的奇形、「アルコール中毒」の項目がないが、それぞれすべて一%未満であり、他の地域も傾向としては同じで、これらの項目はすべて五%以下と低い。[124] つまり断種手術の対象となった診断名は図表に挙げられた四つの病気でそのほとんどが占められていたことになる。

断種決定への抗告

遺伝健康裁判所で断種が決定された被申立人が、その決定に不服であった場合、抗告することが認められていた。[125]実際、いくつもの抗告がなされたが、その多くは、「家族に遺伝病とされた人間は誰一人としていない」ということを根拠とするものだった。また、「精神分裂病」と診断されたある人は、「先の大戦［第一次世界大戦］中イギリス上空で砲撃を受け、捕虜となった体験から神経症になっただけだ」と、自分の病気が遺伝ではなく外因性であることを訴えていた。[126]

しかし、このような抗告はほとんどが棄却され、手術を免れることができた人はごくわずかであった。ザールラントの州都ザールブリュッケンの例（一九三六年）では、抗告した者のうちその主張が認められたのは一〇・五％のみであった。これは一審で断種手術が決定された者のうちの一・四％のみが手術を免れたことを意味する数値である。一九三八年にはその割合は前者が一一％、後者が二・六％となっている。[127]抗告が認められていたとはいえ決定が覆されることは非常に少なかったということである。遺伝健康裁判所の断種決定率については全国平均で約八九％だったという数字も出されているが、近年の研究ではもう少し低めの数字が示されている。[128]

抗告率は地域によって大きく異なった。ボックは、農村地域とカトリック地域の抗告率が高いとして、地域の性格にその背景を求めているが、近年の地域史レベルの研究ではその裏づけができるような数字はない。[129]たしかにカトリック圏バイエルンのバンベルクやミュンヒェンでは抗告率は約二四％であり、全国平均の約一五％を上回っており、同州の農村都市パッサウでは三八・七％と非常に高い抗告率である。[130]しかし、同じカトリック地域でもケルンでの抗告率は約一一％、ザールラントのそれは一七％で、抗告率については宗教や土地柄以外の理由が存在したであろうことが、この数字に示されている。ちなみにプロテスタント地域ではフランクフルト三二・七%、マールブルク二〇・六%、ゲッティンゲン一八・二%であった[131]。これらの数字も、抗告率に関して地域の性格以外の理由が存在したであろうことを示している。

人々の不安の広がり

これまでも触れたように、断種法の実施はドイツ国民の間に不安を広げていった。その理由として、ゾニア・エンドレスの研究では、施設内の「狂人」のみならず日常生活を普通に送っている「ノーマル」な人間も強制断種の対象になることが明らかになった点が指摘されている[132]。一九三六年には、国民の間で断種法に対する拒絶感が強まり、断種手術の実施が難しくなるなか、法務大臣は人々の不安をこれ以上刺激することを避けるために、断種通知関連の封筒に機関名「遺伝健康裁判所」を印刷しないよう指示するということまでしていた[133]。

遺伝健康裁判所での審理過程についていえば、遺伝病に該当するかどうかグレーゾーンにある人々に対し、裁判所は「疑わしきは被告の有利に」という姿勢ではなく「疑わしきは祖国のために」という態度で臨んでいた[134]。そもそも遺伝病の診断についての医学的基準がない上に、社会的規範からの逸脱（犯罪、ふしだら、不道徳、だらしないなど）という理由や、政治的理由によって、多くの人々が「先天性精神薄弱」と判定され断種が決定されたのである。

ドイツ西部の都市エッセンの孤児院で育ったアンナという少女は、盗みや、男女関係の乱れなどのため、ハダマー（本書第二、第四章後述）精神病院に送られた。彼女は「先天性精神薄弱」と診断され、病院から断種の申立書が出されたが、知能検査の結果、断種の対象外となった。しかしこの一審裁判の決定に対し、病院長は彼女の子どもが「遺伝的に重い精神病」となる可能性が高いとして、不服の申立てをした。彼女は上級審裁判所で再度審理の上、断種され、病院から出されることになった。彼女は病気ではなく、その社会的態度（女子の場合は性的ふるまいが重視された）という非医学的診断の結果断種されたのである[135]。

ザールラントは第一次世界大戦後国際連盟管理下にあり、一九三五年にドイツへの帰属が決まったが、州都ザールブリュッケンの例では、一五歳の少女が、父親が占領軍の協力者であったことを理由として断種の対象とされた。すなわち「売国奴」であるという親の政治的立場までが「遺伝病」として扱われたのである。国際旅団（スペイン内戦に際して、共和国政府軍側を支援した義勇兵たち）に加わるため、フランスに密出国をしようとした人間も逮捕された後、「精神分裂病」患者として断種が決定された。共産主義の信条が「狂人」と同じものとして扱われ「精神分裂病」とされたのである[136]。

こうした状況のなかで不安に駆られた人々はナチ党支部に訴えたり、フランスに逃げたり[137]、ホームドクターや病院に行くのを拒否したり、ユダヤ人患者のみについて届出義務を課されたユダヤ人医師の診察を受けたりした。どうにかして手術から逃れようとし、私立の精神病院に入所した人もいる。また知能検査の内容をあらかじめ体験者から教わっていた人もいた。補助学校では教師が生徒の不利になるような資料を関係機関に提出し、断種に送り込んだケースもあったが、反対に生徒をどうにか断種から守ろうとし、裁判所での審理の際に出される試験問題を自ら勉強し、それを子どもたちに教え込んでいた教師もいた[138]。

裁判所で断種が決定されたにもかかわらず、手術を受けずに病院に行くのを拒んだ人のための警察出動率は、カトリック地域では三〇％（一九三四年）に及んだ[139]。なかには、複数回に及ぶ警察出動のすえ、最後には強力な睡眠薬と麻酔の使用によって手術が行われた例もあった[140]。

断種法による措置が進むなか、診断を担当する精神科医など医師に対する不信も人々の間で強まっていった。例えば結核の早期発見のために行われるレントゲン検査でさえ、それによって不妊化させられるという噂が広まった。この噂の背景には、フォン・ボーデルシュヴィング病院施設ベーテル（ヴェストファーレン州にあるドイツ最大のプロテスタント系障害者施設）に入所していた患者の断種手術の際、抵抗されるのを避けるため盲腸炎などと偽って施術したという事態があったからである。[141] 国家保安本部からは一九三九年初め、官医でさえ人々の増大する不満を恐れ、強制断種申立てを躊躇し始めているという報告がなされている。[142]

誰が断種対象者？疑念を持つ人々

強制断種の対象者は先に挙げたように断種法第一条に列挙された九つのカテゴリーに該当するとされた人たちであった。しかし実際いかなる診断基準で断種か否かの線を引くかが、重要な問題となった。特段に重篤な症状もなく、在宅者（多くは日常生活や労働が可能な人々）あるいは家庭があり、子どももいる「ノーマル」と思われる人々までもが対象にされるなかで、優生学の学問としての「不確実性」がきわめて如実に示されることになった。

遺伝というものが身体的、精神的障害に関係し、そのような「遺伝病患者」を「放置」しておくことが「民族の退化」に結びつくのではないかと当時の人々が恐れたことはどうにか理解可能であるが、このような断種を持続的に行えば遺伝形質が改良され、「民族の健康」につながるという考えを受け入れたことは、理解できない。この点については、「優生学の父」といわれたゴルトンの晩年の未完の小説（一九一〇年）が興味深い手がかりとなる。その小説には、優生学が実現された理想郷で「優生結婚」をしたカップルから「奇形の子ども」が産まれたというエピソードが登場する。このエピソードは、優生学の目指す目標を達成するには長い年月がかかるかもしれない、また目標に到達できないかもしれないという終わりなき「不安」を抱えていたゴルトンの様相を示しているようである。[143]

いずれにせよ「民族体を健康に保持」するために人種衛生学的措置が必要であるとする考えに対しては、学者たちの統一的見解など存在せず、[144]ゴルトンが抱いたような不安、疑問はナチ時代にも見られた。以下では、断種法の制定や実施にあたって疑念を持った人たちの例を紹介したい。

まずこれまで何度か名前が挙がったリュディンの場合である。精神病が遺伝するかどうかについて、彼は、「精神薄弱」や「精神分裂病」などはさまざまな病気や症状を総称したにすぎず、まだ多くの分野で解明が不十分であることを認識しており、それを嘆いていた。[145]また一九三三年にレンツの優生学理論を荒唐無稽としたカール・ザラー（医師・解剖学者・人類学者）は例外的な存在であるが、彼はそうした批判をしたことでキャリアを大きく損なうことになった。[146]

一九三六年には、帝国医師指導者ヴァーグナーが断種手術の診断方法（「先天性精神薄弱」診断のための知能検査）に対する批判を行った。自分にも答えられない設問もあるとし、このような設問だったら自分も断種されてしまうだろうと、判定根拠に疑問を呈したのである。また、自分は断種が多すぎるよりも少なすぎるほうがよいと考えている、とも述べていた。[147]ヴァーグナーが知能検査のどのような設問を問題にしていたかは不明である。しかしたしかに知能検査はきわめて杜撰（ずさん）なものであり、また、貧しく十分な教育を受ける機会の少なかった被験者たちにとっては、読み書き・算数に加えて地理・歴史や倫理など答えにくい設問（「勇気の反対は」「なぜ昼と夜になるか」など）も少なくなかった。ほかにも、日常生活関連の常識問題には「湯を沸かすことで何がわかるか」「火が燃えていなければならないとき、いつ火を止めてよいのか」など、問題作成者自身を試験したほうがよいような問題まであった。[148]このような知能検査で、「遺伝性」による病気の診断などできようがないことはいうまでもない。ただし、ヴァーグナーによるこの批判は、党の利益代表としての、国家機関による強制断種政策のあり方への批判で、断種法自体に対する批判ではなかった。[149]

このような批判も出されていたことから、結局、一九三六年から三七年にかけて「低価値者」の基準についての議論が再燃し、知能検査とその運用方法が修正されるに至った。三六年には遺伝健康裁判所に対し、知能を判定する「根拠」について次のような政令が出されている。「判断力の必要な職業に就いている人間は精神薄弱ではない。しかし、単調で機械的な労働につき、効率を上げるというような改善努力もなされない場合は、知能に欠陥があり、精神薄弱である可能性がある。こうした精神的に弱い人々は道徳的に発達しておらず、人間社会の秩序を正しく理解することができない」[150]（要約）。いずれにせよ、これは遺伝との関係にはまったく踏み込まない修正にすぎなかった。

こうしたことは、あたかも「遺伝抜きの優生学」ともいえるような優生学によって断種法が規定され、断種が推進されたことを如実に示しているといえよう。個々人の遺伝を証明することができないため、裁判審理においても遺伝の具体的証明は不要とされていたのである。

カトリック教会とプロテスタント教会の対応——妥協と協力

次に、断種法の実施をめぐる医師や優生学関係者以外の人々の対応について、キリスト教会の例を扱いたい。ナチ体制期、あらゆる組織が解散させられ、ナチの組織として画一化されたなかで、唯一存続したのがキリスト教会である。個々のキリスト者による抵抗の試みは見られたものの、教会が組織としてナチ体制に抵抗することはなかったし、ユダヤ人迫害などに強く抗議をすることもなかった。断種法に対してカトリック教会とプロテスタント教会はそれぞれどのように対応したのであろうか。

◉カトリック教会の妥協

カトリック教会は、断種に対し拒絶的態度を取ってきた唯一の公的組織であった。

断種法制定前の一九三三年五月、ヴァティカン教皇庁の機関誌に掲載された記事「危険な優生学計画」は、カトリック教徒にとって断種問題は前述の教皇ピウス十一世による回勅によってすでに明確な答えが出されていることに再度注意を喚起していた[151]。カトリックにとって、結婚の目的の一つは子どもを産むことであり、この点で断種は、結婚の資格が否定されることをも意味する重要な問題であった。

ナチはローマ教皇庁とのライヒスコンコルダート（政教協約）がほぼ締結できる見通しのついたところで強制断種法の制定を図り、同協約と同法は同じ日（一九三三年七月一四日）の閣議で決定された[152]。しかし、同法の公示についてはカトリック側の反応を警戒して、同協約が締結された同月二〇日を避け、二五日まで待ったのである。

断種法が施行された一九三四年一月、カトリックの礼拝で次の一節が読み上げられた。「自ら断種の申立てをしてはならない、そして他者の断種の申立てをしてはならない、これが教会の教えである[153]」。しかし、教会が公然と断種法に抗議することはなかった。というのも、カトリック教会の優生学に対する態度は統一されたものではなく、優生学的措置に断固として拒否する司教と、妥協的な司教がいたからである。近年の研究では、ドイツのカトリックの司教たちは、断種を拒絶する一方、多くが「遺伝的に健康」な子孫を殖やすための政策、すなわち「遺伝病患者」の隔離や優生学的な結婚相談、優生教育といった優生学的措置を受け入れていた、という指摘がなされている[154]。教会はナチ体制下の現実に妥協し、他方断種された人の結婚も許可するなど柔軟な姿勢を取るようになったのである[155]。

このような妥協的な対応について、ケルンを例にして、具体的に説明したい。断種法施行の翌日、ケルンの教会では司祭たちが断種法への対応について協議を行った。教理としてはこの新法に従うことはできないという点については合意があった。しかし間接的な関与が許されるのかどうかについては司教団のなかで意見が分かれた。すぐにカトリックの保護司や医師など、さらに本人または家族が断種法の対象となるのを恐れた人たちが、教区の司祭や司教総代理に助言を求めにきた。特に健康保健業務に携わっているカトリック教徒は、国家と教会のどちらに忠誠の義務があるか、というディレンマに陥った。「遺伝病患者」の氏名の届出義務に関する司教総代理の回答は、この届出行為を断種法との直接的協働とは見なさず、カトリック教徒にも許される行為であるとする妥協的なものであった。信仰上の理由で届出義務を拒否したカトリックの医師もいたが、その医師はちょうどその時期に罹患した病気を理由に、退職させられるということが起こっていた。[156]

このようにカトリック教会は、届出自体については断種法への協力と見なさないとしたものの、強制断種に直接関与する立場にあるカトリックの医師、裁判官、病院などの施設長、看護婦を断種にできうる限り関わらせないようにすることが重大な課題となった。一九三三年一一月、司教団は政府との交渉で、この点について部分的成果を得ることができた。カトリックの施設長に課せられることになっていた断種申立書の提出義務が免除されたのである。しかし断種法に該当する患者の氏名の届出義務のほうは免除されることがなかった。また、この申立書提出義務の免除措置は国立の施設には適用されなかった。

断種申立てが教義上許されないにもかかわらず、届出義務は免除されないということを関係者たちにどう説明できるかについては、教会にとっての難事ではあった。しかし司教たちは、断種法をボイコットした場合、ナチに教会付属の病院施設を強制的に廃院されることを恐れ、届出義務遂行という形で断種法への協力を受け入れざるを得なかった。[157]断種法の施行から一年半を経た一九三五年七月八日には、内務大臣フリックが、人々の間に断種手術を拒否する動きが広がっていることに対し、断種法へのいかなる「非難攻撃」もナチ国家への抵抗と見なし処罰の対象となる旨、告示を出した。[158]そのため、カトリック教会が反対姿勢を貫くことはさらに困難になった。

断種法に対するカトリック教会の譲歩は、カトリック系病院で断種手術が行われる際の、カトリック修道会看護婦による手術補助という面でもなされた。教会は断固として断種手術には協力しないという建前を取ったにもかかわらず、一九四〇年七月には、国立病院でカトリック修道会看護婦が辞めさせられる可能性が出てくると、彼女たちの断種手術補助を認めるようになったのである[159]。このように、強まるナチの圧力のもとで、カトリック教会の人々の多くもまた、受け身的ではあるが断種に関わることになった[160]。

◉プロテスタント教会——「神の畑から雑草を除くことが、国内伝道会の務めとなろう」[161]　ヴァイマル共和国末期、プロテスタント教会は「積極的優生学」を支持し、任意の断種も認めていた。したがって断種法が成立した際、プロテスタント教会が公式にナチの人種衛生学政策を受け入れたことは不思議でない。プロテスタント系の福祉事業として重要な役割を果たしていた国内伝道会の施設は「低価値者」を数多く収容しており、プロテスタント教会は、その人々の生殖の防止を、「彼らの苦しみからの救い」として見るべきだととらえていた。

プロテスタント教会は、「遺伝病患者」を精神病院などの施設に隔離するだけでは不十分であるとし、断種が「宗教的・道徳的に正しい」ことを強調し、また「祖国への自己犠牲」としても断種を推奨した。断種が創造主たる神に対する冒瀆であるというのはまったく誤った考えであり、隣人愛と将来の世代への責任から断種は義務であるとしたのである[162]。

以下、そうした自己犠牲を求めるプロテスタントの聾唖者関連団体による言説の一例を紹介したい。

プロテスタントの遺伝的聾唖者への呼びかけ[163]（抄訳。強調は原文）

これからは、遺伝病患者は子どもを産んではなりません。私たちの祖国は健康で有能な人間を必要としているからです。

両親のうちどちらかが聾唖者である聾唖の子どもがいます。祖父母の誰かに聾唖者がいる聾唖の子どももいます。その子どもたちはその病気を遺伝で受け継いだのです。**遺伝病**なのです。

あなたはこの病気をこれ以上、子どもに遺伝させてはいけません。あなたは子どもを産んではいけないのです。

遺伝健康裁判所から呼び出され、いろいろ聞かれたら**正直に答えること。**神はあなたのそばにおられます。手術はつらいかもしれない。「そんなことはしたくない、私は結婚したい、子どもが欲しい、子どもが好きだ」と思うことでしょう。でも考えてごらんなさい。また耳が聞こえない子どもが生まれてもよいのですか。そんなことをして罪であるとは思わないのですか。そうではないでしょう？　**責任は重大です。**だから、あなたの遺伝子をこれ以上子孫に伝えないために、お国が助けてくださるのです。

でもあなたはどうしても嫌だ、と思うかもしれません。みなが自分のことを軽蔑するのではないかと心配するかもしれません。だから、お国が不妊手術のことを話すのを禁じているのです。あなたも話してはいけないのです。**誰も話してはいけないのです。**

私たち民族の将来を考えなさい。そして犠牲を捧げなさい。「**神は最善を尽くそうとする者を愛してくださることを、私たちは知っています**」。

プロテスタントの国内伝道会の中央委員会は、断種の強制を一定の病気などに制限する必要があると内務省に願い出るべきだと考えた。しかし、国内伝道会のなかでは、断種法が「国家による隣人愛」的行為であるとの見方が強まっていった。[164] 実際、国内伝道会は積極的に断種を行い、プロテスタント病院施設で一九三四年には二三九九件、三五年の上半期では三一四〇件の手術が行われた。ベーテルだけでも三五年一〇月末までに二六七五名の届出が出された。うち六〇〇件が申立てとなり、四六〇名が手術されるなど、断種に積極的な姿勢が見られた。[165]

5　断種に関わった医師たち

大恐慌期以降、厳しい経済状況のなかで医療保険制度が破綻状態となり、医療費削減が図られるなど医師たちは収入面で大きな問題を抱えていた。特に若い医師たちは健康保険医（保険診療扱いができる医師）となることが難しく、医師としての職場が得られない者もいるなど、深刻な状況にあった。

ナチズムによる新体制の成立は彼らにとって輝かしい時代の到来として期待された。ユダヤ人や社会主義者の医師の大学や病院からの解雇、健康保険医からの排除は、多くの若い医師たちに職場を与えた。このような状況下、ナチに対する親和性も強まってきた。ちなみに、帝国医師会に登録した医師の約四五％がナチ党員であり、ヴァイマル期に医師免許を取った医師たちの入党率が高かった。[166]

「カイザー・ヴィルヘルム精神医学研究所」や「カイザー・ヴィルヘルム人類学・人間遺伝学・優生学研

究所」の研究職に就いていた人種衛生学者たちは、ナチの過酷な人種衛生政策に直接関わることになった。研究費を確保された彼らは、研究を続けながら、官医やナチス親衛隊（ＳＳ）所属の医師たちに優生学・遺伝学・人類学の講義をしたり、遺伝健康裁判所に提出された申立書の鑑定所見を供与・補佐したり、あるいは内務省の求めに応じて人種鑑定書を作成し家系・血統を調査したりした。[167]

断種手術は大学病院婦人科をはじめとする公立病院といくつかの私立病院で行われたが、大学病院に勤務する医師・医学者たちはナチ体制によって与えられた大量の断種手術というチャンスをその学問研究に利用した。女性ホルモン研究など出産あるいは不妊化・断種手術に関わる研究は、ポーランドのアウシュヴィッツやドイツ北部のラーヴェンスブリュックなど、強制収容所内での人体実験でも行われた。[168]特に、女性の健康な生殖組織にメスを入れる機会に魅了された外科医にとって、[169]こうした実験は手術の訓練の場にもなった。

次に、自分の患者を断種に送り込むという立場にあった開業医たちの具体的様相を、主にアストリッド・ライの研究を参照しつつ、いくつか見ていきたい。

そもそも開業医が健康保健局の官医に対して断種手術対象患者の届出義務を果たさなければ、この断種法は制度として十分機能し得ないものだったが、実際には開業医による届出協力は進まなかった。[170]そのため、先に述べた一九三五年七月のフリックによる告示で、医師についても届出提出に対する非協力的態度が厳罰化の対象とされることになった。しかしそのような状況のなかでも、例えばバイエルンのシュヴァーバッハでは三分の二の開業医が届出をしていなかった。この地域では、開業医の七五％はナチ党員であったか、ナチ党傘下の団体に組織されており、組織率が他の地域よりも高かったが、届出をした開業医と、届出をしなかった開業医のナチ党への組織率はほぼ同じだった。[171]言い換えれば、シュヴァーバッハにおいてはナチ党員であろうとなかろうと、届出率はほぼ同じだったのである。陪席裁判官としてベルリンの遺伝健康裁判所に関わった医師も、断種に積極的なナチ党員に限られなかった。抵抗運動家で後に処刑された元社会民主党員なども関与していた[172]。

開業医たちにとって、届出を行うことは医師としての守秘義務に反する行為であった。このことは、患者や住民からの信頼喪失、倫理的問題につながるだけでなく、収入の大半を占めていた患者からの治療費が減少し経済的基盤が揺るがされることをも意味した[173]。

先に紹介したように、断種法では届出人が特定されないよう関係者を守るための機密保持が定められ、機密が守られなかった場合は、一年以下の禁錮刑か罰金刑が課せられることになっていた。届出をした医師たちは、それでも官医から患者に自分の名前が伝わってしまうことを恐れた。一九三四年一〇月、高位の党幹部が内務大臣に、ナチの医師や、人種政策的法律の実行を本気に考えている医師たちがボイコットの対象とされるおそれがあると伝えている[174]。また裁判の審理段階でも、医師の関与が患者に知られる可能性があった。その結果届出数は、同じ開業医でも家庭医より専門医のほうが多く、官医はさらに多いという状況になった。こうした傾向は地域社会における患者と医師との関係を反映しており、少なからぬ開業医が「好意的診断書」で患者を守ろうとしていたのである[175]。

ある施設医は、医師というものは患者個人に奉仕しているだけでなく、まずもって「民族の健康」に奉仕していると、医師たちに注意を喚起し、「余計な良心の呵責」を免れさせようとした。またあるベルリンの判事補は、届出というものは官医に対して断種の必要性を訴えるものではなく、「遺伝病」かどうかについて意見を示すだけである、という詭弁を用いて、断種への協働について医師たちが抱く抵抗感を減じさせようとした。もちろん官医にとってすべての届出は、「断種への申立て」だったのである[176]。

開業医側の受動的抵抗ともいえる非協力的姿勢のために断種法の実践が困難になっている、という報告も出されている。しかし、医師の非協力的態度を厳しく罰する制度が設けられても、開業医に対する処罰の警告はほとんどなかったし、届出義務を果たさなかった場合の罰金も、彼らの収入を考えれば必ずしも厳しい強制力とはならなかった。医師たちの側に立てば、先に述べたように届出によって患者を失うほうが、問題であった。医師たちがさほど処罰されなかったことについてアストリッド・ライは、医師の協力を必要とするナチ体制が医師たちとの和解を図ろうとした姿勢の現れであったと見なしている。[177]

6　断種の犠牲者たち

犠牲者たちの姿

強制断種犠牲者の年齢層の内訳と手術後の状況、そして彼らの社会層について若干説明しておきたい。まず、犠牲者の年齢である。その多くは出産可能年齢の一〇代後半から三〇代の人々であり、この年齢層全体の一％、一〇〇人に一人が断種手術を受けさせられた。その男女比はほぼ同率とされている。[178]しかし、手術の結果死亡した約五〇〇〇人の内訳は、女性の比率が圧倒的に多かった（女性四五〇〇人、男性五〇〇人）。[179]そもそも手術部位が健康な状態で、しかも相対的には平易な手術であったにもかかわらず、女性にこれだけの死者が出たのは、女性には全身麻酔による開腹手術が施され、男性よりも手術の難易度が高かったためである。[180]「低価値者」を対象とし、限られた日程で多くの手術を行うため、丁寧な施術がされなかったという点も大きな理由として考えられよう。

また、死を免れた犠牲者の多くも、理不尽な強制力で行われた手術の結果、精神的・身体的不調（いうまでもなく女性たちに多い）に生涯苦しめられることになった。例えば生理障害や強い下腹部の痛み、吐き気、性交時の痛み、手術跡の痛みなど、さまざまな後遺症が訴えられている[181]。ある既婚女性は生理の三、四日前になると決まったように激しい痛みに襲われており、自殺を考えたこともあるという。またある父親は、娘が素人に近い技量の医師に腹部を左右に横断するような開腹手術を施され、その後その傷が原因で何度も再手術を受けねばならなくなったことを訴えている。

手術の結果、子どもを産めない体にされたことはもちろん、結婚の機会を失う、パートナー関係が破綻するなど、精神的な苦しみも続いた。「三〇歳のとき、ナチによって強制断種手術を受けさせられ、私の人生はまったく屈辱的なものとなりました」「低価値者であるという気持ちが今日まで抜けません」「恥という気持ちが胸にするどく突き刺さったままです」というような当事者たちの言葉が、戦後に開かれた断種関係裁判の記録文書をはじめとするさまざまな文書に数多く残されている。それらの文書には「遺伝病患者の低価値者」「二級の人間」「半人前」「断種は恥の印」などさまざまな差別の言葉を浴びせかけられるなかで、人間としての「名誉」を奪われ、貧しさと孤独、劣等感に苛まれながら戦後を生きてきた犠牲者たちの姿が映し出されている[182]。

次に、断種犠牲者たちの社会的地位についてのパッサウとケルンにおける統計（次頁図表1―7、1―8）を見てみよう。犠牲者たちの最終学歴や職業の内訳を見ると、「階級差」がはっきりしている。犠牲となったのは貧しい人間に限らないが、明らかに貧しい家庭出身で学歴の低い人々が多かったのである。パッサウの例でいえば、初等教育学校の民衆学校を中退した人たちが全体の七割を占め、ギムナジウムなどで高等教育を受けた人は誰もいなかった。また、職業教育を受けていない人は、全体の九割近くとなっていた。

図表１－７　断種犠牲者の最終学歴（パッサウ）

学校種別	男性	%	女性	%	計	%
通学歴なし	2	2.7	1	1.3	3	4.0
補助学校（中退）	5	6.7	2	2.7	7	9.3
補助学校（卒業）						
民衆学校（中退）	25	33.3	27	36.0	52	69.3
民衆学校（卒業）	6	8.0	5	6.7	11	14.7
実科／中等学校（中退）						
中等教育修了	1	1.3			1	1.3
ギムナジウム（中退）						
ギムナジウム（卒業）						
情報なし			1	1.3	1	1.3
計	39	52.0	36	48.0	75	100.0*

注：*0.01以下を略しているため、合計は100%になっていない。
出典：Heitzer (2005), 402.

図表１－８　断種犠牲者の職業（ケルン）

職業	人数	%
労働者	148	39.9
無職	91	24.5
女中	30	8.1
職人	30	8.1
主婦	22	5.9
店員	16	4.3
不明	6	1.6
職業訓練生	6	1.6
家族の手伝い	5	1.3
商人	5	1.3
生徒	4	1.1
学者	4	1.1
学生	2	0.5
傷痍軍人	2	0.5
計	371	100.0*

注：*0.01以下を略しているため、合計は100%になっていない。
出典：Endres (2010), 115.

犠牲者の一例――クラーラ・ノーヴァク

犠牲者の具体的な例として、「『安楽死』および強制断種被害者の会」（以下、「被害者の会」と記す。一九八七年創設、二〇〇九年解散）の共同創設者・初代会長であり、「忘れられた犠牲者[183]」の復権に尽力した活動家であるクラーラ・ノーヴァク（一九二二～二〇〇三年。**図表１－９**）について紹介したい（本書第四章参照）。筆者はかつて（一九九三年）ノーヴァクにインタビューを行ったことがあり、以下にはその際に得た情報も含まれている[184]。

図表1－9　クラーラ・ノーヴァク（1950年頃）
ⓒ Landesarchiv NRW Abteilung Ostwestfalen-Lippe-D 105/73 M5

クラーラ・ノーヴァクはベルリン生まれで、家族は両親と弟二人だった。父はベルリンで造園業に従事していたが、一家の生活は苦しく、日の差さぬ部屋に住んでいたこともある。父は大恐慌時代に仕事を失ったが、ナチ政権成立後ナチ党に入り、再び仕事を得ることができた。一九三六年までノーヴァクは民衆学校に通い、卒業後は家事関係の職業訓練を受け、保母や縫い子の仕事に就いた後、三八年から三九年に制服縫製工場で働いた。そこで一七歳の彼女は病を得、「精神分裂病の疑い」でベルリンの母の元に戻された。四〇年、彼女は看護婦の専門教育を受け始めたところで、階段から落ちるという事故の後、精神疾患があるとしてベルリンの精神病院に強制入院させられた。目が覚めたのはひと部屋に六〇ものベッドがある閉鎖病棟だった。なぜ自分がこの病室にいるのかとその理由を尋ねたら、鎮静剤の注射を打たれた。

退院後、同じベルリンにあるシャリテ大学病院に入院中の上の弟を見舞いに行ったところ、今度は同病院の閉鎖病棟に入院させられた。その弟は一四歳にして「神経症」のため一時的に精神病院に収容されていたのであるが、これはどうしてなのか彼女にはわからなかった。「精神病患者」が家族にいるということは、彼女が志望していた看護婦への道を閉ざすことにもなった。

その後二人は退院し、自由になったことを非常に喜んだが、上の弟ともども遺伝健康裁判所から呼出状を受け取った。審理時間はたった一〇分だった。遺伝健康裁判所で、「手術か病院収監か」と問われたとき、閉鎖病棟でのつらい経験を思い出し手術を選択せざるを得なかった。そのときは誰が「精神分裂病」という診断をつけて申立書を提出したのかわからなかった。翌一九四一年シャリテ大学病院で、「遺伝性」の「精神分裂病」という診断をもとに強制的断種を受けさせられた。[185] 一九歳になる直前だった。下の弟は断種の対象年齢に達していなかったので、手術を免れた。上の弟は四二年はじめ一八歳にもならないうちに軍に召集された後、アムステルダムで自殺した。後ろから頭に銃弾を受けていることも知り、彼女はその死因の説明に納得していない。

その間彼女は一九四〇年からある出版社で働くようになっていた。彼女は四四年までその出版社で懸命に働き、下働きから事務職に就くまでになった。四三年一一月彼女はベルリンでナチ党に入党したが、その経緯は不明である。子ども時代、貧しさから娯楽に無縁だった彼女はナチのドイツ少女団での活動を楽しんだという。ヘニング・テュマースはこの入党について、入党により再度の精神科入院を免れることができるかもしれないと彼女が考えたためではではないかと推測している。

以上が強制的断種に関わるノーヴァクの経験であるが、本章「おわりに」での議論を念頭に、ここでは戦後の彼女の軌跡についても述べておこう。

終戦時、彼女はヒトラー・ユーゲント（ナチ党の青少年団）の宿舎で家事賄いの仕事に就いていた（父親は戦病死、下の弟は事故死）。終戦後は母親とベルリンからドイツ中部の都市ハルバーシュタット（東ドイツ）に移り、保母や縫い子を経て、一九四九年から看護婦養成学校に通い、「優」の成績で卒業した。数年間、東ドイツで看護婦として勤務し、五七年に西ドイツへ移住した。看護婦として二五年間働き、五二歳で早期年金生活者となった。

彼女は西ドイツへ移住してから、自らの名誉回復の努力を開始した。関係書類を探したところ、ベルリンの遺伝健康裁判所で自分の手術にまつわる書類を見つけた。また、彼女の住んでいた地域のベルリン‐パンコウの健康保健局の官医が管轄内の人々を対象に断種の申立書を出していたこともわかった。しかし、彼女はその官医に一度も診察されたことはないという。

ノーヴァクが「被害者の会」を創設し、その代表となって大きな一歩を踏み出したのは、彼女が西ドイツに移ってから三〇年後の一九八七年のことである。自分のように断種手術を受けさせられた人が大勢いる

（当時生存していたのは約八万人）[186]ことを彼女自身が初めて知ったのは、その一五年前、新聞でナチ時代の断種手術の記事を読んだ七二年のことであった。国民の多くは八六年頃にテレビで「安楽死」の犠牲者についての番組が放送されて大きな反響を呼ぶまで、知らなかったのではないか、と彼女はいう。

その彼女の活動を支えたのが、当時ギュータースロー（ノルトライン・ヴェストファーレン州）の州立精神科病院の精神科医であったクラウス・デルナー（本書第四章図表４－１参照）である。デルナーは深い学識と高い倫理観を備えた人物として知られ、一九八二年から断種手術の犠牲者との交流を始めていた。自分の周りにこのような犠牲者が大勢いて、それに気がつかなかったことに対して、自身を恥じ、この犠牲者たちの組織の立ち上げに関わろうとした。彼は精神的に落ち込んでいたノーヴァクに犠牲者たちの復権のために闘うことを勧め、「被害者の会」の共同創設者となった。復権と補償を求めて立ち上がることで、被害者の精神的な苦しみからの回復が図られるよう助力したのである。

おわりに

本章を終えるにあたり、戦後の状況について触れたいが、その前に本章の内容を簡単にまとめておこう。

一九世紀の末に誕生した優生学は、悪質の遺伝を防止し、遺伝病のない人間を殖やすことにより、人種改良を行おうとした。当時の急速な工業化が昂進させた社会不安のもとで、精神病患者や「反社会的」と考えられる人々を遺伝的に「価値低き人」として問題視し、そのような人々が増加しているととらえた。犯罪者も「非生産的」とされた人も、みな「遺伝による精神病患者」であるとされ、そのような「遺伝病患者」が増え、「民族の退化」が起こることを防ごうとする優生学が浸透していった。

社会国家と呼ばれるヴァイマル時代には、福祉事業が推進された。この時代には「多産」な「反社会的分子」の人口が増え、彼らに対する福祉が社会的負担の増大をもたらすという不安と危機感から、優生学を認容する意見が強まっていった。一九二九年に始まった大恐慌は福祉国家の存続をいっそう困難にさせ、そのような議論の急進化を招いた。

この動きの延長上に制定されたのが、ナチの断種法である。同法は「遺伝病の子孫を予防する」ための法律で、断種の対象とされたのは「遺伝病」とされた病気の患者であった。しかしその対象となった病気のほとんどは単一遺伝子疾患ではなく、複数の遺伝要因や環境要因によって発症が左右される病気であり、遺伝の証明ができないまま断種が進んでいった。

実際に断種された人々の大多数は精神疾患と診断された人々であったが、施設に入っていない、あるいは精神病院に収容されていた人でも症状が軽い人がその対象となった。彼らは子どもを産めない体にされてから、家庭や住み込み先に戻された。家庭などで日常生活を送っていた人々を「遺伝病」患者の疑いがあるとして官医に届け出たのは、あらゆる医療関係者や補助学校などの教育関係者、そして私人であった。

届出数は担当部署の責任者が断種に熱心かどうかによっても左右された。重ねて強調しておけば、こうした事態は、「遺伝病」の診断基準が明確にされていなかったことにその根本原因が求められる。病気といえるかどうか、グレーゾーンの人間であっても、基準がないため担当者の判断によって遺伝健康裁判所に送られたのである。たとえナチ党員であっても断種の対象から逃れることはできなかった。

優生学・医師・断種法の戦後

第二次世界大戦後、英米仏による西側占領地区（後の西ドイツ）ではいくつかの州を除き、強制断種法はナチの不法とされなかった。したがって断種の犠牲者たちはナチの被迫害者とされず（詳しくは本書第四章で扱う）、医師たちが「犯罪の行為者」と見なされることもなかった。それに対してソ連による東側占領地区（後の東ドイツ）ではナチの断種法を廃止し、断種に関わった医師たちが刑事訴追され、何件かの裁判が行われた。そのほとんどは有罪には至らなかったものの、このような状況に不安に駆られた医師たちが西側占領地区に移住し始めたため、このままでは医療体制の崩壊が起りかねないという懸念から、結局東側でも断種に関する医師の犯罪が問われることはなくなった。[187]

医師たちの間ではナチの断種について、その実行方法などに問題があったことについての認識は見られたものの、多くは優生学自体を否定するには至らなかった。プロテスタントの医師ハルムゼンやシャリテ大学病院の著名な精神科医カール・ボンヘッファーも、戦後早い時期から優生政策の再開を嘆願している。[188]

ハルムゼンの優生思想を受容したプロテスタント国内伝道会も、強制断種法が「不法」であるとは決してとらえていなかった。ただしナチ時代のような「誤った」用い方ではなく、トライザ会議で当時前提とされたように、強制でなければ「不法」にあたらないと考えていたのである。「民族の退化」の防止のために「遺伝病」を減らさなくてはならないという問題意識は強く継続し、戦後も断種法を維持・継続する新法の制定を求める声が上がりさえした。[189] 実際、国内伝道会とドイツ・プロテスタント教会援助機関の中央事務所は、一九五九年から六八年にかけて優生学作業委員会を組織し、優生学の再出発に向けての新たな断種法案を作成した。[190]

優生学自体を否定する見解や動きが出てきたのは一九七〇年代からであるが、それまで優生学的措置の要求は長きにわたって大局的には正当化されていた。例えば医学博士論文でも、『医師報』のような医師会の通信と同様に、優生学的措置の必然性が支持されていた（ただし、「本人の意思に反した断種」にはっきりと賛成していたわけではない）。六二年に書かれたある博士論文の序は、「文明国家における断種を歴史から見るに、断種はナチから生まれたものではなく、必要な措置として登場したものであることを明らかにするのが本論文の執筆目的である」としていた。また、高名な医師ヴィルフェント・ダリヒョーは、「遺伝病患者は無駄飯食い、低価値で、働く人の社会福祉関係予算の負担であるというナチ時代の主張はケルンに関しては該当しない。なぜならば断種手術を受けた八〇％が役に立つ仕事に従事していたからだ」（抄訳）などと主張する一方で、断種法に関する著書（一九七一年）のなかでは、同じケルンでの断種実施について、「『民族の退化』が数百年にわたって現れており、優生学的措置の要請は正当化される」としていた。[191]

戦後の西ドイツ医学界をナチとの関係で批判していた精神分析医アレクサンダー・ミチャリリヒ[192]（本書第四章で後述）も、国民防衛のために断種には「非常なる重要性」があったと強調していた。ミチャリリヒは「危険な常習的犯罪者」や一般の犯罪者は、自身の子どもの世話をほんのわずかしか、あるいはまったくしないとして、犯罪が「精神薄弱」や素質の乏しさに起因するならば断種は賢明であるとするとともに、強制断種の可能性にも言及した。[193]ナチに批判的なミチャリリヒにさえ、「精神薄弱者は犯罪者」という考えがしみ込み、断種の道が残っていたことに驚かされる。もっとも、このミチャリリヒの例を考えれば、ドイツ精神医学の伝統が戦後も揺るがず、優生学支持を続けていたことは、驚くに値しないかもしれない。

このように戦後ドイツの医学界では、人種衛生学者の行ってきたことが全面的に否定されることはなかった。人種衛生学の発展や断種法成立に尽力したレンツは戦後すぐにゲッティンゲン大学の教授職に就き、遺伝健康裁判所の裁判官の職まで務めたフィッシャーはドイツ人類学協会の名誉会員などになった。また、フエアシューアの場合は「カイザー・ヴィルヘルム人類学・人間遺伝学・優生学研究所」の所長に留まった[194]。ハルムゼンも、戦後すぐにハンブルク大学の教授に就任、一九五二年には家族計画国際団体のドイツ組織の創設メンバー（後に総裁）となり、人口学者としてインドなど当時の第三世界の集団不妊手術計画に影響を与えた[195]。

そのようななか、西ドイツでは一九四七年から六五年の間に、わずか四〇〇〇件ではあるが、断種手術の「補償」を求めた裁判が行われた。しかし手術が「不正」であったとされたのはそのうちの二六％のみであり、七四％はかつての審理は「正しい」審理であったとの判決となった。また六七年に、ある公的調査委員会は、少なくとも二三万六〇〇〇件、多く見積もるなら三一万六〇〇〇件が「正しい」断種・不妊手術であったという結論を出している[196]。ちなみに東ドイツでは、妊娠中絶や断種に関する法律に「遺伝的事由」が入っていた[197]。

近年になってもドイツでは、遺伝カウンセリングに相談にやってきた夫婦に、女医が「ナチが全員を断種したことは、ナチがやったことで最善のものだった」と言ったということが新聞に掲載されている[198]。その背景の詳細は不明ではあるが、このような発言は優生学がなお有効な手段と考える人々が現在においても少なからずいることを思い知らせてくれる。ナチ時代の断種の実態がいまだ十分知られていないことも、そうした発言がなされ続ける一因であろう。

注

1 断種手術とは、男女に対する生殖器官の手術による出産防止策であり、ナチ時代には強制的に行われたことから「強制的断種・不妊手術」と表記すべきであるが、本章では読みやすさから「強制断種手術」や「強制断種」あるいは「断種手術」「断種」という用語を用いている。
2 Kaminsky (2017).
3 Bock (1986), 231.
4 この四〇万人という数字は一九三九年までの三〇万人とそれ以降の六万人、およびドイツ併合地域（オーストリアを含む）での四万人を加えた断種犠牲者数である、Bock (2004), 62; Bock (1986), 237-238. 近年の研究では三〇万人という数字も挙げられている〔Benzenhöfer/Ackermann (2015), 26-27〕が、この数字は過小ではないかと思われる。
5 「適者」とは必ずしも強者ではないにもかかわらず、ドイツでは強者と訳された。Zankl (2008), 54.
6 Benz/Graml/Weiß (Hg.) (1998), 739.
7 Zankl (2008), 49-52.
8 Kevles (1985), 21.
9 Weiss (1990), 12.
10 Brink (2010), 109-110.
11 Weiss (1989), 155, 158.
12 Wuttke-Groneberg (1980), 92-94 ; 木畑（二〇〇二）、一六四頁。
13 例えば、木畑（一九九二、二〇〇二）。
14 トロンブレイ（二〇〇〇）、八五－八八頁。
15 北垣（二〇一八）、八九－九〇、九三頁。
16 Bashford/Levine (eds.) (2010), 3; 松原（二〇〇二）、一四〇頁を参照。
17 Bashford/Levine (eds.) (2010), 463.
18 Vgl. Weingart, et al.（1988), 15-16.
19 Roelcke (2010), 47.
20 Bashord/ Levine (2010), 156.
21 Weiss (1989), 153-156.
22 Weindling (1989), 70-72.
23 Weiss (1989), 153-154.
24 Labisch/Tennstedt (1985), Teil 2, 482.
25 Weiss (1989), 158-159.
26 Weiss (1989), 160-161.
27 Weiss (2004), 22.
28 Weiss (1989), 162-163.
29 「社会国家 Sozialstaat」とは「福祉国家」とほぼ同じ意味で使われるが、より広い概念で、社会保障、公教育、税制による所得再分配、労使関係の調整等に干渉することにより、国民の社会権を広範に保障する国家のことを指す。リッター（一九九三）を参照。
30 Kühl (1997), 43-44.
31 川越（二〇〇四）を参照、特に一八七頁－一九一頁。
32 川越（二〇〇四）、三九－四〇、五一－五二頁 ; Schwartz (1995), 74-75.

33 Bock (1986), 45, 239.
34 Schwartz (1995), 74-75.
35 Bauer/Fischer/Lenz (1921).
36 Fangerau/Muller (2002), 1042-1043.
37 Schwartz (1995), 36-42.
38 Kühl (1994), 20.
39 Kühl (1994), 20-21.
40 Kaminsky (2017), 107.
41 フェアシューアの弟子ヨーゼフ・メンゲレはアウシュヴィッツ強制収容所で悪名高い双子の人体実験を行い、その研究資料はフェアシューアのもとにも送られた。
42 Fangerau/Müller (2002), 1042.
43 Bock (2004), 64; Vgl. Hartmann u.a. (Hg.) (2016), 762 n.60.
44 ヒトラー（一九七三）上巻、三六三頁。
45 後藤（二〇〇三）、九七頁。
46 Weiss (2004), 37-38.
47 Bock (2004), 65.
48 Weiss (1990), 37-38.
49 Schwartz (1995), 165.
50 Nowak (1980), 91-92.
51 Klee (1983), 32.
52 Nowak (1980), 91, 94.
53 後藤（二〇一二）、三五、五〇－五一頁。
54 Ebbinghaus/Kaupen-Haas/Roth (Hg.) (1984), 43-44; Bashford/Levine (eds.), (2010), 328.
55 後藤（二〇〇三）、一〇五－一〇六、一〇九頁。
56 Bock (2004), 65.
57 Thomson/ Weindling (1993), 143.
58 Ley (2004), 180-182.
59 Brink (2010), 237-238.
60 Richter (2001), 294-295, 300-301; Bock (2004), 65-67.
61 Richter (2001), 311; Schmuhl (1987), 104.
62 Braß (2004), 33.
63 Bock (2004), 66-67.
64 Gesetz zur Verhütung erbkranken Nachwuchses vom 14. Juli 1933, *Reichsgesetzblatt* I Nr.86, 25. Juli 1933, 529-531.
65 Bock (2004), 65-67.
66 Evans (2008), 32.
67 Weiss (2004), 39.
68 Bock (1986), 24; リヒターは約八〇万人としている〔Richter (2001), 273〕。
69 Bock (2004), 62-63.
70 Bock (1986), 44-45, 239.
71 Bock (1986), 243, 308, 310.
72 Bock (1986), 111-112, 237-238; Weiss (1990), 44.
73 Bock (2004), 61.
74 Ehmer (2004), 34.
75 Bock (2004), 62.
76 *Reichsgesetzblatt* I, 1933, 529.

77　近年の遺伝子研究の成果は目覚ましい。環境要因と複数の遺伝子の相互関係の究明が進んでおり、病気には多く遺伝が関わっていることが明らかになってきている。しかし、ここではその問題は触れない。

78　Schmuhl（1987), 156.

79　Daum/Deppe（1991), 110-111.

80　両親のいずれかに原因遺伝子があれば、ほぼ五割の可能性で遺伝する。

81　Proctor（1999), 141-153.

82　ドイツ南部の小都市パッサウでは一九三四年から三九年までの期間で全申立て件数のうちの四％〔Heitzer（2005), 399 Tabelle5〕、ザールラントでは三六年に約二四％、三八年に約一〇％〔Braß（2004), 85〕、ベルリンでは三五年に約八％〔Doetz（2011), 38〕。

83　*Reichsgesetzblatt* I, 1933, 1021.

84　例えばケルンでどのような医師や施設が届出をしたかは、Endres（2010), 119 Tabelle17を参照。

85　Endres（2010), 115; Koch（1994), 57-58.

86　Endres（2010), 115-116.

87　Heitzer（2005), 409-423.

88　Heitzer（2005), 412.

89　Doetz (2011), 108.

90　Fuchs（2009), 28-29.

91　Koch（1994), 51; Doetz (2009), 39.

92　Daum/Deppe（1991), 33-34; *Reichsgesetzblatt* I, 1933, 995.

93　Weindling（2015), 29-30; Kaupen-Haas（1986), 111-114; Schmuhl（2011b), 206; Knust,（2009), 120-121. フィッシャーの弟子の人種人類学者の研究によれば、ドイツ植民地だったアフリカでのドイツ人とアフリカ人との子どもも、劣等で教育不能であるとされた。

94　Bock（1986), 358.

95　Vgl. Labisch/Tennstedt（1985), Teil 2, 332.

96　木畑（二〇〇二）、一六二－一六三頁。

97　Labisch/Tennstedt（1985), Teil 2, 331.

98　Labisch/Tennstedt（1985), Teil 2, 333-335.

99　ケルンにおける鑑定書のリストはEndres（2010), 143 Tabelle 20.

100　Vossen（2001), 349-350.

101　Kaminsky (2017), 97-98.

102　Kater（1989), 35-40.

103　木畑（二〇〇二）、一七三－一七四頁。

104　Bock（1986), 232-233.

105　本章注4を参照。

106　Evans (2008), 34.

107　Braß（2004), 85.

108　Bock（1986), 241; Braß（2004), 84-85; Endres (2010), 110-111.

109　Klein（2020), 48; Bock（1986), 343, 346.

110　Daum/Deppe（1991), 22; Vgl. Ruckert（2012), 45.

111　Burleigh (1994), 61.
112　Heitzer (2005), 403 Tabelle15, Tabelle16.
113　Bock (1986), 265; エンドレスはボックの推測はいくつかの地域では該当せず、その推測自体誤りとしている〔Endres (2010), 131〕。
114　Evans (2008), 34.
115　Doetz (2011), 37-39.
116　フランクフルトでは大学の遺伝生物学・人種衛生学研究所と市の健康保健局との権限争いにより、他の都市に比べ相対的に手術件数が少ない。Daum/Deppe (1991), 22-24.
117　Drecktrah (2008), 101.
118　Bock (1986), 247-248; Vgl.Ebbinghaus/Kaupen-Haas/Roth (Hg.) (1984), 28-29.
119　Bock (1986), 265.
120　Bock (1986), 266. 届出対象にされた人は、その怒りから誰が届出たのかを探し出そうとしたが、関係者の黙秘義務により届出人は守られた。
121　Koch (1994), 21-22.
122　Bock (1986), 232.
123　以下は Doetz (2011), 73-76による。
124　Koch (1994), 23 Tabelle I, 25 Tabelle III ; Heitzer (2005), 404; Daum/Deppe (1991), 20, 27-28; Bock (1986), 302-303.
125　抗告申立権者は被申立人とその法定代理人である。
126　Endres (2010), 190.
127　Braß (2004), 139.
128　Endres (2010), 166; Bock (1986), 233, 248.
129　Bock (1986), 281; Braß (2004), 139.
130　Heitzer (2005), 306, 315 Abb. 17.
131　Endres (2010), 186-187; Braß (2004), 138-139.
132　Endres (2010), 111.
133　Koch (1994), 57.
134　Bock (1986), 203.
135　Gabriel/ Maul/ Sandner (Hg.) (1992), 54-57.
136　Braß (2004), 108-110.
137　Endres (2010), 187; Braß (2004), 165.
138　Klee (1983), 46; Braß (2004), 67.
139　ケルン（一九三四～四四年）の年平均の警察出動率はわずか四％であった。ただし、このことはケルンにおける抵抗が少なかったことを意味しない。Endres (2010), 187.
140　Daum/Deppe (1991), 134-136.
141　Endres (2010), 187-188.
142　Braß (2004), 85, 175.
143　Pearson (1930), 411-425.
144　Bock (2004), 68.
145　Bock (2004), 68.
146　Zankl (2008), 61-62; Weingart, et al. (1988), 316, 318-319.

147 『ドルトムント新聞』（一九三六年一〇月二六日付）、Walter（1996）, 577; ヴァーグナーは、三七年五月二九日の秘密の覚書において知能検査で遺伝性が測れるかどうか、断種法の実行の仕方に疑義を唱えている〔Endres, (2010), 180, 182〕。
148 Kaiser/ Nowak/ Schwartz（Hg.）(1992), 132-134; Heitzer（2005）, 417-423, bes. 418; Bock,（1984）, 281; Bock（1986）, 315.
149 Schmuhl（1987）, 164-165.
150 Bock（1984）, 281.
151 Nowak (1980), 111.
152 Akten der Reichskanzlei Regierung Hitler 1933-1938: Teil I 1933/34, Band 1, 30. Jan. bis 31. Aug.1933, Boppard am Rhein, 664.
153 Endres (2010), 183.
154 Richter（2001）, 264.
155 Richter（2001）, 478.
156 Endres（2010）, 182-186; Nowak（1980）, 114.
157 Richter (2001), 479.
158 Richter（2001）, 461-462.
159 Nowak（1980）, 119.
160 Richter（2001）, 479.
161 Klee（1983）, 34.
162 Nowak（1980）, 93-94.
163 Klee（1993）, 93.
164 Nowak（1980）, 96-97.
165 Nowak（1980）, 106.
166 Kater（1989）, 55-57; 木畑（二〇〇二）、一七〇－一七二、一八六頁注四三。
167 Weiss（1990）, 46.
168 Doetz（2011）, 219.
169 Weindling（2015）, 28.
170 Ley（2004）, 159-161.
171 Ley（2004）, 155-156.
172 Doetz (2011), 256.
173 Ley（2004）, 132.
174 Ley（2004）, 163-164.
175 Ley（2004）, 158, 167-169.
176 Ley（2004）, 161-162.
177 Ley（2004）, 169-174, bes.174.
178 Bock (1986), 238; Bock (2004), 79. ただし手術の男女比も地域により異なる。フランクフルトではボックの挙げた数字とは違い、女性がかなり多い。Daum/Deppe (1991), 28-29.
179 男女合わせての死亡率は約一・四%となるが、五%を挙げる研究もある。近年の地域史研究では〇・四～〇・六%という推定も出されている〔Braß（2004）, 17〕。
180 Nitschke（1999）, 112 n.120.
181 Westermann（2010）, 225.
182 Westermann（2010）, 55, 172-178, 241.

183　本書第四章第4節で論じられるように、戦後旧西ドイツではナチ時代の被迫害者に対する補償が行われてきたが、「安楽死」・強制断種の犠牲者は「連邦補償法」が対象とする「ナチスによる犠牲者」とは認定されず「忘れられた犠牲者」となっていた。連邦補償法では、犠牲者とは政治的、宗教的、人種的な理由で迫害を受けた者、と規定されたため、強制断種の犠牲者はこれに該当しないとされていた。

184　筆者によるインタヴュー記録は、木畑（一九九四）、五一－五三頁。以下の主な素材は、ショア財団のプロジェクト・インタヴュー（USC Shoa Foundation Institute testimony of Klara Nowak, 1997.10.7）である。http://vhaonline.usc.edu/viewingPage?testimonyID=37934&returnIndex=0（最終閲覧日二〇一一年三月一五日）。その他、筆者によるインタヴューに加え、Nowak (1998), 163-168; Tümmers (2011), 288-292, 296-298; Schneider/Lutz (Hg.) (2014), 188-191も利用した。

185　ヘニング・テュマースは彼女の手術日は確定できないとし、すぐ後で述べるように彼女が出版社で働いていた一九四〇年から四四年の間としている。Tümmers (2011), 290.

186　Topp (2013), 227.

187　Doetz (2011), 249-250.

188　Kühl (1994), 104.

189　Westermann (2010), 66.

190　Kaminsky (2010), 377.

191　Westermann (2010), 67-68; https://www.aerztekammer-bw.de/news/2007/dalicho.html（最終閲覧日二〇一一年三月一五日）。

192　彼は戦後早々にニュルンベルク医師裁判の記録をまとめて出版し、ナチ医学の非人道性をつまびらかにしている。Mitscherlich/Mielke (Hg.) (1947).

193　Tümmers (2011), 147.

194　Zankl (2008), 62-63.

195　Ebbinghaus/Kaupen-Haas/Roth (Hg.) (1984), 43-44; Bashford/Levine (eds.) (2010), 328.

196　Bock (1986), 245-246.

197　Schmuhl (2011b), 210.

198　Hamm (2012), 9.

第二章

「安楽死」という名の大量虐殺

その始まりと展開

梅原秀元

はじめに

一九三三年にアドルフ・ヒトラーを総統とするナチスによる政権が成立した当初より、ナチスは人種主義と人種衛生学・優生学に基づく人口および医療衛生政策を展開した。その政策を科学の領域から支えるとともに、ナチスから有形無形の支援を受けたのが、人種衛生学者とそれに近い医学者だった。この協力関係[1]が最初に目に見える形となったのが、前章で検討した「遺伝病子孫予防法」（＝断種法）とそれに基づく強制断種だった。これは、ドイツ民族の現在と将来の健康を守るために、治る見込みがなく、遺伝の危険性が高いと考えられていた疾患（主に精神疾患）や障害を持つ人々を、強制的に不妊化することで生殖から強制的に排除し、ドイツ民族の将来の健康への脅威を失くすことを狙ったものだった。

強制断種は、対象となる人が子どもを作れなくすることを目的としていて、その人の存在自体を消滅させるものではなかった。これに対して、本章の対象である「安楽死」は、「生きる価値の無い者」（精神疾患の患者や障害者、働けなくなった者など）を殺害するという、その対象となる人の存在を消滅させるものだった。この点において、「安楽死」は強制断種よりもいっそう過激な措置と考えることができる。

　ところで、ナチスによる優生政策として、「安楽死」は前章で取り上げた強制断種としばしばひと括りにされるが、実際には、両者はいくつかの点で異なっていた。まず、強制断種では、ヴァイマル共和国期における断種法議論の延長線上で法律が定められ、この法律を根拠に既存の医療衛生制度を利用して断種対象者が把握され、遺伝健康裁判所での裁判を経て断種が行われた。そして、強制断種が盛んに行われた時期は、まだ平時であった。これに対して、「安楽死」は、そのための法律が定められることはなかった。有名な「T４作戦」ではヒトラーにきわめて近い官僚たちが中心となって極秘に計画され、多くの精神科医らの協力のもとで、一九三九年の第二次世界大戦の開始とともに極秘裡に始まり、作戦の停止もヒトラーの口頭での命令によった。さらに、「安楽死」はT４作戦だけではなかった。これと並行して「子ども安楽死」が行われ、T４作戦停止後も戦況の変化に影響を受けながら、精神疾患の患者や障害者の殺害は、さまざまな形を取って敗戦まで続いていた。このように、強制断種と「安楽死」は、法律に基づいているかいないか、極秘かそうでないか、平時か戦時かといった点で異なっていた。こうした相違点は、ナチスによる「安楽死」の特徴を考える上で重要なものであると思われる。

　このような考えから、本章では、「生きる価値の無い者」とされた人々の大量殺害について、ナチスがこの殺害をどのように始め、展開したのか、その特徴はどのようなものだったのかという点に注目しながら素描してみたい。

　以下では、まず、安楽死という言葉について、この言葉の内容が時代とともにどのように変化し、本書がテーマとする大量虐殺をも指す言葉になったのかについて検討しておく（第１節）。次にナチスによる大量殺害を概観し（第２節）、「安楽死」のなかでも特に研究が進んでいる「子ども安楽死」「T４作戦」「分散した安楽死」および敗戦後の状況について詳しく見た後（第３節から第６節）、最後にナチスによる「安楽死」全体について考察を行う（おわりに）[2]。

本論に入る前に、本章で使う用語について述べておきたい。まず、「安楽死」という表記について。現在、日本やドイツ以外のヨーロッパ諸国やアメリカ合衆国などで使われる安楽死という言葉と、ナチスによる精神疾患の患者や障害者の大量殺害を指す場合の安楽死とは、その内容が大きく異なっている。そこで、本章では、後者の安楽死に対しては、「安楽死」という鍵括弧で括った表記を使うことで、両者を区別する。

次に、本章では、Schizophrenie（英語では Schizophrenia）に対する日本語の訳語として統合失調症を用いる。Schizophrenie は、もともとドイツの精神科医エミール・クレペリンが一八九六年に疾病概念として「早発性痴呆 Dementia precox」を唱え、それに対して、スイスの精神科医オイゲン・ブロイラーがこの概念を検討して Schizophrenie という概念を一九〇八年に新たに唱えたことに発する。その後、Schizophrenie 概念は、ドイツ語圏はもとより欧米や日本でも徐々に受け入れられ、精神医学の基本的な概念の一つとなって二一世紀の現在に至っている。この Schizophrenie に対して日本では長く精神分裂病という訳語が使われていたが、この訳語自体が与える負のイメージがあまりに大きく、病気に対する正しい理解や患者の治療・支援を妨げていた。さらに、医学的にも誤訳に近いものだった。そのため九〇年代に日本の精神医学界と患者側がそれぞれ別個に新しい訳語の検討を始め、両者が検討結果をすり合わせ、統合失調症を新しい訳語とすることになり、二〇〇二年に正式に発表された[3]。

これらより、本章が対象とするナチ期の Schizophrenie に対して統合失調症を訳語とすることに精神医学的・精神医学史に問題がないと本章の筆者は考え、本章では統合失調症を Schizophrenie の訳語として使うこととする。

1 「良い死」と大量殺害——安楽死という言葉をめぐって

良い死

ナチスによる精神疾患の患者や障害者の大量殺害は、ドイツ語では「Euthanasie」と多くの場合表現され、日本語に訳すと「安楽死」となる。しかし、日本でこの言葉を使う場合、大量殺害をいうことはなく、死に際してより苦しまずに死ぬといった意味合いで使われる。英語圏でも、euthanasia という言葉があり、それは日本語と似た文脈で使われることが多いようである。[4]

ドイツ語では、死に際している人を医療上どのように扱うかについては、「Euthanasie」ではなく、Sterbehilfe（臨死介助）という言葉を使う。文字通り死に臨んで（いる人を）助けるという意味で、この言葉に、積極的な（aktiv）や消極的な（passiv）などの形容詞を付加することで区別している。例えば、積極的な臨死介助では、医師が薬を与えて患者を死に至らしめるという行為を指し、ドイツでは禁じられている。また、ドイツ語では、Sterbehilfe と並んで、Sterbebegleitung（死の看取り）という概念もあり、この場合はもう少し長い期間を対象にしている。例えば、ホスピスや緩和ケアのような、治る見込みがなく死ぬまでに身体的精神的苦痛をともなうような病状の患者に対して、そうした苦痛を和らげながら、最期の時まで穏やかに生きることをサポートするというようなケースを考えるときに使われている。[5]

このように、「Euthanasie」という言葉は、ドイツではナチスによる精神疾患の患者や障害者の大量殺害を指す言葉になっている。しかし、この殺害による死は、そもそも「安楽な」死なのだろうか？　殺害されるというのは、「安楽な」死なのだろうか？　こうした問いから、本節では、「Euthanasie」という言葉がそもそもどのような言葉で、どうしてナチスによる精神疾患の患者や障害者の大量殺害を「安楽死」というのかについて検討する。

まず、「Euthanasie」という言葉は、古代ギリシャ語で、「eu ＝良い・美しい」と「thanatos ＝死」とをつなげた言葉「euthanatos ＝良い死・美しい死」がもとになっている。[6]「euthanatos」の使用例で最も古いものが、ギリシャの詩人クラティノス（前五〇〇～前四二〇年）が自身の戯曲のなかで「死病による重い死」に、「軽い死」を「良い死」として対置したものといわれている。この後、古代ギリシャや古代ローマの医学以外のテクストでは、「長く続く病気がない死」「比較的早く死に至る死」「正しい時期（若いときのこと）の死」「（実際の戦闘を戦っての）尊厳ある死」といった死に対して、「良い死」という言葉が用いられていた。これらの安楽死には、「死に至る過程の苦痛からの解放のために死なせ」たり、「死に至る過程の苦痛から解放されたいために患者から要求されて死なせる」という考え方は見当たらなかった。[7]また、医師が意図的に患者を死なせること自体について、古代ギリシャの医師ヒポクラテス（前四六〇頃～前三七〇年頃）に由来する、有名な「ヒポクラテスの誓い」は、「致死薬は、誰に頼まれても与えません。そうした助言も行いません」と宣言した。この宣言は、医師は積極的に患者を死なせてはならないという倫理規範を示すもので、現在に至るまで欧米で頻繁に参照されている。[8]このように、古代ギリシャ・ローマ時代には、安楽死＝良い死とはどのような死なのかについていくつかの考え方があるものの、安楽な死のために意図的に患者を死なせるという考え方はなく、医療行為としても禁忌と考えられていた。

中世ヨーロッパでの「良い死」の概念はキリスト教の影響のもとで、古代ギリシャ・ローマ時代とは異なるものになった。まず、キリスト教では、死後にキリスト教の天界に受け入れられることに役立つように生きなければならなかった。この「生の技法 Ars Vivendi（ラテン語）」は、その人が死に際して、どのようにして死ぬことにともなう苦痛を正しく苦しみ、司祭に付き添われ、キリスト教における死に際しての儀式を受けるかという技法（「死の技法 Ars Moriendi（ラテン語）」）によって補足された。こうして死は、キリスト教においては常に生の構成要素であり続け、苦痛は神が望む試練となった。この相互関係のもとで、キリスト教的な中世ヨーロッパでは、古代ギリシャ・ローマ時代とは異なり、概念としての「良い死」は存在せず、死は良い悪いというよりも克服すべきものであった[9]。そして、死に際している人が、死に至る過程で出会う苦しみもあの世での幸福のために必要なものと考えられていたため、その苦痛から解放されたいがために死期を早くすることは医療行為から排除された。さらにキリスト教では「他人を殺してはならず」、自殺も禁忌とされたため、医師が患者の自死を助けることも認められなかった。このように、理由こそ違うが、患者の苦痛の解決として医師が積極的に患者の死期を意図的に早めることが禁忌とされていたのは、古代ギリシャ・ローマ時代と中世ヨーロッパは共通していた[10]。

一六世紀から一七世紀頃になると、死や「良い死」についての考え方にヨーロッパで変化の兆しが見えてきた。イギリスの著名な哲学者フランシス・ベーコンや思想家トーマス・モア（『ユートピア』一五一六年）が、キリスト教の強い影響下にあった中世ヨーロッパでの、どんなに苦痛に満ちていようともそれを克服して死ななければならないという、死に対する考え方に対して、死に際している人の苦痛の除去、さらにはその周囲の人たちの負担の軽減をも視野に入れた「安楽な死」とそのための医療の研究・実践を求めた[11]。ただし彼らの議論は、知識人に向けたもので、当時のヨーロッパの人々の考え方を大きく変えることはなかったと思われる。

一七世紀から一八世紀になると、ベーコンやモアのような哲学者・思想家だけではなく、医師の間でも、身体的・精神的な苦痛に苛まされない穏やかな死を迎えられるようにすることが医師の使命としてとらえるとともに、不必要で意味のない治療を避けることが注目を集めるようになった。一八世紀末頃には、こうした医療による穏やかな死（euthanasia medica）がヨーロッパの医学において論じられるようになった。そうした議論の中心は苦痛の緩和にあり、仮に患者が望んだり、患者から求められたりした場合であっても、医師が薬を投与するなどによって積極的に患者の死期を早めることは否定的であった。[12]

一九世紀に入ると、ドイツ語圏で、瀕死の重病人や重症者には、モルヒネなどを与えることで死なせてもいいのではないかと主張する医師が現れた。しかし、こうした積極的な安楽死を肯定するような考えに対して、強く反対する立場を取ったのが、同じ頃のドイツ語圏で非常に著名な医師クリストフ・ヴィルヘルム・フーフェラントだった。彼は、自身が編集出版していた雑誌に「医師の諸関係」という文章を一八〇六年に発表した。そのなかで彼は、死に臨んでいる患者と医師との関係について次のように述べ、人の命を保たせること、そして死に際する苦痛の軽減こそが医師の最大の務めであると主張し、積極的な安楽死を否定している。[13]

「治すだけでなく、不治の病でも、その人の命を保たせ、苦痛を軽くすることが医師の義務であり、最大の務めである。」

「人の命を保たせること、できるだけ長生きさせること、それが治療の最も高い目標である。医師は、人の命を短くするようなことはしないと誓ってきた。」

フーフェラントに端的に見られるような立場は、一九世紀後半においてもドイツ語圏を含むヨーロッパにおいて一般的であった。キリスト教でも、信者に、自らの目を病者や助けが必要な者に向けることを求め、病者と死に至る者に寄り添っての看護や世話という、現在の医学・医療におけるターミナルケアや緩和ケアにあたる活動が主なものとして考えられた。これが、特に一九世紀以降のキリスト教系の福祉活動・福祉団体の拠って立つ考え方になった。[14]

「すべての苦痛からの解放」と「死の権利」

一九世紀末になると、ドイツ語圏で積極的な安楽死が議論の俎上に上り始めた。その際に、問題提起の役割を果たしたのは、医学での議論ではなく、文学作品や思想・哲学、そして法学における死と医療をめぐる議論であった。[15] そこでは、死を目の前にした患者の苦痛とそれに対する同情（Mitleid）からその患者を死なせるという行為を、司法の領域から引き離そうとする傾向があった。[16] こうした傾向は、生物学や医学のなかでの議論とすぐに同調するようになった。生物学や医学では、医師の行為を限定する機能を持つ医師の職業倫理と、医師の暗黙の日常的な規則とが問題となっていたのである。そして、文学や医学、生物学での新たな論争のなかで医師は、道徳的に誠実であると同時に健康、病気、生そして死についての専門家となっていた。そうした専門家として、医師は、間違いなく他人の命を終わらせるという「最も難しい義務」を遂行しないといけなくなると考えられていた。ここには、一九世紀末ドイツ語圏においては、医師が、行為基準が明確で人間の身体の問題についてより独占的に解釈できる専門家として、人々から見られていたことが見て取れる。[17]

死について医師が特別な位置を占めるという一九世紀末に顕著になる考え方を、哲学者フリードリヒ・ニーチェが、何らかの欠損がある生命（＝人）の価値を奪い、そうした人間を医師が死なせてもよい、むしろ死なせるべきであるという議論へと展開させた。ニーチェは、『悦ばしき知識』（一八八二年）や『ツァラストラはかく語りき』（一八八三〜八五年）などで、奇形の子どもを死なせることや、生きている価値の無い命の存命、あまりにたくさんいる無用な人々（＝生きている価値の無い人々）の絶滅といったことをテーマとした。[18]さらに、ニーチェは、彼が神経性梅毒で発狂する直前の著作である『偶像の黄昏』（一八八九年）において、「病人は社会の寄生虫」であるとし、彼らが医療に頼って生きながらえていることを批判した。その上で、こうした軽蔑されるべき人々の生きる意味や権利を認めず、人として「誇らかに生きることができない」ならば、むしろ、彼らを医師が死なせるべきであると主張した。[19]

ニーチェは、文学作品で見られたように、人間の死に対する医師の専門家としての地位を認めるとともに、医療や社会に頼って生きているような病者や弱者は、その社会において深い軽蔑の対象であり、生きている価値が無く、そのような者が「誇らかに死」ねるように、医師が死なせなければならないと考えた。

ニーチェの考え方には、病人のような弱者は早々に死ぬべきであり、医師がそうした弱者を助けるのは、本人にも社会にもよくないことであるという考え方が見て取れる。これは、チャールズ・ダーウィンが『種の起源』（一八五九年）で唱えた進化というコンセプトに影響を受けた生物学者や医師に見られる、人間およびその生命に対する考え方と共鳴していた。彼らは、人間を生物学の世界に位置づけ、自然の法則（進化やその鍵となる生存競争（ドイツ語でKampf ums Dasein）や淘汰（ドイツ語でSelektion）といった概念）で人間の生命も理解し、評価できると主張することで、人間の命は誰の命であっても神聖で絶対的なものであるとするキリスト教的な世界観を疑問視した。[20]

彼らダーウィン主義者や優生学者、人種衛生学者は、さらに個々の人間について、普遍的な自然の法則と一致しているかそれともズレているのか（普通か普通でないか）という基準と、全体（例えば、民族や人種）に対して個々人が具体的に貢献しているかそれとも害悪なのかという基準で個々人を選別し、異常や害悪であるとされた者は脇へと追いやってしまわなければならないと考えていた。[21]

こうした考え方のもとでは、全体が個人よりも優位に置かれ、病者は全体にとって危険なものであり、全体は病者から自らを、あらゆる手段をもって守らねばならないとされた。この場合における「あらゆる手段」には、医師が病者を積極的に死なせることも含まれていた。これは、医師や医学にとって新しい領域（病者を犠牲にして全体を守るための医学）が開かれたことを意味した。[22] こうして、一九〇〇年頃には、同情に基づく倫理が、優生学や人種衛生学、積極的な安楽死と結びつけられるようになった。

一九世紀末から二〇世紀初めの世紀転換期に起きた人間の生と死をめぐる文化的、医学的、法学的な考え方の変化を、一八九五年に出版された一冊の本が示している。その本が、ゲッティンゲン大学で哲学や数学、物理学を学んでいた学生アドルフ・ヨストによる『死の権利』だった。[23]

ヨストはこの本のなかで、不治の病にかかっている人で、特に死ぬことが明白な人や、（死なないが）耐えがたい苦痛のなかにある人に対して、「死の権利」を認めるべきであり、そうなるように社会を改革すべきであると主張した。ここでこの権利が認められる対象者としてヨストは、ガン患者のような、有効な治療法がなく、死ぬのをただ待つだけの患者（死ぬまでに非常な痛みなどに苛まされる患者は特に）と、不治の精神疾患の患者を挙げた。そして、ヨストは、この患者たちに「死の権利」を認めることを、次のようにして正当づけようとした。

まず、実際に、生きていることそれ自体が苦痛な患者は存在し、彼らに対する「自然な同情（Mitleid）」から、彼らに「死の権利」を認めるべきであるとした。[24] 次にヨストは、こうした患者たちの「生きる価値」

を問題にした。彼らは社会に対して何らの価値も生み出さず、彼らを生かすためのさまざまな費用を社会の側が負担しなければならないので、彼らが「生きる価値」の点から見て、死ぬだけの患者と不治の精神疾患の患者は不要な存在である。したがって、彼らに「死の権利」を認めるべきであり、特に後者についてはより当てはまるとした。[25] さらにヨストは、「死の権利」を認めることは、こうした患者の隣人が、患者の傍らにいることで感じる苦痛や恐怖を感じずに済み、隣人にとっても苦痛の解放になるとした。[26] そして、患者、隣人、社会全体にとっても「死の権利」が有益であり、その実現のために社会を改革しなければならないと主張した。

それまでの安楽死の議論に、ヨストは、対象となる患者の「生きる価値」という視点を加えた。これによって、ヨストは、死ぬのを待つ患者や不治の精神疾患の患者は、経済的に見て、社会全体にとって何ら価値を生まず、負担ばかりがかさんで、むしろマイナスの価値しか生まないので、死なせたほうがよく、そのためには、法律だけでなく、医師の倫理、死をめぐる道徳も変えなければならないという主張するに至った。

ヨストの考えは、彼の本が出版された当時は大きな支持があったわけではなかった。しかし、ドイツにダーウィンの著作を紹介するなど、ドイツにおけるダーウィニズム拡大に大きな役割を果たした生物学者エルンスト・ヘッケルが、一九〇四年に『生命の不可思議』を出版した。[27] ヘッケルは、ヨストと同様に、人間の生命の価値を問題とすると同時に、精神疾患の患者や不治の病で死ぬばかりの患者についても、彼らの存在が、彼ら自身にもその周囲にとっても苦痛であり感情的・経済的に負担なので死なせるべきであるとし、さらに、障害を持って生まれた新生児の殺害を正当化した。[28] こうして自然科学からも、「死の権利」を容認するとともに、人間の生命の価値を問題にして、価値のある人と無い人とを区別し、後者を前者のために死なせても構わないという考え方が公然と語られるようになった。こうした傾向は、ヘッケルが名誉会長を務めていた「ドイツ一元主義者同盟」の雑誌『一元主義の世紀』誌上で、同盟の会員で重い肺病を患っていたローランド・ゲルカンが一三年に「安楽死法試案」を発表し、誌上や同盟内外で議論になったことからもうかがえる。[29]

一九〇〇年を挟む前後一〇年ほどの間に、ドイツでは、人間の命と死についての考え方に、大きな変化が起きた。それ以前は、人間の命に差は存在せず、どの命も等しく最も尊いものであり、積極的に死なせてよい命とそうでない命があるという考えは認められていなかった。その上で、安楽死は、すぐに死なせることではなく、死ぬまでの苦しみをいかに和らげるかに重点があった。しかし、一九世紀後半以降になると、不治の病で死ぬほかない人、精神疾患の患者、障害者を対象に、彼らの苦痛の解消と、彼らを生かしておくことによる周囲の心理的・経済的負担からの解放を理由として、これらの患者を医師が死なせてもよいことを認め、それを要求する考え方が公にされるようになった。こうした議論の背景には、ダーウィン以降の進化論による自然科学的・生物学的な人間観、一人の人間が全体のために生み出す価値の総額に基づいて命の価値を決めようとする経済的な生命観、同情によって患者を死なせてあげることを肯定する考え方が影響していたと考えられる。[30] こうして、安楽死に、患者だけでなく、その周囲の苦しみを和らげ、社会全体の益のために、患者を積極的に死なせるという内容が加わるようになった。

「生きる価値の無い命の絶滅の解禁」

安楽死をめぐって一九〇〇年代に顕著になった新しい考え方は、すぐに支持者を増やしたわけではなかった。しかし、第一次世界大戦で莫大な数の（若い）男性の死傷者が出た後、ドイツの人口の量と質が大きな問題となった二〇年代において、再びこの考え方が脚光を浴びることになった。そのきっかけとなったのが、法学者のカール・ビンディングと精神医学者のアルフレート・ホッヘが、死を待つだけの患者や精神疾患の患者を死なせることについてそれぞれの専門の立場から肯定した、『生きる価値の無い命の絶滅の解禁』（一九二〇年）だった。[31]

ビンディングは、法学の立場から、まず、自殺を取り上げ、自殺が、その当事者が「自らの存在とその存在のあり様についての主権者」として行使することができる「禁じられていない行為」であり、この特徴によって、その者自身だけが行うものであり、それゆえに、第三者の参加つまり自殺幇助および嘱託殺人もまた、現行法によれば殺害規範に含まれるとした。したがって、両者は法に反する行いということになるとした。次に、ビンディングは死病の患者の場合の臨死（幇助）または安楽死を取り上げている。ビンディングは、このような患者は、重篤な病気またはケガが彼らを苦しめておりかつ、その病気や負傷で死んでも、別の手段で死んでもかかる時間にあまり違いがないとする。これによって、ビンディングは、これらの患者はいずれにしても死ぬので、その原因が病気や負傷なのか、人為的なものなのかの違いは意味がないと考えた。その上で、彼は、安楽死は法的に見て殺害という違法な行為というよりも、自殺同様「禁じられていない行為」であると見た。したがって、死にそうな患者の場合、その患者が大きな苦痛に苦しみかつ生きている時間もすでにわずかしかなければ、安楽死について患者の了承は必ずしも必要とされないとした。[32]

またビンディングは、法益の資格を著しく失い、その存在がその人と社会にとって永続的にすべての価値を失っていると考えられる人間として、「病気または負傷の結果、救命不能な状態にあることを理解していて、差し迫って死を望む者」「生きたいのか死にたいのか、わからなくなっている不治の精神薄弱者」「健康な状態から何らかの出来事によって意識不明となり、仮に目覚めたとしても名状しがたい悲惨な状態になると思われる者」の三つを挙げ、これらのケースでは死なせてもよいとした。[33] さらに、死なせるにあたっては、国の機関の設置を提案した。この機関が、本人、主治医、または近親者の申請に基づいて、精神科医と、それ以外の科の医師、法律家、委員長からなる委員会を設置して、死なせるかどうかを決定するものとした。[34]この決定に際してビンディングは、該当者がどのような状態にあっても、生きる意志があるかどうかについて、最大限注意すべきであるとした。[35]

このようにビンディングは、自殺との対比によって安楽死を法的に見て禁止されない行為であるとした後、安楽死させてよい人間のタイプを示した。そして、該当者の生きる意志の有無の確認を歯止めとしているものの、彼らの生死の決定権を国家が設置する医学と法律の専門家からなる組織に委ねるという構想を提示した。

一方、こうした法律家の観点からの提案に対して、アルフレート・ホッへは医師、特に精神科医の立場から、安楽死について見解を提示している。まず、ホッへは、医者は少しでも患者を生きながらえさせ、たとえ患者が懇願しても、死なせて死期を早めてはならないという旧来の考え方を批判し、死の床にある患者を生きながらえさせるのではなく、死なせてもよいという立場を取った。その上で、ビンディングが示した先の三つのタイプの人々が「生きる価値の無い命」にあたり、「絶滅」すなわち死なせる対象であることを認めた。[36]

ホッへは、ビンディングの三つの類型のうちの「不治の精神薄弱」または「精神的な死」について、精神科医としてさらに説明を加えている。彼は、「精神的な死」をさらに、精神的に充実した年齢の後の老年に起こる「精神的な死」と、先天的ないしは幼少期に生じた脳の変化による「精神的な死」の二つに分けた。そして、ホッへは、前者はすでに社会にとって価値のある活動をした後の変化であり、後者は生涯にわたって社会にとって価値のある存在ではなく、むしろ負担になるだけの存在であるとした。いずれのケースにしても、ホッへは、「精神的に死んで」いる者は、知的水準が動物に限りなく近く、その意味で人間というよりは動物であると考えた。[37]

ホッへは、「生きる価値の無い命」を医学的な見地から正当化しただけではなかった。彼は、こうした人々が経済的にも無価値であり、負担しか作らない存在であると主張した。特に、第一次世界大戦による有能な男性人口の大量喪失と、敗戦直後の経済の混乱状況を目の当たりにしていたホッヘにとって、「精神的な死者」たちは医学的にも経済的にも「余計な存在 Ballastexistenz」でしかなかった。[38]

ビンディングとホッヘのこうした主張に対して、法学や法曹界での賛否は割れていた。他方で、医学では、一九三三年のナチ政府以前に、圧倒的に否定的な意見が多かった。テュービンゲン大学精神医学教室のロベルト・ガウプがすぐに賛同したり、[39]バイエルンのエアランゲン市の精神科医ベルトルド・キーンは生きる価値の無い患者を死なせることを主張したりしたが、[40]人種衛生学者でさえ、死なせることには医学の立場からは賛成せず、せいぜい障害や重い病気に苦しんでいる患者に対する同情から「人道的」に認めるといった程度であった。[41]こうした態度は、死なせなくとも（強制的な）断種で十分に人種衛生学の目的を達成できると考える人種衛生学者が少なくなかったことによると思われる。[42]ただし、人種衛生学者だからといって、みな型通りに否定したわけでもなかった。例えば、ナチ期に「遺伝病子孫予防法」案作成で中心的役割を果たし、人種衛生学や遺伝学的精神医学の研究でドイツのみならず国際的にも重要な位置を占めていたエルンスト・リュディンは、死なせることには消極的であったとされているが、実際には、ドイツ民族の健康と医学研究の両面から、「安楽死」に大きな関心を持っていた。[43]

さらに、ビンディングとホッヘへの主張に対する反応として興味深いものに、ドイツ東部ザクセン地方の精神科医で障害児のケアを行っていたエーヴァルト・メルツァーが一九二五年に出版した本がある。[44]このなかで、彼は、ビンディングとホッヘの本が出版後すぐに、「精神薄弱」の子どもたちの親および後見人およそ二〇〇人に対して行ったアンケートの結果を紹介した。質問内容は、「専門家によって、お子さんが不治の精神薄弱であると確認されたら、あなたのお子さんの命を苦痛なく短くする［苦痛なく死なせる］のを認めることができますか」というもので、実に七割の親が「はい」と回答した。このことは、二〇年代にドイツで、人々の間に「生きる価値の無い患者を死なせる」という考えが広がっていたことを示唆していたが、メルツァー自身は、死なせることには反対の立場だったため、この回答結果に衝撃を受け、同書のなかで、あらためて死なせることを批判した。しかし、ナチ期には、ナチスによって、このアンケート結果は、ビンディングとホッへの本とともに「安楽死」の正当化に利用されることになった。[45]

ビンディングとホッへの本をめぐるヴァイマル期の法学や医学の議論は、安定しない経済、社会、政治の状況とともに、人間の生存権が絶対的に保護されるわけでもなければ、制限なしに保障されるものでもないという状況を作り出していった。国家全体に対して経済的な価値を生み出さない重傷・重病者や治る見込みのない精神疾患の患者、そのような弱者や支援を必要とする人々は特に、その存在自体の意義が厳しく問われるようになった。

そうした状況のもとで、前章で検討したように、劣等な人間を将来に残さないようにする消極的優生学が、医学や衛生、人口政策、社会福祉などの領域で影響を持つようになっていた。そして、一九三二年に、最大州（ラント）[46]のプロイセンで本人の同意に基づく不妊化（＝断種）を可能にするいわゆるプロイセン断種法案が議会に提出された。三三年には、消極的優生学に対してより親和的なナチスが政権を握り、同じ年の七月には強制断種を可能とする「遺伝病子孫予防法」が閣議決定され、三四年一月一日に施行された。

総統のヒトラーは、精神疾患の患者や障害者の強制断種から、さらに進んで彼らの殺害を考えていたと考えられている。第二次世界大戦後の一九四六年にニュルンベルク市で行われたニュルンベルク医師裁判（ニュルンベルク国際軍事裁判の後に行われた、継続裁判の一つ）で、ヒトラーの侍医で「安楽死」作戦を主導したカール・ブラントは、三五年に医療衛生領域のトップだったゲアハルト・ヴァーグナーの話として、ヒトラーが断種だけでなく殺害も考えていて、平時ではなく、戦時のほうが教会からの抵抗もないので容易に行うことができると話していたと証言した。[47]

精神疾患の患者の殺害を考える場合、特に、長期入院患者の処遇が常に問題だった。外来や短期入院で対応できる患者に対しては、新しい精神医療アプローチ（開放保護や作業療法、いくつかのショック療法）によっても回復の見込みが多少なりともあり、強制断種によって子孫を作る可能性を断つことができた。しかし、長期入院患者は、たしかに子孫を残す可能性は少なかったが、回復の見込みはまったくなく、病院にとっては経済的な負担を増やすだけの存在であった。こうした患者に対してさまざまな資源を投入するよりは、治る見込みのある患者、学問的に価値がある患者に資源を集中させて、改革的な医療を行いたいと考える精神科医も少なからずいた。さらに、遺伝生物学的な精神医学者にとってみれば、そうした患者はそもそも生かしておく必要さえない存在であった。精神医療をめぐるこうした状況では、何らかのきっかけで精神疾患の患者を「生きる価値の無い者」として死なせることに精神医療が踏み出しかねなかった。[48]

ナチ期に入ると、ヒトラーやその周囲の人々、精神科医などさまざまな立場・領域において、「生きる価値の無い命の絶滅」の実施が視野に入ってきた。これまで見てきたように、この「絶滅」は、優生学・人種衛生学「だけ」から導かれるものではなく、それらとともに、ヒトラー個人の思想や同情に基づく倫理観、精神医療の展開と行き詰まり、法学における議論などさまざまな要素が関係し合いながら、姿を現したのである。最終的には、「絶滅」がどのような契機で、どのように開始され、どのような人々や組織によって、誰を絶滅の対象として殺害するかが重要であり、一度実施されれば、絶滅は非常に大きな規模で進みかねなかった。そして、実際にこの「絶滅」は、第二次世界大戦中に「安楽死」という名のもとで、およそ三〇万人の精神疾患の患者や障害者、さらには結核患者や高齢者などを「生きる価値の無い命」と見なして殺害するという形で現実のものとなったのである。

2　さまざまな殺害――ナチスによる「安楽死」の概観

ナチスが行った「安楽死」というと、多くの場合、一九三九年秋に極秘命令が出され、四一年夏まで続いたいわゆる「Ｔ４作戦」のことを指す場合が多い。しかし、実際にはこれ以外にも多くの殺害が行われており、「安楽死」の名のもとでの精神疾患の患者や障害者の殺害の犠牲者数を調べた歴史家ハインツ・ファウルシュティヒによれば、**図表２－１**（次頁）のような大小さまざまな規模のものがある。この表が示すように、Ｔ４作戦は、ナチスによる「安楽死」のあくまで一部分であった。

この表のなかで、ナチス中枢が関わっているものとしては、「子ども安楽死」「Ｔ４作戦」がある。「特別処置14f13」（14f13作戦）は、ナチス親衛隊管轄下の強制収容所で行われた「安楽死」である。また「精神病院での栄養失調や供給不足、薬物による殺害」には、戦況の悪化にともない、精神病院を野戦病院に転用するために入院患者を殺害したり、戦争末期の物資の欠乏のなかで放置されて死亡したりといったさまざまな殺害が含まれている。さらに、「安楽死」を精神疾患の患者や障害者の大量殺害と考えた場合、Ｔ４作戦が最初の殺害ではなく、一九三九年一〇月頃から四〇年初頭の時期に、ナチス親衛隊の特別部隊がポメルン、西プロイセン、東プロイセン地域（現在のポーランド北西部から北東部および現在ロシア領となっているカリーニングラード周辺の地域）の精神病院の患者を殺害したのが最初だったことがわかっている。[49]

図表2－1　ナチ期の精神疾患患者や障害者殺害の犠牲者数（推計）

（単位：人）

ドイツ国内（1938年におけるドイツ領）	
子ども安楽死（1939～45）	5,000
ポメルンでのナチス親衛隊による患者の射殺（1939.11）	1,300
T4作戦	70,273
ユダヤ人患者に対する安楽死（1940夏～41初頭）	1,000
東プロイセンにおけるランゲ司令官による安楽死	1,500
強制収容所の囚人を対象にした特別処置14f13（14f13作戦）。（1941初頭～45？）	20,000
労働による虐殺　（1942年秋～45）	1,000
「東部」に移送されたドイツ人患者	3,000
オーストリアにおける安楽死	6,000
宗派、民間およびその他の精神病院における安楽死	20,000
精神病院での栄養失調や供給不足、薬物による殺害（1939～45）	87,400
ドイツ国内合計	216,473
ドイツ国外の占領地域	
フランス	40,000
ポーランド	20,000
ソ連	20,000
ドイツ国外合計	80,000
総計	296,473

出典：Faulstich (2000) の Tab. 4, 5 & 6 をもとに梅原が作成。

　また、患者や障害者がユダヤ人の場合は、例外なく殺害された。T4作戦時には、一九四〇年夏から四一年初頭の半年間に、まず帝国内務省が、ドイツ全土の精神病院のユダヤ人の入院患者をT4作戦作戦本部に申告させた。その後、これらの患者はT4作戦の殺害精神病院へと移送され、殺害された。さらに、精神疾患の患者や障害者の殺害は、戦線の拡大と並行してドイツ国外の占領地域（フランス、ポーランド、ソ連）でも行われた。[50]

　これらのことから、ナチスによる「安楽死」と称した大量殺害は、精神疾患の患者や障害者に対する著しい差別が根底にあると同時に、戦争遂行にともなうさまざまな状況の変化の影響も受けていたと考えられる。ナチスによる「安楽死」を考える場合、障害者や精神疾患の患者への差別の部分だけにフォーカスするのではなく、個々の殺害がどのような状況下で起きたのか／行われたのかについても検討することが必要になる。

以下では、規模が大きく、研究が比較的進んでいる殺害（「子ども安楽死」、T4作戦、T4作戦以後の「分散した安楽死」および「戦争末期の『安楽死』」）について、詳しく見ていくことにする。

3 「子ども安楽死」[51]――「生きる価値の無い者」の絶滅へのプロローグ

それは一九三八年の末か三九年初めのことだったといわれている。
ドイツ東部の経済の中心地で、音楽家のヨハン・セバスティアン・バッハやフェリックス・メンデルスゾーンが活躍した街ライプツィヒ市で、ある人が、ライプツィヒ大学医学部小児科教室教授のヴェルナー・カーテルを訪ねてきた。この訪問者は、自分の子どもか親戚の子どもかが重い障害を持っているため将来生きていくことができないと思い、カーテルにその子どもの命を終わらせること（＝安楽死）を頼みに来たのだった。しかし、カーテルは、法的に認められないことを理由に、この頼みを断った。カーテルに断られた後、この人物はあきらめずに、子どもに死を賜ることを、ベルリンのヒトラー総統に直接嘆願した。この人物の行動は、子どもの将来を憂いた切実なものだったかもしれない。しかしこの行動が、一九三九年八月半ば以降順次始まる、「安楽死」という名での、精神疾患の患者や障害者、さらには、病気やケガで働くことができなくなった強制収容所の囚人や「反社会的分子」をも巻き込む大量殺害への道を、ナチスに開くことになった。[52]
この嘆願を受けて、身体・知的・精神障害を持つ子どもの殺害の準備が直ちに始まった。まず、ヒトラーは彼の侍医カール・ブラントをライプツィヒに派遣した。ブラントがライプツィヒでどのような行動をしたのかは明らかになっていないが、おそらくはカーテルらと協議し、この子どもの状態を確認した上で、最終的に殺害に至ったと考えられている。いつ、どのように殺害されたのかについては、ブラントのニュルンベルク医師裁判での証言などがあるものの、はっきりしたことはわかってないが、一九三九年七月頃には、薬物の投与によって殺害されたと思われる。[53]

ライプツィヒ市の子どもの殺害と並行して、ベルリンの総統官房[54]では、ヒトラーが口頭で、障害を持った子どもの「処置」をめぐり個別の件について超法規的に解決する権限をブラントと総統官房の長官フィリップ・ボウラーに与えた。さらに、総統官房の第Ⅱ局b課長のハンス・ヘーフェルマン、同局長のヴィクトール・ブラック、帝国内務省の第Ⅳ局の官僚で医師でもあるヘルベルト・リンデンらが中心となって、一九三九年初めに「遺伝および体質的条件による重篤な障害・病気の科学的研究のための帝国委員会」（以下、「帝国委員会」と略記）が帝国内務省に設置された。「科学研究のための」と称していたが、それは名ばかりで、実際には障害を持つ子どもの殺害の計画・実施のために中央（＝ベルリン）に置かれた組織だった。「帝国委員会」設置後に、「子ども安楽死」がどのように計画されたのかは明らかになっていないが、その準備には専門家として、後に「子ども安楽死」の鑑定医となる精神科医のハンス・ハインツェ、小児科医のエルンスト・ヴェンツラーの二人と、眼科医で映画「私は告発する」（一九四一年）の原作となった小説『使命と良心』（一九三六年）の作者のヘルムート・ウンガーが参加したとされている。[55]

秘密裡の準備を経て、一九三九年八月一八日付の極秘の帝国内務省令によって重度の身体・知的・精神障害を負った子どもの殺害についての具体的な指示がなされた。この省令によると、ドイツ各地の医師、看護婦、助産婦は、省令に該当する三歳以下の子どもで精神病院に入院していない場合、速やかにその地域の健康保健局の官医に「調査用紙 Meldebogen」によって報告し、官医はさらに「帝国委員会」に報告することになっていた。対象となる子どもについて、省令では、次の五つの症状・状態の子どもを報告すべきとしていた。すなわち、(一) 白痴ならびに蒙古症(特に盲目や聾唖の症状をともなう場合)、(二) 小頭症(頭部、特に頭蓋が普通の大きさに比べ極端に小さいのが特徴)、(三) 水頭症(脳水腫)、加えて重度かつ進行性の場合は、(四) 種々の奇形、特に四肢の欠落、頭骨・脊柱等の重度の破裂形成、(五) リットル病(脳性麻痺の一種)を含む麻痺である。しかし、実際には、ここで挙げられている医学的な基準のほかにも、教育不可能 (bildungsunfähig または erziehungsunfähig) や労働不可能 (arbeitsunfähig)、あるいは自立するのが遅れそうであるとか、病棟で適切な行動が取れないといった社会的なカテゴリーによる基準が、「帝国委員会」への報告に際して影響を与えた。[56]

「帝国委員会」に送られた報告は、ともに医師ではない総統官房のブラックとその同僚フォン・ヘーゲナーが受理し、「処置」すべきかどうか最初の鑑定を行った。そこで「処置」すべきとされた子どもが、「帝国委員会」に配置された三人の鑑定医(先述したライプツィヒ大学医学部小児科教室教授のヴェルナー・カテル、ベルリン近郊のゲルデン精神病院院長で後にドイツ児童・少年精神医学・治療教育学会会長となった精神科医ハンス・ハインツェ、ベルリン市内の小児科医で患者を通じてナチス親衛隊などとつながりがあったエルンスト・ヴェンツラー)が、実際に子どもを診察することなく、調査用紙だけに基づいて、当該の子どもを「処置」(=「殺害」)するかしないかを鑑定した。一九三九年八月一八日の極秘の内務省令以降四五年までに「帝国委員会」に届いた報告はおよそ一〇万件、うち約二万件が三人の鑑定医の鑑定に回された。[57]

鑑定結果は、「さらなる処置は必要なし」「観察(が必要)」「処置」の三つに分けられ、「観察(が必要)」と鑑定された子どもは、ドイツ各地の精神病院や養護施設に設置された「児童少年専門科

Kinderfachabteilung」でさらなる観察対象とされて、どのように処理するかが決定された。三人の鑑定医による鑑定結果が「処置」であったり、「観察（が必要）」後にあらためて「処置」と鑑定された子どもは、「専門科」で医師や看護婦が、薬物の過剰投与や餓死させるなどの手段によって直接・間接に殺害した。これは、治療や療養を目的とする医療の現場が殺害の現場となり、治療や療養の専門家である医師や看護婦が直接・間接に殺害に手を染めたことを意味した。また、T４作戦中には、「帝国委員会の子ども」（「処置」と鑑定された子ども）たちは他の大人の犠牲者とともに殺害精神病院に移送されて殺害された。[58]

「帝国委員会」に申告された子どもたちのうち何人が「処置」（＝「殺害」）と鑑定されたのか、正確な数はわかっていないが、「子ども安楽死」の対象は、三歳以下の子どもからそれよりも年長の子どもへとすぐに広がり、最終的には一〇代後半の子どもたちも対象となった。いくつかの「児童少年専門科」については、そこに移された子どもの鑑定結果とその結果がわかっている。例えば、バイエルン地方のカウフボイレン‐イルゼー精神病院では、「児童少年専門科」が設置されていた一九四一年五月から四五年四月の間に、「専門科」に収容された児童・少年の三七％にあたる二〇九人が殺害された。[59] ベルリン近郊のブランデンブルク地方にあるゲルデン精神病院では、「帝国委員会」に関係する子ども一七二人のうち一四七人（八五％）が殺害された。[60] T４作戦が停止された後も、「子ども安楽死」は四五年の敗戦まで続き、およそ三〇〇〇人から五二〇〇人の子どもが殺害された。[61]

ところで、この「児童少年専門科」は、一九四〇年七月一日にゲルデン精神病院で最初に開設され、以後四四年までにドイツ領内に二〇から三〇カ所が開設された（図表２‐２）。これらの「専門科」のなかでも、「子ども安楽死」の鑑定医のハンス・ハインツェが院長を務めていたゲルデン精神病院はモデル施設とされ、新たに「専門科」が設置される際には、この病院に医師や看護婦が研修のために派遣され、設置のための助

図表２－２　「児童少年専門科」が開設された場所（1940～45年）

注：○印の地名は、「児童少年専門科」があったかは確認されていない場所。
出典：Deutsche Gesellschaft für Kinder-und Jugendmedizin (2011).

言をするなど、「子ども安楽死」の機構のなかで重要な役割を果たした。[62]

ドイツ各地に作られた「児童少年専門科」は、「専門科」だけが独立して存在するのではなく、近隣やドイツ国内の医療施設・福祉施設・研究機関との密接なネットワークのなかに組み込まれていた。例えばアイヒベルクやヴィースロッホの「児童少年専門科」は、地理的に近いハイデルベルク大学医学部の小児科や精神科と密接な関係があり、これらの科で「処置」と鑑定された子どもを受け入れ、殺害していた。また、児童が、近くの「専門科」ではなく、遠隔の「専門科」に移され、「処置」される場合もあった。ハイデルベルク大学小児科では、南に二〇〇キロ以上離れたバイエルン地方のエグルフィング - ハールやカウフボイレンの「児童少年専門科」に移され、そこで殺害された子どものケースがあった。

殺害後の死体はすぐに焼却処分されたり、解剖に付された[63]。さらに、すべての「子ども安楽死」が「帝国委員会」を経由していたわけではなく、現地の医療ネットワークのなかだけで殺害するかどうかが決定・実行されるようことも少なくなかった。その場合は、現地の医師がその子どもの生死を決定した[64]。

こうして、T4作戦に先んじて、秘密裡に準備され始まった「子ども安楽死」であったが、対象とされた子どもの親たちが、自分の子どもを「児童少年専門科」に移すことや、移された後ほどなく自分の子どもが死んだことを、容易に受け入れたわけではなく、むしろ彼らの抵抗は大きかった。そのことは、帝国内務省が一九四一年九月二〇日の省令で以下のように記さざるを得なかったことからもうかがえる。

「［…］保護者が、子どもを施設にやるつもりがないことがよくある。彼らは施設で治療しても状況は変わらないという家庭医（Hausarzt）の報告にすがるが、子どもの状態がだんだん良くなっていくのがわかると信じている。がこれは実際は子どもの状態が良くなったのではなく、むしろ観察者がこの状態に慣れたということである。ダウン症性白痴の子どもの場合、この例はかなりよく経験される。とりわけ家族はそのような子どもたちの愛着、好感、音楽への親しみをもって価値づけ、多大な希望で思い違いをし、施設の擁護など知りたいとも思わないのである。子どもは精神病院でなくオープンの児童少年専門科［…］[65]。」

こうした親の態度に対して、専門医や官医たちは、さまざまな言葉や手段を講じて、子どもをさらに治療し良くするためには「専門科」に移す必要があることを納得させようとした。ハイデルベルク大学の小児科では、脳造影検査を形式的に行って、「専門科」に移すほうが子どものためであるかのように偽っていた[66]。殺害後には家族に何らかの通知をしなければならないが、通知書にはもちろん本当の死因（殺害）は記入されておらず、肺炎などのあたりさわりのない死因が記載されていた。また、子どもの死を受け入れられない親がいる場合、医師たちは、さも自分自身もその死が予想外であったかのように振る舞って、巧みに親たちを懐柔していた[67]。

「子ども安楽死」をめぐっては、子どもの扱いに対してだけでなく、「児童少年専門科」とそこで行われている「何か」に対して、周辺住民が疑いを持つ場合もあった。ドイツ西部ヴェストファーレン地方のマールスベルクでは、一九四〇年一一月に「児童少年専門科」が開設されたが、ここで秘密裡に子どもが殺害されているという噂が住民の間に広まったため、翌年の一二月に閉鎖された。その後、同地方のドルトムント市アップラーベックに新たに「児童少年専門科」が開設され、そこで殺害が続けられた[68]。親の不信や周辺住民の疑いをいなしながら、「児童少年専門科」はドイツ各地で四五年まで断続的に稼働し続け、多くの子どもが殺害されたのである。

「子ども安楽死」では、病気や障害のある子どもはただ殺されただけではなく、精神疾患・神経疾患・結核の研究や、治療教育学に関係する心理学の研究などにも利用された[69]。例えば、病名にもその名を残している小児科医で治療教育学者でもあったハンス・アスペルガーも、「児童少年専門科」が設置されていたウィーン市の「アム・シュピーゲルグルント」精神病院で自閉症の研究を行っていたが、病院内の「専門科」に送られた子どもをこの研究に利用し、「子ども安楽死」に関わっていた（このことが明らかになったのは二〇一八年である）[70]。また、興味深い症例の場合、殺害・解剖後に脳が標本にされ、ハイデルベルク大学医学部精神科教室のような研究機関に研究材料として提供・保管されてもいた[71]。このように、ナチスによる「安楽死」は、病気や障害を持つ人に対する差別を顕在化させて殺害するという破滅的な結果を導いただけでなく、医学や心理学の研究倫理をも破壊したのである。

「子ども安楽死」には、成人の精神疾患の患者や障害者を主な殺害対象としたＴ４作戦と重なる点がいくつもある。総統官房というヒトラー付きの官僚組織が中心となって計画されたこと、ヒトラーによる権限付与などの重要な指令が口頭で与えられていたこと、帝国内務省衛生局や地方の官医を中心とする医療衛生ネットワークが利用されていたこと、専門家として精神科医や小児科医が計画策定や計画遂行において重要な役割を果たしていたこと、殺害のための中心組織を偽名によって隠し秘密裡に行おうとしたこと、などがそれである。この点において、「子ども安楽死」は、Ｔ４作戦の露払いの位置を占めていたと見ることもできるだろう。

4　Ｔ４作戦──「生きる価値の無い者」の組織的大量殺害

「子ども安楽死」を指示する帝国内務省の省令発布のおよそ二週間後の一九三九年九月一日、ドイツはポーランドへ侵攻し、第二次世界大戦が始まった。それから数週間後に、総統官房長官フィリップ・ボウラーとヒトラーの侍医カール・ブラントに対して、成人の精神疾患の患者や障害者を対象とする「安楽死」（「生きる価値の無い者」の殺害）について全権を与えるヒトラーの署名付きの極秘命令が、総統官房を通じて出された。しかし、この命令書の日付は、命令が出されたと考えられている三九年一〇月頃ではなく、ナチス・ドイツがポーランドへ侵攻した同年九月一日の日付で出されたことになっていた。なぜ日付をわざわざ偽ったのかは今もわかっていない。ポーランドという外の敵と、精神疾患の患者や障害者というドイツのなかの

「敵」への戦争を、ナチス・ドイツが同時に開始したと象徴的に考えることができるかもしれない。[72]「安楽死」（＝殺害作戦）は四〇年に入って本格的に行われるようになり、四一年八月二四日にヒトラーが口頭で作戦の中止を命令するまでにおよそ七万人以上が殺害されたとされている（図表2－1参照）。

そして、患者殺害に反対する官庁の影響を排除すること、前線と銃後に無用な不安を起こさせないこと、敵国のプロパガンダに利用されないようにすること、キリスト教会の抵抗を避けることなどの理由から、殺害作戦の準備は「子ども安楽死」のときと同様に極秘裡に進められた。[73]

準備にあたって、安楽死作戦の全体の統括は、ブラントとボウラーのもと、総統官房の第Ⅱ局が担い、「子ども安楽死」のときと同様に、帝国内務省第Ⅳ局のヘルベルト・リンデンが協力した。総統官房第Ⅱ局では、局長のヴィクトール・ブラックおよび局長代理のヴェルナー・ブランケンブルクが殺害施設を備えた精神病院（殺害精神病院）の選択、設備、監視、医師以外の人事、作戦本部の組織に関することを担当した。局長のブラックは、ボウラーの代理を任され、作戦全体を統括する役割も担い、ブランケンブルクは第Ⅱ局a課で作戦に関わる一般職員の事務などを担当した。さらに第Ⅱ局b課では、「子ども安楽死」も担当していたハンス・ヘーフェルマンが作戦に協力する医師のリクルートを行い、第Ⅱ局c課では、ラインホルト・フォアベルクが輸送システムを担当した。総統官房ではこれら「安楽死」に関わる部署全体でおよそ一〇〇人ほどの職員が働いていた。[74]

しかし、総統官房自体が殺害作戦本部であると知られることを避けるために、一九四〇年四月頃、ベルリン市のティアガルテン通り四番地（Tiergartenstraße 4）の邸宅に作戦本部が移され、「中央機関」と名づけられた。このことから、この殺害作戦はＴ４作戦（Aktion T4）と呼ばれるようになった。作戦本部である「中央機関」は次の四つの部署に分けられた。

一　帝国精神病院事業団体（Reichsarbeitsgemeinschaft Heil- und Pflegeanstalten〔ＲＡＧ〕）
二　公益患者輸送有限会社（Gemeinnützige-Kranken-Transport G.m.b.H.〔ＧＥＫＲＡＴ：ゲクラート〕）
三　公益保護施設財団（Gemeinnützige Stiftung für Anstaltspflege）
四　精神病院中央清算事業局（Zentralverrechnungsstelle Heil- und Pflegeanstalten）

一の「事業団体」は、殺害対象者の把握と、「中央機関」の医療・医学に関する業務全般を管轄した。一九四〇年五月の開設当初は、ヴュルツブルク大学医学部精神科教室のヴェルナー・ハイデが「事業団体」の「医療部長」となった。しかし、ハイデは後に同性愛嗜好を疑われて職を解かれ、Ｔ４作戦立ち上げ時から積極的に作戦の準備・遂行に関わっていた、ザクセン地方のピルナ - ゾンネンシュタイン精神病院院長のヘルマン・パウル・ニチェが四一年一二月から部長となった。このときは、ヒトラーによってＴ４作戦が停止された後である。作戦停止後も、作戦の「中央機関」は、その中枢を担う人物がナチスの人種イデオロギー上許されないような不祥事を起こしたにもかかわらず、役職交代によって存続していたことになる。このことは、Ｔ４作戦の停止が、決して「生きる価値の無い命の絶滅」それ自体の停止を意味せず、その後もナチス・ドイツが精神疾患の患者や障害者の大量殺害を続けていたことを示唆するといえよう。

二の「患者輸送会社」（ゲクラート）は、各地の精神病院から「殺害」と鑑定された患者を、中継精神病院や殺害精神病院に移すための輸送の調整と輸送手段の確保・維持を担当した。「殺害」対象患者を輸送したことで有名な「灰色のバス」の確保・維持・手配が重要な業務だった。三の「財団」はＴ４作戦の資金や物資（消毒薬や殺害に使う鎮静剤など）の調達、死者の金歯や装飾品の管理と利用、会計検査を担い、四の「清算事業局」は会計監査を行った。[75]

殺害作戦遂行にあたっては、総統官房を中心とした作戦本部の設立だけではなく、強制断種や「子ども安楽死」のときと同様に、精神科を中心とする医師、各州（ラント）やその下にある地方自治体の医療衛生行政、地域の医師や看護婦などの協力を必要とした。そこで、まず一九三九年夏に、ヴェルナー・ハイデやヘルマン・パウル・ニチェらが中心となって、協力してくれそうな医師をドイツ全土を対象に探し、同年八月一〇日に、総統官房側と医師たちが会合を持った。そこには、作戦本部側からボウラーとブラント、ヘーフェルマン、ブラック、帝国内務省第Ⅳ局のリンデンらと、ヴェルナー・ハイデ、ハンス・ハインツェ、マクシミリアン・デ・クリニス（ベルリン大学医学部精神科教授）、カール・シュナイダー（ハイデルベルク大学医学部精神科教授）、ベルトルド・キーン（イェナ大学医学部精神科教授）、ヘルマン・プファンミュラー（エグルフィング‐ハール精神病院院長（バイエルン））、ヴィルヘルム・ベンダー（ブーフ精神病院（ベルリン））、エルンスト・ヴェンツラー（小児科医）、ヘルムート・ウンガー（眼科医）が同席し、医師たちは安楽死作戦に協力することを宣誓した。ハイデやニチェらは、協力する医師の発掘をさらに進め、最終的に四〇人余りの医師が協力した。これらのほとんどが精神科医で、バイエルンのカウフボイレン‐イルゼー精神病院院長ヴァレンティン・ファルトルハウザーや遺伝学的なアプローチで精神医学を研究していたボン大学医学部精神科教授のクルト・ポーリッシュと彼の研究員フリードリヒ・パンゼらも含まれていた。[76] 協力者となったこれらの医師たちは、ドイツ全土から申告された患者・障害者を「処置」（＝殺害）するべきかどうかを判定する鑑定医となった。彼らのほとんどが、四一年八月二四日のT４作戦停止後少なくとも四三年頃までは「安楽死」の鑑定を行っていたとされていて、作戦停止後も殺害が続いていたことがわかる。[77]

ところで、誰がどのような基準で殺害候補者をどのように把握し、そのなかから誰がどのように殺害対象者を選び、対象となった患者たちはどのようにして殺害されたのだろうか。

殺害候補者の把握については、まず、一九三九年九月二一日に帝国内務省健康福祉局が省令によって、プロイセン以外の各州に対して、各州の「精神薄弱者」、てんかん患者、精神疾患の患者などが入院している公立、公益、カトリック系、私立の精神病院、サナトリウムなどの施設をすべてリストアップして同年一〇月一五日までに帝国保険局に知らせるよう通知した。またプロイセンについても、同様のことが帝国内務省から通知された。次に、入院患者の把握のために、帝国内務省第Ⅳ局が同年一〇月九日に省令によって、「精神病院の計画経済的把握のために」という理由で、各施設に「調査用紙」を送付した。調査用紙には、氏名などのほか、診断名、人種、触法患者かどうか、入院期間が五年以上かどうかを記入することになっていた。記入対象とされた診断名は、統合失調症やてんかん、「精神薄弱」など、「遺伝病子孫予防法」で遺伝性とされ、強制断種の対象となった病気だった[78]。これらの病気にかかっていて、かつ長期入院している患者を殺害の候補者としていたことがうかがえる。このことは、旧東ドイツ（ドイツ民主共和国）の国家保安省が所蔵していたT４作戦の三万人分のカルテから三〇〇〇人分を抽出して分析した調査でも、カルテに記載された病名には「精神薄弱」や統合失調症、てんかんが多かったことからもわかる[79]。この調査用紙は各病院で記入された後、ベルリンの内務省第Ⅳ局へ送り返され、そこからさらにT４作戦本部へと転送されて殺害候補者の把握が行われた。調査用紙は、一九四〇年五月と四一年に二度改訂された。

殺害の候補者を選別するための項目はほかにも存在した。それは、働けるか・働けないか、家族や親族との関係が希薄かどうか、医師や看護婦らにとって「面倒な」患者かどうか、身の回りのことを自分でどの程度できるかといった、必ずしも医学とは直接関係がないと思われる項目であった。このなかで、働けるか・働けないかは、特に重要視され、三版目の調査用紙には、労働について記入する欄が設けられた[80]。先述のカルテの抽出調査でも、生き残った者には労働能力があるとされた者が多く、殺害された者には働けないとされた者が多いことが明らかになっている。さらに、どのような労働ができるかも重要視された。単純で機械的な労働しかできない場合は低く評価され、より複雑で病院経営にも活かせる労働ができる場合は高く評価され、その分後者の生き残る確率は高くなっていた。ただし、これには二つの例外があった。一つは、今回の戦争による傷病兵、もう一つが高齢者だった。前者については、調査用紙の二版目で尋ねるようにして殺害候補にならないように配慮し、後者については、T4作戦時にはそもそも殺害の候補とすることに慎重だった。傷病兵や高齢者へのこうした対応は、人々が「安楽死」作戦に対して、さらにはナチスそのものに対して批判的にならないようにするためだったと思われる。

T4作戦では、児童・少年も犠牲者となった。彼らの場合には、労働可能かどうかではなく、教育可能(bildungsfähig)・養育可能(förderungsfähig)かどうかが殺害候補・対象の選抜において重視され、殺害された児童・少年では、勉学不可能とされた者の比率が、そうでないとされた者よりも大きかった。[81]

このように殺害候補者について見ていくと、T4作戦が、単に、精神疾患や障害者という医学的に見て「生きる価値が無い」者を殺害したのではなかったことがうかがえる。むしろ、T4作戦では、精神疾患の患者や障害者であっても、戦争遂行、経済活動、病院経営のために「使える」「有用である」者は「生かして使い」、どうやっても「使えない」「有用でない」者は「処置」すなわち「殺害」するという、経済的に見て「生きる価値の無い」者から殺していく側面も持っていたと考えられる。[82] 医学的に見て生きている価値が無く、経済的に見ても生きている価値が無く、病院の関係者にとって扱いにくく、社会的関係が希薄な者、そのように特徴づけられた者が、殺害対象となった可能性が高いと思われる。

先述の通り、こうして各地の精神病院から報告された患者の「処置」(=殺害)の鑑定を行ったのが、ヴェルナー・ハイデら作戦に協力を誓った四〇人余りの医師だった。彼らは、患者に直接会うことなく、調査用紙を見るだけで鑑定した。しかし、そもそも医学的に十分な鑑定をすることが彼らにできたのだろうか。この点について、先に挙げた鑑定医の一人、エグルフィング‐ハール精神病院院長ヘルマン・プファンミュラーは、「一日に三〇〇件鑑定した」「一九四〇年一一月一二日から一二月一日までに二一〇九件鑑定した（一日平均一〇〇件を鑑定したことになる）」と語っていたとされている。[83]これは、鑑定自体が形式化・形骸化していたことを示唆していると考えてよいだろう。犠牲者たちは、杜撰（ずさん）な鑑定に基づいて、「処置」されていったのである。

鑑定によって殺害対象とされた者は、公益患者輸送有限会社の「灰色のバス」に詰め込まれて、殺害設備を持った精神病院（殺害精神病院）まで直接輸送された。一九四〇年五月ないし六月頃からは、殺害の秘匿を徹底するために、中継精神病院を作って一旦そこに輸送してから、その後殺害病院まで移送するようになった。例えば、ライン川流域地方の殺害対象者の多くは、ヘッセンのハダマー精神病院で殺害されたが、ハダマーに移す前に、中継精神病院のガルクハウゼン精神病院とアンデルナハ精神病院に対象者を一旦集め、そこからハダマーに移送し、患者の家族などが追跡できないようにして、秘密裡に殺害した。[84]各地の精神病院から中継精神病院への移送、中継精神病院での一時入院、中継精神病院から殺害精神病院への移送、これらの各段階での対象者の扱いは劣悪を極め、移送や入院中に仮に死亡したとしても構わないとされていた。[85]

ところで殺害候補者の調査・把握、および殺害対象者の鑑定においては、ユダヤ人の患者はそうでない患者と異なり、徹底的に調査・把握・殺害された。調査用紙の記入項目に「人種」があったことからもわかるように、ユダヤ人であるというだけで、殺害対象とするには十分だった。[86]調査用紙による殺害候補者の調査・把握と並行して、やがてドイツ国内のすべてのユダヤ人患者の調査・把握と、それに基づく殺害が行われた。まず、一九四〇年四月一五日に帝国内務省第Ⅳ局のヘルベルト・リンデンが各州に対して、精神疾患および「精神薄弱」のユダヤ人入院患者について三週間以内に帝国内務省へ通知するよう通達した。ユダヤ人患者の把握に手間取り、六月下旬になってようやくユダヤ人患者のリストを提出できたハンブルクのようなケースもあったが、各州は速やかに通知した[87]。集められた情報はユダヤ人患者の移送のために利用された。移送は、公益患者輸送有限会社が担当し、各精神病院から中継精神病院へと患者を集め、さらにそこから殺害精神病院へと移送した。ユダヤ人患者の最初の移送は、四〇年六月と七月にベルリンおよびブランデンブルクで行われた。ベルリンでは、市内のブーフ地区の病院に対象患者が集められ、そこからさらに移送・殺害された。こうしたことが、ドイツ各地で行われた[88]。このT４作戦にともなうユダヤ人患者の組織的殺害は、後のユダヤ人虐殺に先行するものであった。

T４作戦では非常に多くの患者・障害者を秘密裡に殺害しなければならなかったため、殺害方法を工夫する必要があった。特に、殺害対象者をできるだけ苦しませず、短い時間でより多く殺害できることが重要だった。効率的な殺害方法を検討するために、一九三九年一一月、ベルリン近郊のブランデンブルク市にあった監獄で、ヒトラー、ナチス親衛隊隊長のハインリヒ・ヒムラー、ブラント、ハインツェなどT４作戦の主だった人々が集まって実験も行われた。より人間的な方法でというヒトラーの意見に対して、ブラントはガスによる殺害を薦めたといわれる。最終的に、室内に一酸化炭素ガスを充満させて殺害するという方法が採用されることになった[89]。

一九四〇年に入って、ドイツ国内に五カ所（ブランデンブルク、グラーフェネック（ヴュルテンベルク）、ベルンブルク（ザクセン・アンハルト）、ピルナ－ゾンネンシュタイン（ザクセン）、ハダマー（ヘッセン））、ドイツ領オーストリアに一カ所（ハルトハイム（リンツ））の計六カ所にガス室や大型で強力な焼却炉などの殺害設備が設置された（次頁図表２－３）。このうちハダマー、ピルナ－ゾンネンシュタイン、ベルンブルクは

図表2－3 T4作戦で殺害設備を設置した「殺害精神病院」（●印の6カ所）

出典：Landeswohlfahrtsverband Hessen (1991), 32.

もともと精神病院で、そこに殺害設備が増築された。グラーフェネックとハルトハイムは障害者のための施設で、T4作戦時に殺害施設が設置され、殺害精神病院へと改造された。ブランデンブルクは精神病院でも障害者のための施設でもなく、試験的な殺害を行った監獄を、この作戦のために殺害施設として改築し、表向きブランデンブルク精神病院と名づけたものだった。これら六カ所の「殺害精神病院」で四〇年から四

図表2－4　T4作戦の殺害精神病院の稼働期間と犠牲者数　（単位：人）

病院	稼働期間	犠牲者数
ブランデンブルク	1940年1月～同年9月	9,772
ベルンブルク（ザクセン・アンハルト）	1940年11月～41年8月	9,375
ピルナ‐ゾンネンシュタイン（ザクセン）	1940年4月～41年8月	13,720
ハダマー（ヘッセン）	1941年1月～同年8月	10,072
グラーフェネック（ヴュルテンベルク）	1940年1月～同年12月	9,839
ハルトハイム（リンツ）	1940年1月～41年末	18,269
合計		71,047

注：数字は、ハルトハイム殺害精神病院に残されていた記録（いわゆるハルトハイム統計）によっている。ハルトハイム統計については、Klee (1985), 232-233.
出典：Landeswohlfahrtsverband Hessen (1991), 32.

一年までの間に七万一〇〇〇人余りが殺害された（図表2－4。次頁以降の図表2－5－1～5は、ハダマー精神病院の殺害設備の遺構。当時の遺構の上に現在の精神病院の建物がある）。

殺害精神病院に移された患者や障害者は、すぐに裸にされて診察室に通され、医師は、誤って送致された患者がいないかを確認した上で形ばかりの診察を行った。金歯や金橋義歯を使用している者の肩には印がつけられた。これは、殺害後の死体から金を取るための措置である。診察後、すべての患者・障害者の体にはスタンプなどで直接番号をふられ、さらに座った状態と立った状態、前と左右から写真撮影が行われた。そしてシャワーで体をきれいにするためと称してガス室に誘導され、扉の鍵が閉められた後、一酸化炭素ガスによって殺害された[90]。

金歯や金橋義歯は殺害後に採取されたが、興味深い症例と見なされた者にもあらかじめ印がつけられていた。彼らの遺体は、ガス室のすぐ近くに設置された解剖台に乗せられ、主にその脳を摘出して標本とするために、解剖に付された。こうした処置を経て、遺体の残りの部分と、その他の者たちの遺体は、強力な火力を持つ特別な焼却炉で灰になるまでまとめて焼却された。灰は灰壺に入られ、死亡証明とともに遺族に送られた。もっとも、灰壺の灰には、本人以外のものも混ざっていた。死亡証明でも、そうした一連の事実は隠され、肺炎や急性の心停止など偽の

図表２－５－１　現在のハダマー精神病院の建物（この地下に、殺害設備の遺構がある）。（撮影：筆者、2013年。以下同）

死因が書き込まれていた。[91]

ところで、Ｔ４作戦は、秘密裡に行われていたはずだった。しかし、実際には、国家社会主義女性同盟のようなナチスの熱心な支持者を含む広範な人々の激しい拒絶に直面していた。人々の拒否は、公然と行われていたユダヤ人迫害よりも大きく、「灰色のバス」は招かれざるものとして忌み嫌われていた。殺害精神病院周辺の住民も、そこで何が行われていたのか多少なりとも知っていた。また、人々の間には、「灰色のバス」による移送（＝殺害）の対象が精神疾患の患者だけに収まらないのではないか、第一次世界大戦および今回の戦争の傷痍軍人や、高齢者施設収容者、他の病院の入院患者へと移送の対象が拡大し、いずれ「わたしたち」も殺されるのではないかといった不安が広がっていった。[92]例えば、第一次世界大戦時またはその後の戦争が原因と思われる精神・神経症状を持っていた元兵

図表2－5－2　精神病院の建物の地下に残る殺害設備へと向かう階段。

図表2－5－3 階段を降りてすぐ左側にガス室がある。ここに殺害対象者を詰め込んで密閉した後、一酸化炭素ガスを充満させて殺害した。1941年1月の殺害開始から8月までの間に、ここで1万人以上が殺害された。

図表２－５－４　20分から25分ほどガスに曝して殺害した後、ほとんどの遺体は、この写真の奥に設置されていた巨大な焼却炉で燃やされた。焼却炉があまりに巨大で重かったため、地面が沈み傾斜ができている。焼却炉は、ガス室と通路を挟んで向かい合っている。

図表2－5－5　金歯などの金を採取したり、標本のための体組織を取り出すために、遺体は、この解剖台に乗せて解剖した。必要なものを取り出した後の残った部分は、他の遺体と同様、焼却された。

士たちが、オーストリアのリンツ（ハルトハイム殺害病院がある）やヴュルテンベルクのグラーフェネック（殺害精神病院）で亡くなったことを伝える新聞記事が相次いで出ていた[93]。また、実際に、そうした元兵士が犠牲になっていた。先述のT4作戦の犠牲者七万人分のカルテから三〇〇〇人分のカルテを抽出・分析した研究では、七万人の犠牲者のなかに四〇〇〇人から五〇〇〇人の元兵士が含まれていたと推定されている[94]。

さらに、移送対象となって死亡した人の家族のもとに灰壺が二つ届いたり、一〇年以上前に盲腸炎にかかり盲腸を切除したはずの患者の死亡証明に死因として盲腸炎と記載されていたり、死亡通知が届く八日前に見舞ったときには元気だった患者の死因が脊髄の病気とされていたり、あるいは死亡通知が届いたその日に患者がまだ病院で元気に過ごしていたり、といったことが起きていた[95]。こうしたありうべからざる出来事も、人々の不安を強め、移送の対象になりそうな人を家族がかくまったり、各地の医師があえて知らせないといったことが見られた。

プロイセンのライン県医療参事官（Landesmedizinalrat）で精神科医のヴァルター・クロイツのような、地方の医療行政に責任がある立場にあった医師や官僚からも、T４作戦への批判的な言動がなされていた[96]。一九四〇年夏以降、殺害作戦の概要について知っていたプロテスタントとカトリックの両教会にも、秋以降には詳細な情報が入ってくるようになった。ただし、両教会とも、教会としてT４作戦やそれを遂行するナチスに対して公に批判・抗議をすることはなく、せいぜい、個別の司祭や牧師がミサや礼拝で話す程度で、作戦停止の議論には向かわなかった。四一年六月には、ドイツのカトリック教会の複数の司教が精神障害者の殺害について公に言及したものの、抽象的な言葉に終始していたこともあり、やはり影響力は持たなかった[97]。

しかし、一九四一年夏頃には、精神疾患の患者や障害者の移送・殺害に対する不安や批判は、さまざまなところで溜まってきていた。こうした状況下で、四一年八月三日、ドイツ西部のミュンスター市のランベルティ教会でのミサにおいて、クレメンス・アウグスト・グラーフ・フォン・ガレン司教がナチスのT４作戦を厳しく批判し、これがT４作戦の停止への大きなきっかけとなった。

それまでの聖職者たちが抽象的な表現で批判していたのに対して、ガレン司教は精神病院の入院患者のなかで少なからぬ人たちが、「生産労働をしない unproduktiv」という理由でどこかに連れ去られて殺害されたことを、教区内の精神病院を例に挙げてきわめて具体的に信者に話した。また、ガレン司教は、この殺害の対象が、精神病院の入院患者にとどまらず、「生産労働をしない」という理由で、不治の病で死を待つだけの者、労働や戦争によって身体障害者となった者、老齢で働けない者へと広がり、いずれ「わたしたち」もその対象とされるに違いないと確信的に告げた。[98]

ガレン司教のこの説教は、教区内のカトリック信徒を越え、教区外、ドイツ国内、さらには戦争の前線の兵士、連合国にまで瞬く間に広まった。これによって、ドイツの人々の間には、衝撃と、自分たちもいずれ殺されるのではないかという不安、そしてこうした殺害を行うナチスへの不信が広がり、また連合国側には、反枢軸国プロパガンダとしての格好の材料が提供された。[99]

この事態は、ヒトラーとナチス中枢にとって非常に好ましくないものだった。ドイツは一九四一年六月二二日に、ソ連に対して宣戦布告し短期決戦をもくろんで、東部戦線での戦闘行動を電撃的に拡大していた。その最中にガレン司教の説教は行われた。これによって前線の兵士に不安やナチスに対する不信が拡大することは、東部戦線での作戦遂行を大きく妨げかねなかった。また、ちょうど同じ頃、イギリス空軍による空襲がドイツ本国に届くようになっていた。その被害はまだ小さかったものの、空襲の標的は、ハンブルクなどの大都市だけでなく、ミュンスター市のあるヴェストファーレン地方や隣接するラインラント地方にまたがるルール工業地帯にも広がっていた。こうした空襲被害による人々の心的ダメージが、ガレン司教の説教による不安や不信と結びついて、銃後におけるナチス・ドイツへの不信が拡大することも、戦争遂行上望ましくなかった。さらに、カトリック教会との対立が激しくなれば、国内外のカトリック教徒を敵に回すことになりかねず、これもナチス・ドイツにとって好ましくなかった。[100]

戦争遂行とカトリック教会対策の必要性の点から見て、T４作戦をこれ以上継続することはナチス・ドイツにとって不利だった。こうして最終的には一九四一年八月二四日、ヒトラーの口頭による命令によって、T４作戦は停止された。ドイツ民族の生存圏を東方に獲得するための戦い（ポーランド侵攻から対ソ戦への東部戦線の拡大）と、ドイツ民族の遺伝医学的な浄化のための戦い（強制断種と「安楽死」）は、ヒトラーとナチス・ドイツにとって、ともに重要な戦いであった。しかし、Ｔ４作戦の停止までの過程は、ヒトラーやナチス中枢が、遺伝医学的な政策以上に、軍事や安定した戦争遂行をより重視していたことを示している。そのことを象徴するように、Ｔ４作戦は、医療政策の一環と見ることもできるが、その作戦の停止はもっぱら教会対策やプロパガンダ対策として、軍事関係者の間で決定され、そのプロセスにおいてはＴ４作戦の中枢にいた者たちは蚊帳の外に置かれていた。彼らには、作戦停止のことは事前に知らされず、停止を知らされた八月二四日の後も、彼らはすぐに作戦は再開するだろうと考えて、しばらく業務を続けていた。[101]

こうして、ベルリンに作戦本部を置き、その指揮のもとで、ドイツ全体の精神疾患の患者や障害者を対象とした組織的大量殺害は、人種政策や医療政策のためではなく、戦争全体の円滑な遂行のために停止されたのだった。

5　Ｔ４作戦停止後——さらなる殺害の始まりと拡大

一九四一年八月二四日のヒトラーによる作戦停止命令によって、Ｔ４作戦本部を中心とする大規模な殺害作戦は停止された。しかし、第3節で取り上げた「子ども安楽死」は依然として続いており、これ以外にも、さまざまな殺害が戦争終了まで続いていた。また、Ｔ４作戦のための組織も存続していた。このことは、作戦の中心的な組織の一つである帝国精神病院事業団体が停止命令後も存続し、かつ同性愛の疑いをかけられたヴェルナー・ハイデが「医療部長」の職を解かれ、代わりにヘルマン・パウル・ニチェが就いたことからもうかがえる。精神疾患の患者や障害者の殺害は、Ｔ４作戦のような姿ではなく、別の姿によって続いていた。

そこで本節では、一九四一年八月二四日のＴ４作戦停止命令後から四五年五月八日のドイツ降伏までに、どのような殺害があったのかを概観したい。これまでの研究でこの期間の殺害には、大まかに見て次のような殺害があったとされている。

「子ども安楽死」「特別処置14f13」（14f13作戦）「分散した安楽死」「ベルリンにおける『安楽死』再開への動き」「ブラント作戦」「戦争末期の『安楽死』」。このうち「子ども安楽死」については、すでに第2、第3節で検討した。「特別処置14f13」（14f13作戦）は、先に触れた通り強制収容所（ナチス親衛隊が管轄していた）での精神疾患の患者や障害者を対象とした「安楽死」のことである。「ベルリンにおける『安楽死』再開への動き」は、Ｔ４作戦停止後に、ベルリンのＴ４作戦本部と関係が深かった精神科医たちが中心となって、Ｔ４作戦のようなベルリンによる統制のもとでの「安楽死」の再開を求めた動きのことである。これは敗戦まで実現することはなかった。そして、「ブラント作戦」は、ヒトラーの侍医で「子ども安楽死」およびＴ４作戦で重要な役割を果たし、ヒトラーの信頼を背景に帝国全体の医療衛生政策全般に大きな影響力を持つようになっていたカール・ブラントが中心となって、空襲の激しい地域における精神病院から患者を移送（・殺害）した作戦のことである。[102] 以下では第2節で述べたように、比較的研究が進んでいる「分散した安楽死」と「戦争末期の『安楽死』」について検討する。

「分散した安楽死」

一九四一年一一月末に、殺害精神病院の一つがあったピルナ‐ゾンネンシュタイン（ザクセン）で、Ｔ４

作戦に関わった精神科医による会議が開かれた。この会議では、同年八月二四日に出されたヒトラーの停止命令はベルリンのT４作戦本部が中心となって行う殺害を停止したものであって、精神疾患の患者や障害者の殺害自体を停止させるものではないことが説明された。[103] T４作戦停止後も戦争が終わるまで、ドイツ国内および占領地域の個々の精神病院や高齢者の看護・介護施設で殺害は続いた。

T４作戦停止後の「安楽死」については、一九四六年のニュルンベルク医師裁判で、T４作戦で重要な位置にいたヴィクトール・ブラックが最初に「野蛮な安楽死 wilde Euthanasie」という言葉を用いたとされている。ブラックは、T４作戦停止後の殺害を「野蛮」と呼ぶことで、T４作戦を軽く見せようとしたといわれている。また、殺害を実行した人たちが、T４作戦本部に指示された薬物による殺害にこだわらず、餓死させていたという意味で、すでに四四年には「野蛮な安楽死措置　wilde E-Maßnahmen」という言葉が使われていたともいわれている。[104] いずれにしても、その後、「野蛮な安楽死」という言葉が使われることが多かった。しかし、特に九〇年代以降、個別の地域あるいは病院レベルの研究が進むにつれて、T４作戦停止後の「安楽死」が、それまでベルリンの作戦本部が中央で統制していた殺害から、各地でさまざまに行われる殺害へと変化したことを重視するようになり、「野蛮な安楽死」ではなく、「地域の安楽死」「地域化した安楽死」「分散した安楽死」といった言葉が次第に使われるようになった。[105] 本節では、T４作戦と比較して、指揮統制の中心がなく、個別の地域や精神病院などで殺害が分散して行われたことに注目して「分散した安楽死」という言葉を使う。

T４作戦停止後のドイツ各地での「安楽死」は、医学史家のハインツ・ファウルシュティヒが詳述したように、それぞれの地域の状況によってその様相が異なっていたが、そのすべてをここで詳述することは難しい。[106] そこで、ここでは、歴史家のヴィルフリート・ジュースが、戦時中のナチス・ドイツの医療衛生体制について行った研究を参考に、彼が取り上げた三つの地域（バイエルン、ラインラント地方、ザクセン）のなかからラインラント地方とザクセンについて検討したい（バイエルンについては本書第三章で詳細に分析する）。なお、ここでのザクセンは、行政区画として、ドイツ国を構成する州（ラント）にあたる。これに対して、ラインラント地方は、プロイセン内の一地域で、ライン県（Rheinprovinz）に相当する。

ジュースによれば、この三つの地域は、医師が患者殺害に積極的だった地域（バイエルン）、連合国軍からの爆撃に曝され精神病院の患者を他地域に移送していた地域（ラインラント地方）、精神病院の収容能力の限界まですでに入院患者がいて、さらに他地域からの移送を受け入れざるを得なかった地域（ザクセン）という特徴を持っていた[107]。こうした特徴がこれらの地域における「安楽死」にどのように影響を与えたのか、地域間の関係はあったのか、さらに、存続していたベルリンのT４作戦本部との関係はどうだったのか、といった問いとともに「分散した安楽死」について検討する。

ラインラント地方

ドイツ西部のラインラント地方は、ドイツ最大の工業地帯であるルール地方の一部を抱え、ケルンやデュッセルドルフをはじめとする大都市があり、ドイツのなかでも人口が多い地方だったが、T４作戦がこの地方で始まったのは一九四一年四月頃と、比較的遅かったといわれている[108]。ただし、T４作戦が始まる以前の四〇年初めに、三五〇〇床という当時ヨーロッパ最大の病床数を持つベットブルク‐ハウ精神病院に海軍野戦病院を設営することになり、入院患者を移すことになった。このことに注目したT４作戦本部が、四〇年二月二五日から三月二日まで、作戦本部職員と殺害精神病院の医師からなる鑑別団をベットブルク‐ハウに派遣し、ラインラント地方ではまだ知られていなかった「調査用紙」を用いて移送候補となった患者二二

○○人のなかから一四八二人を選別し、彼らはラインラント地方の外へと移送された。このうち、およそ九五〇人の患者が、T4作戦の殺害精神病院であるグラーフェネックとブランデンブルクへと移送され、殺害された。他の患者も移送先にT4作戦が及ぶことでガス殺された。この大規模移送後、ベットブルク－ハウには、病床数二四〇〇床の海軍野戦病院が設置されたが、なお軽症の精神疾患の患者一一〇〇人が入院していた。[109] このほかにも、ラインラント地方では、触法の精神疾患の患者とユダヤ人患者の移送・殺害が四〇年に行われ、それぞれ三〇〇人、一五〇人が犠牲となった。これらの移送・殺害の選抜でも、T4作戦本部が派遣した鑑別団と調査用紙は大きな役割を果たした。[110] ラインラント地方でのT4作戦は、先述の通り、四一年四月から始まって、同年八月下旬には停止しており、同地方の犠牲者は三二〇〇人ほどと、T4作戦犠牲者総数とされる七万一〇〇〇人余りと比べると非常に小さいものだった。[111]

精神疾患患者殺害によるラインラント地方での犠牲者は、T4作戦のときよりも、その停止後の戦争後半に多くなった。一九四二年半ばから戦争が終わった四五年五月頃までで、およそ九〇〇〇人がラインラント地方から他の地域へ移送され、そのうち約七五〇〇人が殺害された。[112]

移送が始まった直接的な理由は、連合国軍による空襲だった。一九四〇年五月に、この地方の主要都市の一つデュッセルドルフが爆撃を受けたが、被害は軽微だった。しかし、四一年初めには、デュッセルドルフを含めた都市部への空襲被害によって軍および民間の医療施設に不足が生じ、これに対する措置が導入された。デュッセルドルフ行政管区内の諸都市の慢性病患者および長期入院患者を郡部へ移送し、空いた病床を空襲時の傷病者のために利用するというものだった。同年二月にユダヤ人患者をラインラント地方から移送（・殺害）した経験を踏まえて、移送対象には精神病院の患者も入っていた。実際、四一年四月には、デュッセルドルフ市のグラーフェンベルク精神病院（デュッセルドルフ市立総合病院およびデュッセルドルフ医科大学の精神科病院を兼ねる）の一部が、市立総合病院小児科のしょうこう熱や結核の子どものための病棟として利用された[113]。

一九四二年一月初めには、同地方の精神病院の病床を空けるよう、ナチ党の大管区指導部（Gauleitung）が、ラインラント地方の精神病院を管轄下に置いていたライン県連盟（der Rheinische Provinzialverband）に対して、圧力をかけていた。同年三月には、ラインラント地方のデューレン精神病院およびガンゲルト精神病院を一般用の代替病院に転用するために、両病院の患者が運び出された。こうして精神病院の患者の移送が始まった[114]。

一九四二年の夏になると、イギリス空軍が、ドイツ住民の戦意をくじくことを目的として都市部への重点的な爆撃を開始した。同年五月三〇日にケルン、六月にエッセン、八月にはデュッセルドルフの各都市が最初の大規模な空襲を受けた。デュッセルドルフでは、およそ一〇〇〇件の火災が発生し、多くの建物が破壊され、多数の死傷者が出た。その後デュッセルドルフは戦争が終わるまで英米軍によって繰り返し攻撃され、街は破壊され尽くした[115]。

この爆撃と破壊で、ナチ党の大管区指導部からラインラント地方の精神病院に対する患者移送と病舎の代替病院転用への圧力が増し、大管区指導部と、ライン県連盟、ライン県の医療衛生行政、各都市の医療衛生行政、個別の精神病院の間の緊張関係をいっそう高めることになった。こうした緊張関係の例として、ケルン市とその近隣の精神病院および老人介護施設の入院患者・入所者の移送と、デュッセルドルフ行政管区の臨時病院の設置および精神病院の転用、そのための入院患者の移送について、ヴィルフリート・ジュースらの研究をもとに見てみよう[116]。

一九四二年三月の患者移送直後の四月、ケルン市の医療衛生行政担当の部署では、ケルン市郊外のリーラー老人介護施設における中央臨時病院の設置を議論していた。この時点ではケルンへの大規模爆撃も、それにともなうナチ党大管区指導部の圧力もまだなかった。ケルン市では、戦争が始まった時点からすでに、規模の小さな老人介護施設の入居者を、リーラーへと移し、空いた建物を戦時経済上の目的に利用していた。このことから、四二年五月末の大規模空襲による被害は、市がリーラー老人介護施設の臨時病院（空襲被害者および傷病者用）への転用を進めるのに好都合な理由となった。ケルン市に限らず、ラインラント地方の他の都市でも、空襲は精神病院や老人介護施設などを臨時病院に転用する格好の理由となっていた。[117]

一九四二年六月、ケルン市はリーラー老人介護施設の入居者のうち二〇〇人をドイツ西南部のバーデン地方に移送し、残りの入居者の移送先についてライン県連盟と協議を行い、デューレン精神病院とホーフェン修道院精神病院が候補となった。協議の結果、デューレンには七月中旬までに四〇〇人の高齢者を移すことができた。しかし、その後、ライン県の医療衛生行政で精神病院を担当していた県連盟のヴァルター・クロイツが、精神病院の入院患者を移送するのに十分な病床を県内に確保できないと主張したために、県内での移送が不透明になった。ここでこの問題に介入してきたのが、ナチ党のケルン‐アーヘン大管区指導部の民族保険局局長ルドルフ・ハルトゥングだった。ハルトゥングは、ベルリンのT４作戦本部のなかの帝国精神病院事業団体と連絡を取り、その後クロイツに対して、ケルン市のためにホーフェン修道院精神病院の立ち退きを要請するとともに、代わりに県外にあるハダマー精神病院の病床を提供できることを伝えてきた。クロイツは、これをケルン市の上級市長に伝えた。その際に、クロイツは、多大な費用をかけてホーフェンの患者を県外に移送させることは県連盟としては本意ではなく、この移送は大管区指導部の指示のもと、あくまでケルン市のための措置であることを強調した。また、ハダマーについてすでに殺害精神病院ではないかという噂が広まっていたことも、クロイツが患者の移送に否定的な理由だった。[118]このような背景のなかで、同年八月には、リーラーから三六九人の高齢者がホーフェンに移り、ホーフェンからは三七〇人の患者がT4作戦で患者輸送を担った公益患者輸送有限会社（ゲクラート）によってハダマーに移送された。この患者のうち九月に四三人が、さらに一〇月末までに一六〇人以上が犠牲となった。[119]

臨時病院設置・転用のためにリーラー老人介護施設の入居者をホーフェンおよびデューレンの精神病院へ移し、さらにそこの患者を別の精神病院へと移送することを、ケルン - アーヘン大管区指導部のハルトゥングは、ケルン市の医療衛生行政当局と結びつきながら、精神病院を管轄する県連盟に要求し続けた。これに対し、県連盟のヴァルター・クロイツは県内の病床不足を理由に大管区指導部の要求に抵抗したが、ハルトゥングはこれを退けて、帝国精神病院事業団体の仲介で病床を確保し、公益患者輸送有限会社の協力で高齢者や患者を移送した。こうして、一九四二年六月から四四年一月にかけて断続的に、リーラーからデューレンに約八〇〇人以上、ホーフェンには約五〇〇人の寝たきりやまだ動ける高齢者が移され、その人数とほぼ同数の患者がデューレンからはラインラント地方のルイフ城介護施設に、ホーフェンからはハダマー精神病院に移送された。ハダマーへ移送された患者は、移送後ほどなく殺害された。移送対象の選別は、移送元の病院で行われ、主に慢性患者や働くことができない患者、衰弱した患者が選ばれた。入居者を転出させて空にしたリーラー老人介護施設は、ケルン市の野戦病院として終戦まで利用された。[120]

ラインラント地方北部のデュッセルドルフ行政管区の諸都市もまた、一九四二年夏の空襲で大きな被害を受けた。これによってこれらの都市でも、ケルン市と同様、空襲の被害に遭った住民のための臨時病院の設置と、管区内の精神病院の転用、そしてそのための入院患者の移送が問題となった。ケルン市の場合は、ナチ党の地方組織である大管区指導部が積極的に関与したが、デュッセルドルフ行政管区では、大管区指導部だけでなく管区庁の医療衛生当局も、管区内の病院および病床の再配置に積極的に関与した。四二年八月末に管区庁の医療衛生当局は、帝国内務省の精神病院担当者に対して次のような提案をしていた。デュッセルドルフ市のグラーフェンベルク精神病院の入院患者を移送し、空いた施設を臨時病院に転用すること、ラインラント地方北部のすべての治る見込のない病人および老人介護施設の入居者を把握して一つの精神病院に集中的に収容し、その際にはその病院の入院患者を事前にどこかに移送すること、空襲に備えて別の精神病院でも入院患者を移送して病床を空け、臨時病院へと変えることである[121]。ケルン市のケースと同様に、精神疾患の患者は、ここでも住民全体にとって必要な病床を占拠している厄介者という扱いであった。

デュッセルドルフ行政管区側の計画は、しかし、簡単には実現しなかった。特に、精神病院を所管するライン県連盟が難色を示していた。県連盟のヴァルター・クロイツは、帝国精神病院全権委員のヘルベルト・リンデンに対して、県を超えた立場からの調整を懇願したが、リンデン側はすぐに対応できなかった。その後一九四二年一二月半ばになって、リンデンはライン県外の精神病院の空きを確保できたことから、プロテスタント系の二つの精神病院の患者が県外へ移送され、この二つの精神病院には高齢者や治る見込のない患者が移された[122]。

さらに、一九四二年一〇月下旬には、ナチ党のデュッセルドルフ大管区指導部が、デュッセルドルフ医科大学精神科病院（グラーフェンベルク精神病院）に対して、入院患者を移送し、空いた病棟や病床を空襲で被害を受けた市の住民のための臨時病院に転用するよう圧力をかけていた。院長で精神科科長のフランツ・シオーリ教授は、精神病院を所轄するライン県に対して、病院の周辺地区が爆撃対象となりうることや、医学部での教育や病院経営のためには入院患者の移送は難しいと訴えた。県はシオーリの主張を受け入れて帝国内務省に事情を説明した。こうしてナチ党の大管区指導部、デュッセルドルフ行政管区、シオーリ側の三者間で話し合いが持たれたが、結局大管区指導部の強硬な態度に対して、シオーリはグラーフェンベルク精神病院の一部を提供せざるを得なかった。大管区指導部は、空襲によってホームレスとなった市民と軍需産業の労働者のグラーフェンベルク精神病院への受け入れも認めさせようとしたが、これは精神病院を所轄するライン県が退けた[123]。

しかし、ライン県内のナチ党の大管区指導部による要求が収まらなかったため、一九四三年一月には、県連盟のクロイツは再び帝国精神病院全権委員のリンデンに対して県外への移送を懇願し、クロイツはリンデンから県外の精神病院に一五〇〇床の病床を確保してもらった[124]。これにより、四三年二月から三月にかけて、ライン県内の精神病院から約一三〇〇人の患者が、プロイセンのザクセン県や、チューリンゲン、さらにはバイエルンのエアランゲン精神病院や、プロイセン東部のポーゼン県（現在のポーランド西部）で殺害精神病院となっていたメーゼリッツ‐オブラヴァルデ精神病院などに移送された。移送には、公益患者輸送有限会社が協力した[125]。

一九四三年に入ると連合国軍の空襲はいっそう激しくなり、ラインラント地方の諸都市の被害は拡大を続け、被災者の数も増加の一途をたどった。これによって、精神病院の患者移送と臨時病院への転用の圧力もいっそう高まった。同年四月九日にライン県のエッセンで、この問題について、帝国宣伝大臣のヨーゼフ・ゲッベルスや帝国内務省事務次官、そしてナチ党のエッセン大管区指導者およびデュッセルドルフ大管区指導者らが会合を持った。この会合で両大管区指導者は、大管区内の精神病院の患者の即時移送を要求し、ゲッベルスも他地域への速やかな移送に同意した。会合後、事務次官が帝国精神病院全権委員リンデンと協議し、リンデンはまず二五〇〇床をライン県外の精神病院に確保し、その後もさらにその数を増やしていった[126]。

こうして、同年五月から七月にかけては、県内の精神病院からおよそ三五〇〇人から四〇〇〇人の患者が、公益患者輸送有限会社によってプロイセンのザクセン県や、バイエルンの精神病院、さらには殺害精神病院のハダマーやメーゼリッツ‐オブラヴァルデ、あるいはドイツ東部の飢餓病院（餓死させることを目的とした病院）へと移送された。移送によって空いた精神病院の施設は、グラーフェンベルク精神病院のように臨時病院に転用されるなどした[127]。

ここでも、移送対象となる患者の選別は、移送元の病院に任されていた。これは、入院患者のなかには病院での作業を行っている者も多くいるために、病院側で選別を行わないと、病院の経営に影響するからだった。選別にあたっては、移送に耐えうる患者で、親族や関係者が病院に訪れず、病院の近くに住んでいない患者が選ばれた。また、グラーフェンベルク精神病院では、治らない患者や入院が長期になりそうな患者を移送対象とし、治る見込みがある患者は移送対象に選んでいなかった[128]。

以上、本項では、T4作戦後のラインラント地方の精神病院における入院患者の扱いについて主に見てきたが、ヴィルフリート・ジュースはその特徴を三点にまとめている。第一に、ラインラント地方では、一九四二年夏以降連合国軍による空襲が激しくなり、傷病者が激増し、域内の病院も被害を受けたことから、必要な医療サービスが提供できなくなっていた。この事態の解決が、ラインラント地方の医療衛生行政において緊急の課題であった。その有力な解決策の一つが、ラインラント域内の精神病院や老人介護施設といった施設の臨時病院への転用だった。第二に、この転用のためには、精神病院の入院患者や老人介護施設の入居者をどこかに移す必要があったが、それを、殺害ではなく、他の施設、それも県外の精神病院への移送によって解決しようとした。第一、第二の点からわかるように、ラインラント地方では、精神病院とは直接関係のない、空襲被害者への対応が精神疾患の患者の移送の背景となっていた。そして第三に、この患者の移送をめぐる交渉や決定に、ナチ党の大管区指導部、ライン県連盟、ライン県の医療衛生組織、県内の行政管区および各都市の医療衛生組織、病院などの個々の施設、さらにはベルリンの帝国内務省や帝国宣伝大臣ゲッベルスまでもが巻き込まれていた。[129]

移送対象となる患者の選別は、個々の病院が、治る見込みがない、長期入院が見込まれる、働くことができない、親族などとの関係が希薄といった、T4作戦時と似た基準で行っていた。また、移送が直接死を意味したわけでもなかった。無論、殺害精神病院のハダマーやメーゼリッツ‐オブラヴァルデに移送された場合は、すぐに殺害されていた。他方で、別の病院に移送された場合は、たとえそこでの待遇がひどかったとしても、移送後すぐに殺されたわけではなかった。

ラインラント地方における「分散した安楽死」は、空襲の激化を背景に、当該地方では殺害が起きず、移送された先で殺害されるという経過をたどった。こうした経過は、一九四三年半ば頃から始まる「ブラント作戦」（本章一四〇頁参照）でより顕著に認められるものとなった。

ザクセン

ザクセン地方は、ドイツ東部に位置し、元のザクセン王国の領域にあたる州（ラント）のザクセンと、プロイセンのなかのザクセン県とに分かれるが、ここでは、主に州のザクセン（以下、ザクセンと略記）を対象とする。

ザクセンでは、T4作戦が本格的に展開されるよりも前に、精神病院の入院患者を死なせるような体制ができていた。一九三三年以降、ザクセン内務省の民族保護課の主導で、精神病院に入院している患者の生活条件はそれ以前よりも劣悪なものになっていた。ザクセンの公立の精神病院全体の入院患者は、三三年の九一一六人から三八年には一万九七人に増加していた。しかし病床数は三八年でも九六二五床にとどまっていて、収容可能な患者数を上回る入院患者がいた。これは、一つには、三四年施行の遺伝病子孫予防法で強制断種の対象となった病気の患者が、鑑定のための検査や断種措置のために一時入院していたことによるとされている。[130]

その傾向は、ナチ党員でナチス親衛隊員でもあった精神科医アルフレート・フェルンホルツが、一九三八年にザクセン内務省民族保護課長になってさらにひどくなった。同年四月、フェルンホルツは、ザクセン内の公立精神病院に対して、働くことのできない入院患者に栄養のない食事を与えるよう指示した。これは、ピルナ‐ゾンネンシュタイン精神病院院長で、後のＴ４作戦でも中心的な役割を果たした精神科医ヘルマン・パウル・ニチェが、三六年に初めて導入したものだった。貧栄養の特別食を導入し、公立精神病院の支出を減少させるという施策だったが、これによって病院内での飢餓状態が日常化し、患者の死亡率も上昇した。三九年九月一日のポーランド侵攻後、ザクセン内務省は入院患者の食事をさらに減らすよう指示し、患者の食事はいっそうひどいものとなった。入院患者一人当たりの支出も、それまでの一日六〇ペニヒから五〇ペニヒに減額され、四〇年一月にはさらに三五ペニヒまで落とされ、入院患者の生活条件はいっそう劣悪化した。[131]

入院患者の命を脅かしたのは、飢餓だけではなかった。第一次世界大戦時の経験から、病院が野戦病院に利用されて精神病院として使える部分が小さくなり、しかも医師や看護婦、介助人が前線に取られて病院の人員が不足するということが十分予想されたため、入院患者の治療・管理面での困難が懸念されたていた。それに対処するために、ニチェは一九三九年八月、ザクセン域内の公立精神病院の院長をザクセン内務省に召集し、鎮静剤の多用による患者の管理を要請した。このことは、一方では、院内での患者の管理を容易にし、薬剤多用によって患者が死亡することもあったので、人件費や食費を節約することにもなった。しかしそれは、劣悪な食事の継続とともに精神病院内での死亡率を引き上げることを意味した[132]。このように、ザクセンではT４作戦が開始される前に、精神病院の入院患者の殺害がザクセン内務省の関与のもとで始まっていた。

T４作戦が本格的に始まると、ザクセンのピルナ‐ゾンネンシュタイン精神病院は殺害精神病院として、ザクセン内外から移送される患者を数多く受け入れた。その際、患者は、ザクセン東部のグロースシュヴァイトニッツ精神病院などの中継精神病院に一旦収容されてから、ピルナ‐ゾンネンシュタインに移送された。中継精神病院の状態は、T４作戦開始以前からすでに劣悪で、患者の移送によってさらにひどくなり、殺害精神病院に送られる前に患者が死ぬことも珍しくなかった[133]。ピルナ‐ゾンネンシュタインでは、一九四〇年と四一年に合わせて一万三七二〇人が殺害されたとされている[134]。

一九四一年八月二四日にT４作戦は停止されたが、この時点で、中継精神病院にはまだ多くの患者が収容されていた。グロースシュヴァイトニッツ精神病院には同月に一一一六人の患者がおり、同年一一月でも一〇五三人の患者がいて、六人の医師と一四五人の看護婦・介助人が勤務していた[135]。さらに、ザクセンでは、四二年の初め頃までに、域内の精神病院の全病床の三分の二が本来の目的とは違う目的のために転用されていた。アルンスドルフ精神病院、ホーホシュヴァイツェン精神病院、ライプツィヒ‐デーゼン精神病院は野戦病院や避難病院として、フーベルトゥスブルク精神病院の一部は下士官学校とナチス親衛隊のドイツ民族対策本部の施設として、またコルディッツ精神病院は捕虜収容所として転用されていた[136]。

こうした転用と並行して患者の移送が行われたため、移送先の精神病院の状況はいっそう悪化することになった。特に多くの患者の移送先になっていたグロースシュヴァイトニッツ精神病院には、一九四二年に六五九人が移送されていた。同年にこの病院では八二八人が死亡しており、前年比で二二一人多かった。八二八人の死亡者のうち、移送されてきた患者が六七九人だった。このなかで四一年以前に移送されてきたのが二八〇人、四二年に移送されてきたのが三九九人に上った。したがって、四二年に移送された患者の死亡率は、六〇・五%だった[137]。移送中の患者の様子は悲惨だった。戦後、四七年にドレスデンで行われた「安楽死」裁判での看護婦の証言によれば、患者は駅から病院へとトラックに積み込まれてやってきて、歩くこともできなかった。なかには衰弱で座っていられずに横になっている患者もいたし、死んでしまっている患者もいた[138]。仮に病院に着いたとしても、十分な看護が受けられる状態ではなかった。グロースシュヴァイトニッツ精神病院では、あまりに多くの患者が移送されたことで、食料も看護・介助する人員も不足し、患者は飢餓によって瀕死の状態になっていた[139]。

T4作戦停止後のザクセンにおける「安楽死」をさらに特徴づけたのが、ザクセン域外からの患者の移送だった。ザクセンには、先述したラインラント地方や、ザクセン東隣のシュレージエン地方からも患者が移送されていた。これに加えて、一九四三年には空襲が激化した地方からも患者が移送された。例えば、グロースシュヴァイトニッツ精神病院では、四三年だけで一八〇〇人弱の患者を受け入れており、そのうち約一二〇〇人がザクセン内の、残り六〇〇人弱がザクセン外、特にラインラント地方からの患者だった[140]。

グロースシュヴァイトニッツ精神病院と同様、ザクセン内外の患者であふれ返った精神病院ではどこでも、物資と人員が不足し、治療や看護ができる状態にはなく、患者は十分な食事も与えられずに、飢餓や瀕死の状態に置かれ、移送される患者のなかには、移送中にすでに死んでいる場合も少なくなかった[141]。特に、域外から移送されてきた患者は、よそ者扱いされ、域内からの移送患者よりもいっそうひどい扱いを受け、死ぬ者も少なくなかった[142]。

こうした状況下で、一九四三年三月一四日に、ベルリンの帝国精神病院全権委員ヘルベルト・リンデンが、ドイツ領内の精神病院に対して、働くことのできる傷病者の困窮を和らげることを最優先に、彼らのための病床をより多く確保することを指示した。この指示によって、精神疾患による入院患者に充てられる病床や空間はさらに減らされた。精神疾患の患者は、さらに劣悪な条件下での入院を余儀なくされ、彼らの死亡率は急激に上昇した。こうした傾向はザクセンだけでなく、ドイツの他の地域でも顕著となっていった。[143]

ザクセンの精神病院では、一九四三年には以下のような事態が生じていた。精神病院の収容能力を超える入院患者の受け入れ、それを無視した域外からの患者の移送とその増加、入院患者に対するケアの劣悪化、スタッフの負担の増加である。そのようななかで、四三年夏から秋にかけて、「状況改善」のために患者を殺害し、入院患者を減らそうとする動きが顕在化してきた。四三年八月にザクセン内務省は、グロースシュヴァイトニッツ精神病院院長のアルフレート・シュルツおよびヴァルトハイム精神病院院長のゲルハルト・ヴィッシャーに対して、彼らの裁量で、薬物の過剰投与によって患者を殺害できる権限を与えた。[144]

ヴァルトハイム精神病院ではその後すぐ、一九四三年九月に薬物による殺害が行われ、さらに、ライプツィヒ、ケムニッツ、マイセンなどザクセン域内からの新たな移送患者を受け入れるために病床スペースを捻出した。[145] グロースシュヴァイトニッツ精神病院でも、治癒の見込みがない精神疾患および身体疾患の患者に対して、鎮静剤のルミナールを二日から四日間にわたり一日最大〇・六グラムを投与して殺害した。同病院には、医師二名、男性補助医一名、女性補助医二名、看護のための人員として男性四三名、女性一一八名がいたが、殺害はこのうち医師二名、補助医一名、介助人一名、婦長一名、看護婦二名という限られた人員だけで行われた。[146] また、同病院では、四四年末から四五年初め頃までザクセン内外の患者を集中的かつ収容能力を超えて受け入れていたため、戦争末期における物資・人員等の全般的な逼迫および入院患者の生活状態の著しい劣悪化による死亡と、薬物の過剰投与による殺害が、やむことはなかった。そして、戦争終結の数カ月前には入院患者数が急減していた。[147] これは、患者の殺害とともに、病院自体を完全に整理してしまったことにもよった。入院患者はどこかへ移送されたはずだが、移送先の記録は残されなかった。グロースシュヴァイトニッツ精神病院における「安楽死」を長年研究しているクルムポルトは、おそらくベーメン地方（現在のチェコ中部・西部にあたる）へと死の行進をさせられ、目的地に着いたのは半分にも満たなかっただろうとしている。[148]

T４作戦停止後のザクセンにおける「分散した安楽死」の展開は、先のラインラント地方と比較してどのように特徴づけることができるだろうか。まず、ザクセンでは、病院の日常のなかに、患者の殺害が組み込まれていた。殺害の仕方も、薬物の過剰投与や飢餓によるものなど、さまざまであった。また、T４作戦の開始以前というかなり早い時期から、精神病院の統廃合や来るべき戦争による物資・人員の不足に備えて、ザクセン内務省の指示で患者の殺害が行われていた。さらに、ドイツ全体の戦況悪化、特に都市部での空襲の激化にともない、ザクセン内外の精神病院からの移送患者を受け入れた結果、域内の精神病院では収容能力を超えた患者を入院させることになった。これによって、ザクセンの精神病院の状況は劣悪を極めていった。そして、この状況を「改善」し、一般病床のスペースを確保するため、ザクセン内務省が認めた上で、各精神病院では薬物を使った患者の殺害が再び始まり、戦争末期には、病院の「整理」のために多くの患者が犠牲となった。こうしたザクセンの状況は、T４作戦時においても、またその後の「分散した安楽死」においても、殺害の場となることがなかったラインラント地方のそれとは大きく違っていた。[149]

ベルリンに作戦本部を置き、殺害場所を殺害精神病院に限定していたT４作戦とは異なり、「分散した安楽死」では、各地域、各精神病院ごとに異なる状況が、患者の殺害のあり様に影響を与えていた。ここで取り上げた地域においても、大管区指導部のようなナチ党の地方組織や、各地域・各都市の医療衛生行政組織、個々の病院長らの「安楽死」をめぐる考え方や立場は異なり、それがそれぞれの関係に影響を与えていた。これに、ベルリンとの関係が加わったため、「分散した安楽死」は単に「安楽死」が地域へと分散しただけにとどまらず、ベルリンと各地域との関係性に大きく影響を与えた殺害でもあった。

「分散した安楽死」ではさらに、T４作戦のような殺害精神病院での集中的なガス殺ではなく、飢餓食や飢餓病院（ザクセン）・飢餓病棟（次章で扱うバイエルン）の導入、薬物の過剰投与などの手段で、各精神病院で患者が殺害された。また意図的な殺害だけでなく、戦況の悪化とともに各精神病院の状況が入院患者にとって劣悪なものとなり、極度の栄養不良やそれにともなう抵抗力の喪失で餓死あるいは病死していく者が絶えなかった。こうして「分散した安楽死」では、各精神病院が患者の殺害や悲惨な死の現場と化した。「分散した安楽死」がしばしば「野蛮な安楽死 wilde Euthanasie」といわれてきたのも、こうした背景によるものと思われる。

「分散した安楽死」で移送・殺害の対象となった患者は、入院患者のなかでも、働くことができない、精神病院の日常運営に何の役にも立たないと見なされていた患者であった。これは、何かしらの作業ができるかどうかが選別の基準となったという点で、T４作戦と重なっていた。戦況の悪化とともに、より「価値のある」一般の人々のために精神病院が臨時病院などに転用されると、より「価値の低い」入院患者は、病院から排除（移送・殺害）され、よりいっそう劣悪な条件下での入院を余儀なくされていった。そしてそうした排除の対象は、精神疾患の患者にとどまらず、高齢者や結核患者、瀕死の状態の人など、戦争遂行中にあるドイツにとって「価値の無い」人たちへと拡大していた。

「分散した安楽死」では、T4作戦以上に、「生きる価値の無い者」が誰なのかを顕在化させ、その対象とされた人たちは苛烈な措置によって残酷な死に追いやられたのだった。

6　戦争末期の餓死と戦後西ドイツ地域での状況

戦争末期になると、ドイツ国内の補給網は連合国軍による攻撃で寸断され、市民の生活も窮乏化の一途をたどった。精神病院の入院患者の状況はさらにひどく、治療はもちろん、食事もまともに取れる状況にはなかった。敗色がいっそう濃厚になっていくと、第一次世界大戦末期と同様に、精神病院への食料と燃料の補給はほとんどなくなり、寒さや栄養失調による病死や餓死が入院患者のなかから多数出るようになった[150]。

ところで餓死者が多数出るようなこうした状況を、精神病院の医師たちはどのようにとらえていたのだろうか。そもそも、これまでにも数多くの入院患者がさまざまな形で殺害されてきた。餓死させるくらいならば、「安楽死」の名のもとに殺害することを、精神科医たちが受け入れてもいいように思われる。

この点について、一九四四年六月頃にヘルマン・パウル・ニチェの命で当時のドイツ領内（ヘッセン、シュレスヴィヒ・ホルシュタイン、東プロイセン、シュレージエン、ヴァルテガウ）の精神病院を視察した精神科医クルト・A・ルンケルによる報告が示唆的である[151]。それによれば、各地の精神病院で、病床不足が深刻化し、二段ベッドの設置やバラックを使った仮設病棟による収容が常態化していた。そして、医師たちは電気ショック療法のような新しい療法に対して懐疑的・否定的で、なかには拒否する場合もあった。そして、重度の障害を持つ患者に対してさえ、少しでも長く生きるように、医師をはじめとする医療スタッフが全力を尽くしていた。しかし、ルンケルはそれと同時に、自ら手を下しての殺害に反対していた精神科医たちが、栄養失調や飢餓で患者が亡くなっていくことに対して寛容な態度を取っていたことを指摘している。これについてルンケルは、殺しても餓死や病死しても、死んでしまうことに変わりないのだから、なぜ医師たちが「安楽死」を採用しないのか、理解に苦しむとしている。[152]

精神病院の窮状は、一九四五年五月八日のドイツの降伏後も変わらなかった。食料と燃料の不足は降伏後も続いていた。病院の建物の一部は他の目的に使われたままだったので、精神疾患の患者のためのスペースは不足していた。そのため、戦争末期の餓死・病死の状態がしばらく続くことになった。英米仏の占領地域における精神病院の死亡率は、四五年で二〇％から二五％に達し、その後改善して四九年には約五％にまで減少した。それに対して、ソ連占領地域におけるそれは、死亡率が四七年まで二五％から三五％の間で推移し、四九年でも約一〇％を記録していた。[153]

これを地域別に見ると、死亡率が全体の平均を上回るところもあった。例えば、ラインラント地方の公立精神病院（六カ所）のなかには、一九四六年四月一日から四七年三月三一日までの一年間（一九四六／四七年）で五〇％を超えるところもあった（ガルクハウゼン精神病院とグラーフェンベルク精神病院）。四九／五〇年でも、グラーフェンベルク精神病院で二六％、ボン精神病院で二一％の死亡率となっていた。[154] ラインラント地方の精神病院でも、戦争末期から敗戦、そしてその後の占領期にかけて、敷地や建物はドイツ軍や占領軍によって占拠され、野戦病院や臨時病院、あるいは戦災に遭った人たちの受け入れ場所として使われた。すでに食料や燃料が底をついていただけでなく、わずかな蓄えも軍や被災民による消費、さらには窃盗によってなくなっていた。こうした状況下では、入院患者は満足な看護を受けることはなく、飢餓や結核などの病気で死んでいく人も多かった[155]。

終戦直後、大戦中に空になっていた西ドイツの精神病院は、東欧の旧ドイツ領地域からの避難・追放によって西ドイツへ流入した人々のなかの精神疾患の患者を受け入れたことで、すぐに満杯になった。そのような事情もあり、西ドイツの精神病院は、一九五〇年代になっても飽和状態、病床不足、劣悪な衛生状態、深刻な食料不足で特徴づけられていた。そしてこうした西ドイツの精神病院の窮状は、五〇年代後半の「経済の奇跡」以降の高度成長期においても変わらなかった[156]。西ドイツにおける精神病院の状況の改善は、六〇年代後半から芽吹き始め、七五年に西ドイツ連邦議会が行った「精神病院アンケート」の発表以降本格化する精神病院改革によって、ようやく緒に就いたのだった[157]。

おわりに

ナチスの「安楽死」は、戦争を背景に精神疾患の患者や障害者を主な対象とした大量殺害だった。その実態は、戦争の進行とともに、時期や地域によって非常に異なった様相を見せた。また、ナチスの中枢と個別の地域や病院との間でも、「安楽死」に対する認識や行動が異なり、その違いは、戦況が悪化し、敗戦が濃厚になっていくにつれて、より露わになった。したがって、ナチスの「安楽死」を、優生学に基づく精神疾患の患者や障害者の虐殺であると単純に理解することは、殺害の実態について多くを見逃すことになってしまう。

そこで、ナチスによる「安楽死」について、これまでの叙述からいくつかの考察をまとめてみたい。

労働を基準とした包摂と排除

ナチスの「安楽死」では、たしかに精神疾患の患者や障害者が大量に殺害された。しかし、必ずしも、すべての犠牲者が、それぞれが持っていた精神疾患や障害だけを理由として殺害対象とされたわけではなかった。T4作戦では、精神疾患の患者や障害者のなかでも、病院の運営や強制収容所の運営に何かしらプラスになるような貢献（労働）ができるかどうかが、殺害対象を選ぶ基準として大きな意味を持っていた。このことは、ミュンスター教区のガレン司教が、T4作戦を公然と批判した説教で、「生産労働をしない者」が殺されていると言ったことからわかる。精神病院の側でも、物資や人員が欠乏するなかで、入院患者の労働力は重要な意味を持っていた。したがって、入院患者のなかでも、働けない患者や、働かせることができない患者、反抗的だったり手間がかかったりして病院スタッフにとって扱いにくい患者、治療効果を望めない患者が殺害の対象となった。「精神薄弱」、統合失調症、てんかんといった疾患を持つ患者や障害者など、差別の対象となっている人々が、さらに労働という基準で線引きされ、働ける者はかろうじて生き残り、働けない者は殺害され、ナチス・ドイツが標榜する「民族共同体 Volksgemeinschaft」から排除されたのだった。ここには、歴史家ミヒャエル・ヴィルトが主張する、労働による民族共同体への包摂とそこからの排除という機構が働いていたと見ることもできよう[158]。

身体・知的・精神障害を持つ児童や未成年者を対象とした「子ども安楽死」においても、教育不可能や養育不可能といった基準を使って、「民族共同体」にとって有用な人間になるかならないかという線引きがなされ、「労働を基準とした包摂と排除」と似た機構が働いていたのではないだろうか。

戦争遂行と「安楽死」

主に平時に行われた強制断種（本書第一章参照）と違って、「安楽死」は戦時に行われ、ナチス・ドイツの戦争遂行や戦況の変化に大きく影響を受けた。

そもそも、ヒトラー自身、精神疾患の患者や障害者の殺害は平時ではなく戦時に行うほうがよいと考えていたのではないかといわれている。実際、Ｔ４作戦の計画・実行の際には、戦争遂行上の理由から極秘に行うことが要求された。しかし、殺害の秘匿に失敗し、カトリックの司教によって公然と批判され、殺害が明るみに出てしまった。このことが、前線と銃後に不安を呼び起こし、開始したばかりの独ソ戦への影響を考えて、Ｔ４作戦は一九四一年八月二四日にヒトラーの口頭命令で停止された。精神疾患の患者や障害者を殺害するＴ４作戦は、戦時という非常時だからこそできるという見込みによって始まったが、それが戦争遂行の妨げとなったために停止された。

他方、Ｔ４作戦停止後に、各地で行われた「分散した安楽死」も、戦争遂行と密接に関係していた。ただし、戦争遂行との関係の仕方は、Ｔ４作戦のときとは異なっていた。Ｔ４作戦以降、戦況はドイツに大きく不利になっていた。国内の主要都市や工業地帯は激しい空襲に曝され、多くの傷病者、被災民を生むことになった。彼らのために、精神病院が臨時病院として転用され、追い出された入院患者たちは、ほかの劣悪な環境下の精神病院に移送され、殺害された。やがて臨時病院としての転用の対象は、結核療養所や老人介護施設などに拡大された。そしてそうした施設の入所者も移送・殺害の対象となった。このように「分散した安楽死」では、戦況の悪化とともに、保護の優先順位が低い集団が、保護の優先順位が高い集団のために犠牲になっていった。

ナチスによる「安楽死」は、たしかに精神疾患の患者や障害者の大量殺害だった。しかし、実際の殺害をつぶさに観察すると、その殺害は戦争の影響を抜きにしては考えられないものであることがわかる。これにより、戦争遂行中のナチ体制下のドイツでは、何に基づいて誰を大事とし、誰を大事としなかったのか、そして前者のために後者に対して殺害も含めた犠牲がどのように強いられたのか、その実態が露わになった。

殺害における中央の統制と地域の自立性——T４作戦と「分散した安楽死」および「子ども安楽死」

ナチスによる「安楽死」は、殺害開始当初はT４作戦に見られるように、中央のベルリンに殺害全体を統制する組織が設置され、その統制のもとで行われていた。そして、ヒトラーの口頭命令でのT４作戦停止後は、各地域の行政組織やナチ党組織、各精神病院が中心になって、それぞれの官僚や党員、医師が殺害のための枠組みを作り、ベルリンの統制があまり効かない状態で「安楽死」を行っていた。この段階の「安楽死」が「分散した安楽死」とも呼ばれる理由である。中央の統制下による「安楽死」と「分散した安楽死」とでは、その殺害のありようが大きく異なっていた。

T４作戦では、各精神病院・各地域ごとに殺害対象の候補者を選び、それを中央に報告し、中央で鑑定医が殺害対象者を選別し、対象となった患者を殺害精神病院に送致して、そこでまとめてガス殺していた。患者の移動や経費についても、中央が管理していた。殺害それ自体はおぞましいことだが、実施は比較的整然と行われていた。

これに対して、「分散した安楽死」では、殺害対象者の選別は、各病院でそこの医師自身が行い、殺害も個別の病院で行われた。殺害方法は、ガス室でまとめて殺すのではなく、意図的に餓死させたり、薬物の過剰投与、劣悪な処遇によって衰弱死させたりするなど、多岐にわたった。殺害の実行者も、T４作戦のときとは異なり、個別の病院の医師や看護婦などだった。このように「分散した安楽死」は、ドイツ各地の精神医療の現場が治療や看護の場ではなく、殺害の現場となり、医師をはじめとする医療関係者が殺害者になることを意味した。

「子ども安楽死」の場合も、T4作戦と同様、中央のベルリンに統制する組織が作られるとともに、三人の鑑定医が、ドイツ各地から届け出のあった殺害候補の子どもを鑑定し、殺害対象とされた子どもは、ドイツとオーストリアに設置された「児童少年専門科」で殺害された。しかし、すべての「子ども安楽死」が「帝国委員会」を経由していたわけではなく、現地の医療ネットワークのなかだけで殺害するかどうかが決定・実行されることも珍しくなかった。その場合は、現地の医師がその子どもの生死を決定し、殺害も現地の病院で行われた。このように「子ども安楽死」も、ベルリンの統制の外で、現場の医師や施設の間の関係性によって行われ、医療の現場での殺害が日常化していたと考えることができるかもしれない。ただし、「分散した安楽死」とは違い、興味深い症例の場合に、殺害・解剖後に脳が標本にされ研究材料として保管されていたことから、関係する医師たちの医学的な関心も殺害の重要な動機の一つとなっていたと考えられる。

注

1　Ash (2002).

2　ナチスによる「安楽死」については、すでに多くの研究がある。基本的なものとして以下がある。Klee (1983)〔邦訳クレー、一九九九〕; Schmuhl (1987); Weindling (1989)。研究の概観として Schmuhl (2010) を参照。

3　Umehara, et al. (2011).

4　Concise Oxford English Dictionary 第一一版（電子版：最終閲覧日二〇一九年一〇月八日）では、"the painless killing of a patient suffering from an incurable disease or in an irreversible coma"（治療不可能な病気で苦しんでいるまたは不可逆的な意識不明状態にある患者を苦痛なく死なせること）とされ、精神疾患の患者や障害者の大量殺害の意味はない。

5　Woellert / Schmiedebach (2008), 17-24; Rothhaar (2010) ; Sahm (2010) ; クラッツ／トレスター（二〇一二）。
6　Benzenhöfer (1997), 760.
7　Benzenhöfer (2009), 13ff; Woellert/Schmiedebach (2008), 14.
8　ヒポクラテス（一九六三）。
9　Woellert/Schmiedebach (2008), S. 14; Hohendorf (2013), 27.
10　Hohendorf (2013), 28.
11　ベーコン（二〇〇五）、一〇四－一〇五頁；モア（一九八〇）、四四八頁；Benzenhöfer (2009), 58-62.
12　Hohendorf (2013), 28-29; Roelcke (2006).
13　Hufeland (1806), 13f.
14　Benzenhöfer (2009), 46.
15　Roelcke (2005), 20-21.
16　Roelcke (2005), 20.
17　Roelcke (2005), 20-21.
18　Benzenhöfer (2009), 78-80.
19　ニーチェ（一九九四）、一二一－一二三頁。
20　Roelcke (2005), 22.
21　Roelcke (2005), 22.
22　Roelcke (2005), 23; Hohendorf (2013), 36-39.
23　Jost (1895).
24　Jost (1895), 16.
25　Jost (1895), 16-17.
26　Jost (1895), 27-29.
27　Haeckel (1904).
28　Roelcke (2005), 24; Benzenhöfer (2009), 85-86; Haeckel (1904), 134-135.
29　Gerkan (1913) ; Benzenhöfer (2009), 86-88.
30　Dörner (2002).
31　Binding / Hoche (1920).
32　Binding / Hoche (1920), 13-17; Roelcke (2005), 15-16.
33　Binding / Hoche (1920), 29-34; Roelcke (2005), 16-17.
34　Binding / Hoche (1920), 36-38; Roelcke (2005), 17.
35　Binding / Hoche (1920), 37 ; Roelcke (2005), 17.
36　Binding / Hoche (1920), 45; Roelcke (2005), 17.
37　Binding / Hoche (1920), 51f ; Roelcke (2005), 17-18.
38　Binding / Hoche (1920), 55f ; Roelkce (2005), 19.
39　Gaup (1920).
40　Kihn (1932).
41　アドルフ・ヒトラーが『わが闘争』を執筆する際に人種衛生学を勉強するのに読み込んだ『人類遺伝学・人種衛生学概説』（一九二一年）をエルヴィーン・バウアーとオイゲン・フィッシャーとともに執筆したフリッツ・レンツは、一九二三年にドイツで最初の人種衛生学講座の教授となった。彼は、「人種衛生学にとって安楽死は大きな意味は持たない。なぜならば安楽死の対象となるのは、そもそも生殖できないからである。むしろここで問題となるのは、人道的なものである。出来損ないの子どもに対する古代スパルタの扱いでさえ、今日『同情』の名で行われている最も不幸な子どもの養育と比べればよほど人道的である」としている。Vgl. Lenz (1921), 132.

42 Vgl. Lenz (1921), 125-132; Luxenburger (1931); Weingart / Kroll / Bayertz (1992), 526.

43 Roelcke / Hohendorf / Rotzoll (1998).

44 Meltzer (1925).

45 Roelcke (2005), 29.

46 ドイツ国を構成する行政単位。プロイセンのほかに、バイエルンやザクセン、ハンザ都市のハンブルクなどがある。

47 Mitscherlich / Mielke (2001), 237.

48 Schmuhl (1993); Schmiedebach (2011).

49 この殺害については、Rieß (1996) を参照。

50 Faulstich (2000).

51 「子ども安楽死」の概観については、クレー（一九九九）第三章および第八章; Schmuhl (1987), 182-189; Topp (2004) などを、個別の事例については、Beddies / Hübener (2004); Benzenhöfer (2019) などを参照。さらに、「子ども安楽死」について長く研究してきた医学史研究者のウド・ベンツェンヘーファーによる詳細な研究が二〇二〇年に出版された。残念ながらこの研究は本節に反映させることができなかった［Vgl. Benzenhöfer (2020)］。

52 このライプツィヒ市の事件は、従来は「Kind K.」（子どもK）の事件といわれていた。これは、一九四六年のニュルンベルク医師裁判でなされたナチス側の医師たちの証言が根拠になっていた。しかし、近年の研究で、この子どもの本名や、カーテルを訪れた人との続柄の特定は難しいことが明らかになっている。ただし、実際にこうした事件があり、それが「安楽死」作戦への何らかの契機となったのではないかと考えられている。Benzenhöfer (2019), S. 24ff. およびドイツ語版ウィキペディアの Kinder-Euthanasie の „Der Fall Kinder K.“ の項も参照。https://de.wikipedia.org/wiki/Kinder-Euthanasie#cite_note-Benzenh%C3%B6fer_Richtigstellung-8（最終閲覧日二〇二一年三月七日）。

53 Schmidt (2009), 180.

54 総統官房は、ナチ党の組織で、特に総統ヒトラー彼個人や、ナチ党党首としての彼に向けられた嘆願や請願を処理するために一九三四年に設置された。三八年頃には五つの局に分かれていて、そのなかの第Ⅱ局（Amt II）が党に関わることを担当し、同局に所属するb課（Amt II b）が「子ども安楽死」を担当した。

55 Benzenhöfer (2019), 26; この三人の鑑定医については、Beddies (2003); Petersen / Zankel (2003); Benzenhöfer (2019) をそれぞれ参照。

56 Topp (2004), 21-22; クレー（一九九九）、九四－九五頁。

57 Benzenhöfer (2019), 27.

58 Benzenhöfer (2019), 27.

59 Schmuhl (1987), 187.

60 Beddies (2009), 521.

61 Schmuhl (1987), 183; Benzenhöfer (2019), 26-27.

62 ゲルデン精神病院と「子ども安楽死」については、以下の研究を参照。Benzenhöfer (2019) ; Beddies (2002) ; Beddies (2009) ; Topp (2004), 38-42.

63 Hohendorf / Rotzoll (2004), 138; Rotzoll / Hohendorf (2012).

64 Hohendorf / Rotzoll (2004).

65 クレー（一九九九）、四〇七頁から引用。

66 Hohendorf / Rotzoll (2004), 136-141.

67 Hohendorf / Rotzoll (2004), 141.

68 Walter (2001).

69 Topp (2004), 50-52; Dahl (2002) ; Rotzoll /Hohendorf (2012) ; Schmuhl (2000).「安楽死」と医学研究・精神医学の改革との結びつきについては、医学史研究者ゲッツ・アリーが一九八五年という早い時期から指摘しているが〔Aly (1985)〕、二一世紀に入ってもなお研究が続いている領域である。

70 Czech (2018) ; シェファー（二〇一九）。

71 Rotzoll / Hohendorf (2012).

72 Vgl. Dörner (1989).

73 Schmuhl (1987), 191. 成人を対象とする殺害については、当初、強制断種のときのように、「安楽死法」を作って実行することも考えられ、一九三九年から四〇年夏頃にかけて、総統官房第Ⅱ局のヘーフェルマンをはじめとする官房の官僚や帝国内務省第Ⅳ局のリンデンらによって実際に法案が作られた。作成に際しては、「子ども安楽死」でも中心にいたハンス・ハインツェをはじめとする多くの精神科医が専門家として関わった。しかし、最終的には四〇年秋にヒトラーが、法律の発布自体が敵国のプロパガンダに利用されることを懸念して、法律制定に反対したため、法律に基づく殺害は見送られた。法案作成からヒトラーの反対までの経緯については、Benzenhöfer (2017) で詳しく検討されている。

74 クレー（一九九九）、二一四－二一五頁 ; Schmuhl (1987), 193-195.

75 クレー（一九九九）、二一四－二一五頁 ; Schmuhl (1987), 193-195.

76 クルト・ポーリッシュとフリードリヒ・パンゼについては、Heyll (1997) を参照。

77 Schmuhl (1987), 192.

78 Schmuhl (1987), 197.

79 Fuchs (2007), 60-61.

80 Schmuhl (1987), 198f; Rauh (2010), 300.

81 Fuchs (2007), 64-66.

82 Fuchs (2007), 62-65.

83 Schmuhl (1987), 202.

84 Kaminsky (1995), 342-344.

85 Schmuhl (1987), 206f.

86 Hirschinger (2001), 181.

87 Friedlander (1995), 270-283; Schmuhl (1987), 200.

88 Vgl. Friedlander (1995), 270-283; Kaminsky (1995), 400-407; Walter (1996), 704-713; Hinz-Wessels (2002).

89 Friedlander (2008), 189.

90 Friedlander (2008), 190.

91 Friedlander (2008), 191.

92 Schmuhl (1987), 208-210; Süß (2004), 104.

93 クレー（一九九九）、三三一頁。

94 Rauh (2010b), 70-73.

95 Mitscherlich / Mielke (2001), 253.

96 Schmuhl (2013).「安楽死」に対する医師などの批判的言動を、どのように評価するのかについては、Schmuhl (2016) を参照。

97 Süß (2004), 105-106.

98 Abschrift der Predigt des Bischofs von Galen (Teil).

99 Süß (2004).

100 Süß (2003), 127-151.

101 Süß (2003), 127-151.

102 ブラント作戦については、Schmidt (2009), 324-327. Süß (2003), 282-310.

103 Schmuhl (1987), 220.

104 Kaminsky (1995), 423.

105 Kaminsky (2008), 276 u. 283ff; Sandner (2003), 511; Schmuhl (2011), 231ff; Sparing (2018), 58f, hier bes. Fussnote 108.

106 Faulstich (1998).

107 Süß (2003), 319-349.

108 Sparing (2018), 57.

109 Sparing (2018), 51-52.

110 Sparing (2018), 52-55.

111 Sparing (2018), 57.

112 Sparing (2018), 58.

113 Griese / Sparing (2001), 227-228.

114 Griese / Sparing (2001), 228-229.

115 フリードリヒ（二〇一一）; Hüttenberger (1989), 633ff.

116 主に Süß (2003), 327-339; Griese / Sparing (2001) を参照。

117 Süß (2003), 328.

118 Süß (2003), 329.

119 Süß (2003), 331-332; Kaminsky (1995), 437.

120 Süß (2003), 333.

121 Süß (2003), 333.

122 Süß (2003), 334.

123 Griese / Sparing (2001), 230-231.

124 Griese / Sparing (2001), 232.

125 Süß (2003), 335; Griese / Sparing (2001), 232-236.

126 Süß (2003), 335-336; Griese / Sparing (2001), 236-237.

127 Süß (2003), 336-337; Griese / Sparing (2001), 238-240.

128 Griese / Sparing (2001), 238-239.

129 Süß (2003), 337-339.

130 Thom (1991), 203.

131　Markwart (2018), 124.

132　Süß (2003), 349; Markwart (2018), 124.

133　Krumpolt (2016), 67; Markwart (2018), 122.

134　ハルトハイム殺害精神病院に残されていた統計（ハルトハイム統計）による。Klee (1985), 232-233.

135　Krumpolt (2016), 69.

136　Süß (2003), 339f. und Tab. E.11.

137　Krumpolt (2016), 70-71.

138　Krumpolt (2016), 71.

139　Krumpolt (2016), 71.

140　Süß (2003), 343-344, besonders Fußnote 157; Krumpolt (2016), 73-74.

141　Krumpolt (2016), 76-77.

142　Süß (2003), 344.

143　Süß (2003), 345.

144　Süß (2003), 345. ただし、ザクセンにおける「安楽死」を長年研究しているボリス・ベームは、グロースシュヴァイトニッツ精神病院院長のシュルツは戦後になって、T４作戦停止後すぐに、ニチェとザクセン内務省民族保護課長のフェルンホルツに、薬物による殺害について問い合わせたが、このとき、両者とも殺害について否定しなかったため、同病院ではT４作戦以前から行っていた薬物による殺害を続けたと証言していることを紹介している。この場合、一九四三年八月のザクセン内務省による権限付与は、薬物による殺害がすでに行われていた現状を、同省が追認したと考えることもできる。Vgl. Böhm (2001), 83-84.

145　Süß (2003), 346.

146　Krumpolt (2016), 74.

147　Krumpolt (2016), 75-78.

148　Krumpolt (2016), 79.

149　Vgl. Süß (2003), 348-350.

150　第一次世界大戦末期の精神病院における餓死については、Faulstich (1998), 25-68を参照。

151　Faulstich (1998), 652.

152　Faulstich (1998), 652.

153　Faulstich (2003).

154　Sparing (2013), 125.

155　Sparing (2013), 116-117.

156　Faulstich (2003), 24-25.

157　旧西ドイツにおける精神病院の状況と一九七五年以降の精神病院改革については、以下の文献が詳しい。Kersting (2003) ; Sparing (2018) ; Zu Nieden / Korecky (2018) ; Söhner / Fangerau / Becker (2018).「精神病院アンケート」の結果は、ドイツ連邦議会の資料として出版され、インターネット上で公開されている。Deutscher Bundestag (1975a) ; Deutscher Bundestag (1975b).

158　Vgl. Wildt (2019).

第三章

「安楽死」の犠牲者

バイエルン地方のある精神病院の事例から

中野智世

はじめに

一九二四年一月二一日、ヨハン・D（図表3-1）は、ドイツ南部・バイエルン地方の小さな町の職人の家に六人兄弟の三番目の子として生まれた。[1] 小さい頃に麻疹（はしか）が原因と思われる脳炎にかかり、その後遺症でチック症による不随意運動があり、「落ち着きがなく」「少しの間しか集中できず」「いつも目立ってしまう」子だったという。ヨハンが一〇歳になる頃、家族はヨハンをあちこちの病院や施設に連れていき、地元の学校に通わせようともしたが、ヨハンは静かに座っていることができず授業の邪魔になるという理由で長続きしなかった。その後、ヨハンが通うことになったカトリック系の補助学校のシスターは、当時のヨハンについて次のように記している。「学校や教会で神経質にしゃっくりをしたり突然に声を出したり騒いだりするので、他の子どもの邪魔になっています」。他方で、「ここ〔補助学校〕の教育にはすぐになじみ、ここにいたいと繰り返し言っていました。面白い話をしているときにはいつも飛んできましたし、絵解きや早口言葉などは一番のお気に入りでした。でも、遊びや何かをするときには一人でやることを好みました」。また、ヨハンを診察した医師のカルテには次のようなヨハン自身の言葉が記されている。「今度こそ僕は良くなり

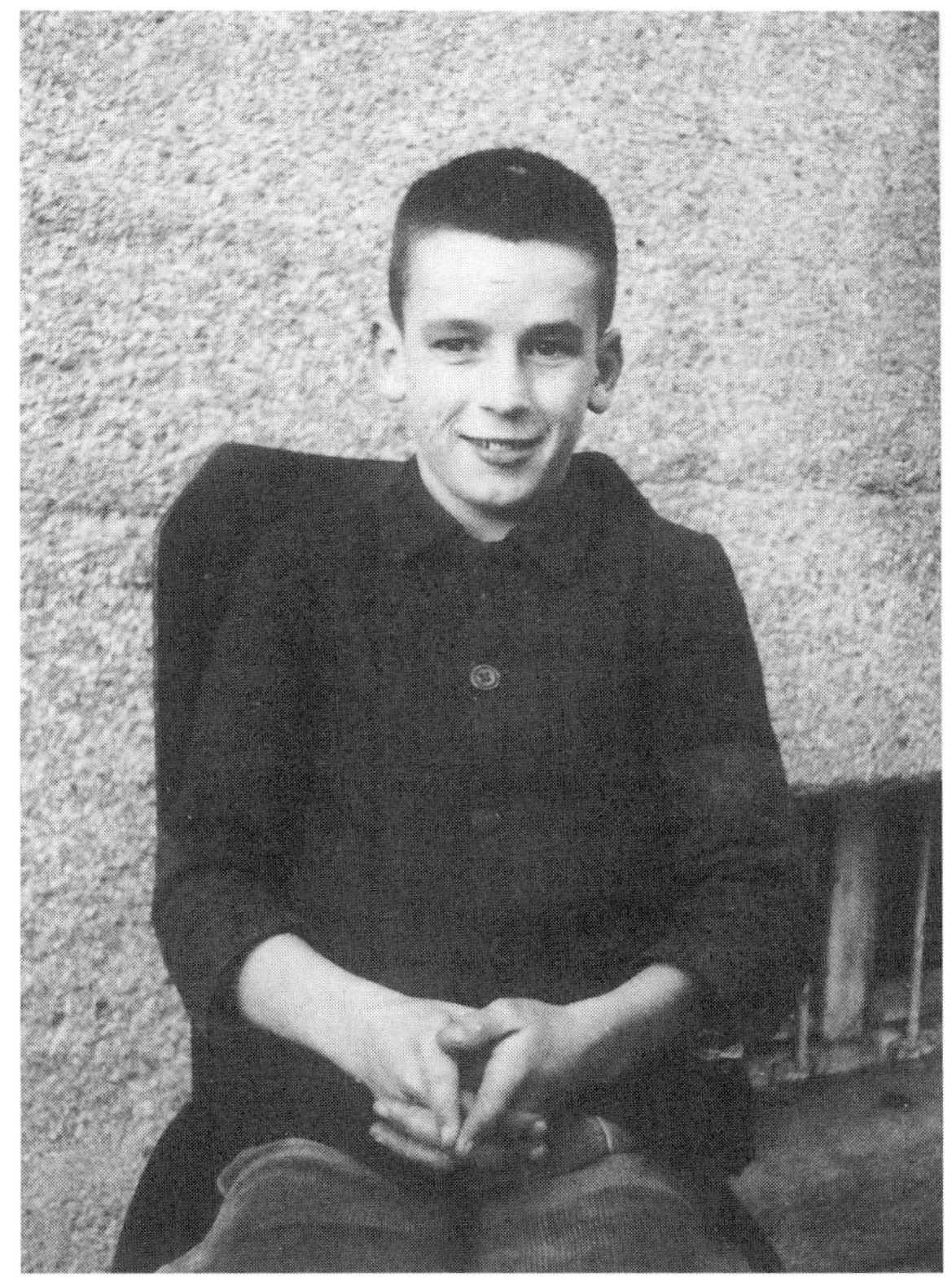

図表３－１　ヨハン・D.　出典：Kipfelsperger (2011), 120.

たいんだ。このままでいいはずがない。このあいだも五分はうまくいった。でもそのあとはまたダメだった」。

一九三六年、父親は一二歳になったヨハンの就学免除を申請し、その理由を次のように述べている。「この子はひどく神経を患っており学校の授業の邪魔になります。一九三四年四月からいくつもの施設に預けましたが、症状が目に見えて良くなることはありませんでした。ですから私はこの子を家において、医者の勧めに従って毎日いろいろな水治療法を試してみるつもりです。精神的にはこの子は完全に正常です」。

翌一九三七年の九月、ヨハンは当時のバイエルンで最も大きな精神病院であるエグルフィング-ハール精神病院（Heil-und Pflegeanstalt Eglfing-Haar. ミュンヒェン近郊）の小児病棟に一時的に入院した後、三九年、同病院からの紹介でカトリック女子修道会の運営するシェーンブルン障害者施設（Assoziationsanstalt Schönbrunn）に入所した。四〇年九月一日、一六歳のヨハンについて施設の担当医が記入した調査用紙によると、ヨハンの施設内での教育は「成果が上がって」おり、いずれ「退所も可能」であるとされていた。両親や兄弟も面会に訪れており、特に少し年上の従姉はヨハンの音楽の才能と手先の器用さを伸ばそうとして定期的に会いに来ていたという。こうした所見にもかかわらず、それから半年後の四一年三月二〇日、ヨハンは当地の福祉事務所の指示によってエグルフィング-ハール精神病院に再び入院し、その三カ月後、オーストリアのリンツ近郊にあるハルトハイムの「安楽死」殺害施設[2]に移送されて殺された。

ヨハンはＴ４作戦の犠牲者七万人のうちの一人である。本章では、ヨハンをはじめとする「安楽死」殺害の犠牲者とその家族に着目し、犠牲者の視点と彼らの置かれていた具体的な場の状況から「安楽死」の実態をとらえ直していく。犠牲となった人々はどのようにして当局の知るところとなり、いかなる状況下で、誰の判断によって「選別」され、殺害されるに至ったのだろうか。潜在的な犠牲者グループのうち、より危険に晒されていたのはどのような人々だったのか。現場でのプロセスと個々の犠牲者の運命をたどりながら

「安楽死」の実態に迫り、彼らの生死を分けたものは何だったのかを検討する。

事例として取り上げるのは、ヨハンの死の選別の場ともなったエグルフィング‐ハール精神病院とその病院で犠牲となった人々である。前章で見たように、「安楽死」による殺害の様相は地域や個々の病院ごとに大きく異なっていた。[3] エグルフィング‐ハール精神病院があったバイエルン地方は、当地の医療衛生当局を中心に「安楽死」が積極的に進められた地域で、なかでもT４医師の一人であったヘルマン・プファンミュラー[4]が院長を務める同院は、二〇〇〇人を越える患者を「安楽死」殺害施設に送り込み、T４作戦停止後も多くの患者を死に至らしめた。同院の「安楽死」殺害については、第二次世界大戦終結後にバイエルンを占領したアメリカ軍の委託により戦後すぐに実態調査が行われ、「安楽死」を生き延びた患者やその家族、介助人へのインタビュー記録などが残されているほか、近年ではミュンヒェン市を中心とする犠牲者の記録・記憶の掘り起こしやカルテの体系的分析が進んでいる。[5] 本章では、こうして明らかになってきた知見に依拠しつつ、「安楽死」の実態に迫りたい。

以下では、まずナチ体制下のエグルフィング‐ハール精神病院における「安楽死」殺害全体を概観し、次にさまざまな「安楽死」の犠牲者集団と家族の対応について考察する。最後に、三名の犠牲者のパーソナルヒストリーを手がかりに、「安楽死」犠牲者一人ひとりの姿を具体的に明らかにする。

1　エグルフィング - ハール精神病院

「安楽死」の犠牲となった人々の多くには共通項がある。それは、一時的であれ、長期にわたってであれ、病院や施設という家庭外の集団的ケアのもとに置かれ、医師や看護師、介助人といった専門職の保護と監視下で日常生活を送っていたということである。「安楽死」の対象となった患者の選別や殺害そのものも、そうしたある種閉鎖的な空間のなかで行われた。本来なら治療や療養の場、あるいは終の棲家であったはずの病院や施設は、なぜ、どのようにして殺害の場となっていったのだろうか。以下では、そのプロセスをエグルフィング - ハール精神病院に即して見ていこう。

精神病院という生活空間

精神疾患の治療を目的とした医療施設がドイツで設立されるようになるのは、一九世紀も半ばを過ぎた頃のことである。[6]それ以前の時代、家族や地域社会からこぼれ落ちた精神疾患の患者は、「狂人」として貧民や孤児とともに救貧院や監治院（監獄の一種）に、あるいは、一九世紀初頭に設置され始めた「癲狂院（てんきょういん）」に収容されていた。これらの施設の目的は「狂人」の隔離であり、そこでの劣悪な処遇は次第に批判に晒されるようになっていく。単なる「閉じ込め」ではなく、医師のもとでの治療を目指す施設として登場したのが、ドイツ語では「治療と療養のための施設 Heil- und Pflegeanstalt」と称されたいわゆる精神病院であった。以

図表３－２　エグルフィング精神病院（1920年頃）。出典：NS-Dokumentationszenturm München (2018), 63.

来一九世紀後半から第一次世界大戦までの間、他の工業国家と同様にドイツでも精神病院の建築ブームが到来する。エグルフィング - ハール精神病院も、こうしたなかで設立された公立病院の一つであった。

一九〇五年、ミュンヒェンの東の郊外にまずエグルフィング病院が、次いで一二年にはその向かいにハール病院が設立され、三一年に両者が合併したものがエグルフィング - ハール精神病院である。[7] 二〇世紀初頭、約二五七ヘクタールの広大な敷地に潤沢な資金で設立されたエグルフィング病院は、近代的インフラ設備を備え、緑豊かな敷地に二〇余りの病棟を配置して患者を分散収容する当時最新のパヴィリオン方式を採用し、「不幸な精神病患者のための施設とは思えない郊外の新しい別荘地」とも称されていた。[8] 同院はバイエルン地方の中心都市であるミュンヒェンからの鉄道のアクセスがよく、市内の診療所や大学病院の紹介による入院患者が大多数を占めていた。三一年のハール病院との合併時点での入院患者数は二八四一人で、当時バイエルンにあった一三の精神病院のなかでも最も病床数の多い大規模病院であった[9]（図表3-2）。

当時の精神疾患に対する治療は、一九三〇年代半ばにインシュリン・ショック療法、電気ショック療法などが「治療法」として導入されるまでもっぱら対処療法に限られており、その中心は患者を落ち着かせるための温水浴や投薬、身体拘束などであった。二〇〇〇人を越える患者に対して医師は約二〇名、看護婦は一七名程度と少ないものの、患者の日常生活におけるケアを担当する介助人（当時は看守と呼ばれた）として約四七〇名（男性二〇〇名、女性二七〇名）が従事していた[10]。

また、当時の精神病院では、医学的な治療と並んで規則正しい生活や適度な運動、労働作業などが症状の安定と社会生活への適応を促進する「治療」として重視されていた。エグルフィング-ハール病院でも病院内のさまざまな労働作業が患者に割り当てられており、女性患者は病院内の洗濯場や給食所での作業や手仕事、男性患者のうち軽症者は敷地内の農場での農作業や手工業、重症者は簡単な軽作業にと、症状に応じて男女とも八割以上の患者が何らかの労働作業に従事していた。ことに敷地の四分の三を占める農地では自家消費用のジャガイモや穀物類が生産され、作業療法の場であると同時に病院の経営を支えるものともなっていた[11]。患者と従事者を合わせて三〇〇〇人を超す人々がともに生活するエグルフィング-ハールは、単なる病院というよりはいわば小さな村ほどの規模であり、労働と生活の共同体でもあったといえる。

むろん患者にとっての精神病院は一般社会から隔絶したコロニーであり、自由が剥奪される場であった。患者は医師や「看守」の監視・管理下にあり、施設内には「問題行動」のある患者用の「特別病棟[12]」も存在した。患者と外界とのコンタクトは監視され、家族との面会にも医師の同意が必要で、退院も医師や家族の同意がなければ事実上不可能であった[13]。それでもエグルフィング-ハール精神病院は、戦間期の一時期を除き、ほぼ一貫して患者超過の状態が続いていた。都市部では「入院を必要とする患者」が多かったことに加え、同院はバイエルン地方の精神医療を牽引する専門病院と見なされており、院内の設備や処遇も当時の水準からすれば比較的恵まれていたこともその理由であったと考えられる。また、後段で見るように、エグルフィング - ハールの「安楽死」犠牲者に相対的に上層家庭出身者が多いのも、同院の治療に対する家族の期待があったからだといえよう。

「安楽死」前夜の精神病院

「バイエルンで一番の専門病院」という地元の評判にもかかわらず、エグルフィング - ハール精神病院はすでに一九三三年のナチの政権獲得以前から、患者にとって次第に危険な場となりつつあった。バイエルン州の福祉予算は一九二〇年代から削減されつつあり、同院でも経営効率化のための人員削減や従事者の労働条件の切り下げを余儀なくされていた。エグルフィングとハールという隣接する二つの病院の合併も、そもそもは経費節約が目的であった。合併後の三二年になると、緊縮財政下のバイエルンでは入院患者一人当たりの措置費が徐々に引き下げられた。同院の入院患者はその八割が公費負担による患者であったため、措置費の減額は病院の経営を直撃した。患者の食費・生活費は年々引き下げられ、医師や介助人に欠員が出ても人員の補充はなされず、治療や投薬の回数も減り、病院内の処遇は徐々に悪化した。[14]

ナチ時代に入ると、同院の状況はますます深刻なものとなっていく。ナチ時代は全国的に見ても精神病院の患者数が急増した時期であったが、[15]エグルフィング - ハール精神病院でも三三年に二八二八人だった総患者数は三九年には三六〇六人に上り、四三年には四四五〇人と過去最多を記録した。[16]しかも、病者や障害者を「共同体の重荷」と見なすナチ体制下で、「価値の低いもの」に回される資源は削減される一方であった。三五年には措置費がさらに引き下げられ、病院経営はいっそう厳しさを増した。院内の必要物資は暖房用の薪に至るまですでにその多くが自家生産・製造されていたが、当時の病院長フリッツ・アストはますます多くの患者を労働に動員し、労働の強度を引き上げた。作業療法はもはや治療のためではなく、純然たる病院経営のためになっていった[17]。

さらに、エグルフィング‐ハール精神病院は、ナチの優生学的プロパガンダの活用の場にもなっていた。当時、党の人種政策局は、「遺伝病患者」（一九三六年）をはじめとするプロパガンダ目的の映像作品を多数作成し、「生きる価値なき」病者・障害者の姿をフリーク・ショー[18]さながらに醜悪に描き出していた。エグルフィング‐ハール精神病院では、一九三四年から「遺伝生物学的見学コース」が定期的に開催され、重症患者の姿が「優生学的危機」を示す「生きた事例」として見学者に公開された。このコースには、四五年までの間に二万人を越える人々が参加している[19]。

こうした侮蔑的視線に加え、同院の患者は身体への直接的介入にも晒されていた。一九三三年に断種法（＝遺伝病子孫予防法）が制定されると、入院患者の多くは強制断種手術の対象となった。先述の院長アストはミュンヒェンの遺伝健康裁判所の陪席裁判官として多くの強制断種に関わった人物で、断種法施行後すぐに同院の患者の約三〇％を該当者としてリストアップしている。翌年三月にエグルフィング‐ハール精神病院が断種手術指定機関として認可を受けると、その年のうちにすでに一五〇件の手術が行われた。その後、四三年までの間に男性九六一名、女性七四二名の計一七〇三名（一部、他の病院から委託された入院患者も含む）が院内で断種手術を受けている[20]。

このように、すでに「安楽死」開始以前からエグルフィング‐ハール精神病院は患者の生と尊厳を脅かす場となりつつあった。とはいえ、同院は治療機関であることを放棄したわけではなかった。ナチ体制下、精神医学全般に厳しい目が注がれその正当性が揺らぐなかで、医師たちは治療の成果を証明すべく新たな治療法に熱心に取り組んでいた。第二次世界大戦開始後もすぐには戦火の及ばなかったバイエルンに位置する同院は、精神医療が最後まで行われ続けた数少ない精神病院の一つでもあったのである。

そして、大戦勃発を翌年に控えた一九三八年、一〇年間院長を務めたアストの後継者としてプファンミュラーがエグルフィング - ハール精神病院の院長に就任した。ナチ党員で人種主義と優生学の信奉者であったプファンミュラーは、同院の「安楽死」殺害に決定的な役割を果した。三九年一一月、彼は病院の組織・財政に関する報告の際に次のような見解を述べている。

私は確信的な国民社会主義の立場に立つ病院長として［…］、病院の経営状況を好転させるのにふさわしい真の経費削減策を提示することが自身の義務であると考えております。医師たるわれわれは、今こそ率直にはっきりと以下のように指摘することが妥当でありましょう。すなわち生きる価値のない生命の医療的ケアに関して、選別除外（Ausmerze）という最終結論が導き出されるのは必然であるということを。ここで問題になっているのは、見かけが人間であるだけで人間社会のなかに適応させようにもまったく役に立たず、その病によって自らとその家族や周囲までにも苦しみと重荷となるような憐れむべき病人、今や厳密に排除されねばならない人々なのであります。[21]

このように、経費削減の手段として患者の排除を公然と主張する院長のもとで、ヨハンをはじめとする患者の運命も決定されていくことになる。

2　「安楽死」の展開と犠牲者の経験

T4作戦

一九四〇年一月一八日、エグルフィング‐ハール精神病院からヴュルテンベルク地方のグラーフェネック「安楽死」殺害施設に向けて二五名の男性患者が移送された。グラーフェネックはT４作戦において最初に稼働した殺害施設であり、この日、これらの人々は完成したばかりの殺害施設で「試験的に」殺害された。これが、以後七万人が犠牲となるT４作戦の始まりである。T４作戦の最初の犠牲者がエグルフィング‐ハール精神病院の患者であったことはもちろん偶然ではない。T４鑑定医の一人であった院長プファンミュラーが、いち早く自身の病院の患者を「提供」したためである。同院にT４作戦の調査用紙が届いたのは、バイエルン州の他の精神病院より半年以上前の三九年一〇月で、その後、彼は直ちに患者の「選別」に取りかかり、その当時の入院患者二九〇七人のうちの一一一九人、三八・五％にあたる人々をリストアップした。そして早くも翌年の一月に、最初の犠牲者が「安楽死」殺害施設に送り込まれたのである。[22]

その後、T４作戦が停止される一九四一年八月末までの間に、同院からは計二〇回にわたってグラーフェネックおよびハルトハイムの「安楽死」殺害施設への移送が行われ、移送された人々の数は二〇一八人[23]に上った（図表3‐3）。このうちもともとエグルフィング‐ハールに入院していた患者は九〇二人で、それ以外の人々はオーバーバイエルン（ミュンヒェンを中心とするバイエルン南部）内の民間の病院や施設からエグルフ

図表３－３　エグルフィング‐ハール精神病院からT4「安楽死」殺害施設への患者移送

移送日	移送人数	男性	女性	性別不明	備考
1940. 1. 18	25	25			グラーフェネックへの移送
1940. 1. 20	22		22		グラーフェネックへの移送
1940. 2. 6	47		47		以下はすべてハルトハイムへの移送
1940. 5. 10	70	70			
1940. 8. 30	149	149			うち32名は施設クリンゲンミュンスターの患者
1940. 9. 3	121		121		
1940. 9. 20	191			191	ユダヤ系患者の移送。うち、エグルフィング‐ハールの患者は32名
1940. 9. 23	12		12		結核患者
1940.10. 3	186	85	101		うち11名はクリンゲンミュンスターの患者
1940.10. 11	78	78			施設アトゥルの患者
1940.10. 24	121	121			
1940.11. 15	140	57	83		
1940.11. 28	13	13			
1940.12. 2	16		16		ほとんどが結核とチフス患者
1941. 1. 17	149	70	79		施設ガーバーゼーの患者
1941. 1. 24	140	70	70		
1941. 2. 25	133	67	66		
1941. 4. 25	134	37	97		
1941. 4. 29	136	59	77		
1941. 6. 20	135	75	60		
合計	2018	976	851	191	

注：依拠した史料や統計の検証方法などによって数字の異同があり、上記の犠牲者総数2018人に対して2025人とする文献もある。Richarz (1987), 155 ; Stockdreher (2012), 347.
出典：NS-Dokumentationszenturm München (2018), 85をもとに筆者作成。

イング‐ハールに転院させられた後、「安楽死」殺害施設に移送された人々である。バイエルン州では州内務省保健局長のヴァルター・シュルツによって域内のすべての病院・施設に「患者移送」への準備が指示されており、民間病院は、特に公費の患者を公立病院に転院させるよう指示されていた。エグルフィング‐ハールは、こうして他の病院から集められた患者を「安楽死」殺害施設へと送り出す中継精神病院でもあった。[24] 民間のシェーンブルン障害者施設からエグルフィング-ハールに転院し、四一年六月二〇日、同院からの最後の移送でハルトハイムに送られたヨハンも、そうしたルートで殺害施設へと送られた一人であった。

それでは、何千といる患者のなかから、ヨハンはどのようにして「選ばれ」たのだろうか。すでに前章でも見たように、T４作戦の「選別」の基準となったのはA４サイズのたった一枚の調査用紙であった。ただし、すべての患者が自動的に調査の対象となったわけではない。帝国内務省からの送付書には、この調査が必要なのは以下の要件のいずれかに当てはまる者のみとされていた[25]。すなわち、

一　以下に挙げる疾病に罹患して入院・入所し、労働不能、あるいは軽度の機械的作業（糸ほぐし等）にしか従事できない者。

精神分裂病、てんかん（外因性、戦争障害その他の理由を挙げること）、老人性痴呆、治療不可能な麻痺および梅毒、あらゆる原因による精神薄弱、脳炎、ハンチントン病、神経疾患の最終段階、あるいは、

二　少なくとも五年以上継続的に入院・入所している者、あるいは、

三　犯罪的精神病者で素行不良の者、あるいは、

四　ドイツ国籍を保有しないか、ドイツあるいは同種の人種ではない者。

ここに明らかなように、調査対象となる基準は診断名だけではなく、それに起因する労働能力の有無、長期入院者か否か、素行、そして人種であった。ことに項目の一は、T４作戦本部が当時の精神病院の現状を踏まえており、病院運営の「負担」となっている患者のみをターゲットとしていることがうかがえる。たと

え同じ病気に罹患していても、病院内で不可欠な労働を担っている者は始めから調査対象にならなかった。

調査用紙には一九四〇年の五月まで用いられた初版、四〇年一二月まで用いられた第二版、四一年以降に配布された第三版の三種類がある。質問項目は患者個人と家族に関するもの、病状に関するもの、労働能力を尋ねるものに分けられ、版を重ねるごとに項目が増え、記入欄も多くなった。個人と家族に関しては、名前や生年月日、国籍、人種、犯罪歴、家族が定期的に面会に訪れるかどうか、公費負担か否かといった質問が、病状については、診断名のほかに、「ほとんど寝たきりか」「大変騒がしいか」「特別病棟に収容されているか」「身体的に治療不能か」「戦争障害者か」といった質問が並んでいる。また、病名に応じて、「精神分裂病」であれば「発症直後—最終段階—寛解」、「精神薄弱」であれば「軽愚—痴愚—白痴」、てんかんの場合には「心理的変化」の有無や「平均的な発作の回数」、「老人性痴呆」の場合には「重度の錯乱」「不潔」といった項目が選択式で問われている。労働能力については、初版では従事している作業を記す記入欄が三行あるのみであったが、次第に細かくその内容や労働能力を問うようになり、四一年以降に用いられた第三版では、健常者を一〇〇とした場合の当該患者の労働能力をパーセント値で記入させるようになった。[26]

ここでも、患者の病状だけでなく家族との関係、労働能力、病院内での様子などが「選別」の判断基準として調査対象になっていることがわかる。また、二回の修正による改訂を通して質問項目が次第に修正・拡充されるなかで、調査の比重は医学的診断よりも患者の経済的有用性の把握に置かれるようになっていった。[27]

ヨハンについては二つの調査用紙が残されている。一つ目は一九四〇年九月一日付のシェーンブルン障害者施設で記入されたもの、もう一つはその翌年四一年の五月一〇日付のエグルフィング - ハール精神病院で記入されたものである。前者にはさしたる疾病や障害を示唆する記入はなく、本章の冒頭で見たように、施設の教育が効果を上げておりいずれ退所も可能であると記されている。[28]他方、後者においては、「しばしば落ち着きがなく、騒がしく、人々の邪魔になる」と書き込みがあり、さらに「大変騒がしいか」「特別病棟に収容されているか」「身体的に治療不能か」に「はい」のチェックがあった。また、労働能力については「まったく非生産的」で、病院内でも最も能力が低いと評価された患者にあてがわれる「紙袋張り」に従事し、退院の見込みも「なし」と記入されている。[29] 調査用紙の左下にある黒い太線枠のなかには、プファンミュラーによって赤のプラスの印が記入された。このように、病院にとって「役に立たない」患者と見なされたことがヨハンの運命を決めたのである（図表3-4）。

ヨハンのように移送候補者としてリストアップされた人々には、その後、どのような運命が待っていたのだろうか。以下では、ハルトハイム「安楽死」殺害施設への移送のプロセスを追っていこう。

患者の移送命令[30]は、移送予定日の二週間前、バイエルンの州内務省から病院に伝えられた。移送命令は、この移送が「帝国国防全権委員の命令」によるものであるとし、移送前に病院側が行う準備について詳細に指示を与えている。事前に患者の衣服や所持品をまとめておくこと、カルテと診療記録の引き渡し準備をしておくこと、「騒ぐ患者」が数時間の移送に耐えられるよう「適切な手段で」準備しておくこと、家族から問い合わせがあった際には、移送先の施設名は知らせず、移送先から後日連絡があるとだけ伝えること、などである。

移送日の二日前になると、移送対象の患者を担当する上級介助人に移送者リストが渡された。介助人は、移送される患者のカルテを取り分けるとともに、一人ひとりの所持品リストを作成し、衣服から現金、証明書類まですべてをリストアップした。後日、しばしば問題となった家族からの遺品の問い合わせに対応するためである。そして移送前日には、介助人が移送予定の患者一人ひとりの肩甲骨に、「取り間違えのないように」名前を記した絆創膏を貼りつけた。[31]

Meldebogen 1

7391 / 7

Ist mit Schreibmaschine auszufüllen!

Lfde. Nr.

Name der Anstalt:

in:

Vor- und Zuname des Patienten: D■■■ Johann geborene:

Geburtsdatum: 21.1.1924 Ort: ■■■ Kreis: ■■■

Letzter Wohnort: ■■■ Kreis:

ledig, verh., verw. od. gesch.: led. Konf.: kath. Rasse¹): Staatsang.: reichsdeutsch

Anschrift d. nächsten Angeh.: D■■■ J■■■ und R■■■

Regelmäßig Besuch und von wem (Anschrift):

Vormund oder Pfleger (Name, Anschrift):

Kostenträger: Landesfürsorgeverband Obb. Seit wann in dortiger Anst.: 20.3.41.

In anderen Anstalten gewesen, wo und wie lange: 20.9.37–19.5.39.

Seit wann krank: Woher und wann eingeliefert:

Zwilling ja/nein: nein Geisteskranke Blutsverwandte:

Diagnose:

Hauptsymptome:

Vorwiegend bettlägerig? ja/nein: nein sehr unruhig? ja/nein: ja in festem Haus? ja/nein: ja

Körperl. unheilb. Leiden: ja/nein: ja Kriegsbeschäd.: ja/nein: nein

Bei Schizophrenie: Frischfall — Endzustand — gut remittierend —

Bei Schwachsinn: debil — imbezill — Idiot —

Bei Epilepsie: psych. verändert — durchschnittliche Häufigkeit der Anfälle —

Bei senilen Erkrankungen: stärker verwirrt — unsauber —

Therapie (Insulin, Cardiazol, Malaria, Salvarsan usw.): — Dauererfolg: ja/nein —

Eingewiesen auf Grund § 51, § 42b StrGB. usw. — durch:

Delikt: Frühere Straftaten:

Art der Beschäftigung: (Genaueste Bezeichnung der Arbeit und der Arbeitsleistung, z. B. Feldarbeit, leistet nicht viel. — Schlosserei, guter Facharbeiter. — Keine unbestimmten Angaben, wie Hausarbeit, sondern eindeutige: Zimmerreinigung usw. Auch immer angeben, ob dauernd, häufig oder nur zeitweise beschäftigt.)

Ist mit Entlassung demnächst zu rechnen: nein

Bemerkungen:

Dieser Raum ist frei zu lassen.

Ort, Datum

Der Direktor der Heil- und Pflegeanstalt des Bezirksverbandes Oberbayern Eglfing-Haar

(Unterschrift des ärztlichen Leiters oder seines Vertreters)

¹) Deutschen oder artverwandten Blutes (deutschblütig), Jude, jüdischer Mischling I. oder II. Grades, Neger (Mischling), Zigeuner (-Mischling) usw.

図表３－４　ヨハンの調査用紙。出典：Kipfelsperger (2011), 126.

移送当日、患者たちは早朝三時に起こされ、コーヒーと携帯用の食糧を与えられた。動揺して「騒ぐ」患者には麻酔が打たれた。カバン一個までに制限された所持品を持った患者たちは、介助人に付き添われて、病院内に敷設された支線駅の急行列車に乗り込んだところで、「公益患者輸送有限会社」（本書第二章一二四頁以降参照）の職員に引き渡された。これら一切は、その日の担当医師の監督下で行われた。患者を乗せた車両はミュンヒェン東駅に向かい、そこで朝の七時ちょうどに出発するオーストリアのリンツ行の列車に連結された。ミュンヒェンから東へ二三〇キロ余り離れたリンツに到着すると、患者らは何台かのバスに分乗して一〇キロ離れたハルトハイム「安楽死」殺害施設へと送られた。同施設はルネサンス様式の古城を改修したもので、外界から完全に遮断された造りになっていた。患者たちは、城の中庭を通って写真室に連れていかれ、脱衣で写真を撮られた上、胸の上に番号を書き込まれた。その後、浴室を擬したガス室に詰め込まれて殺害されていった。[32]

その後、家族のもとには患者の突然の死を伝える「お悔やみの手紙」が届けられる。[33] 死因はもちろん、死亡日や場所も偽装されていた。また、ガスで殺害された遺体はその場ですぐに焼却されたため、遺灰を入れた灰壺だけが（送料は遺族の負担で）届けられた。ヨハンの場合、家族は役場からヨハンが赤痢で亡くなったとの知らせを受け取った。死亡証明書はなく、家族のもとには灰壺だけが届いたという。[34] このように、殺害の事実を家族に悟られないよう、さまざまな偽装工作が試みられた。しかし、手違いで別の家族のもとに遺灰が届けられるなど杜撰（ずさん）な手続きも少なくなく、後に見るように、家族の側からさまざまな抗議を呼び起こすこととなる。

エグルフィング‐ハール精神病院から移送されたＴ４作戦の犠牲者はどのような人々だったのだろうか。まず確認できるのは、長期入院患者が多く犠牲になったということである。元からエグルフィング‐ハールの入院患者であった九〇二人の犠牲者の平均入院年数は一〇・六年であった。また男女比を見ると、男性が五三％、女性が四七％となっている。犠牲者の診断名は「精神分裂病」が八割と圧倒的多数を占め、四・六％が進行性麻痺、四・四％が「精神薄弱」、四・三％がてんかんであった。[35]

犠牲者の労働能力については、母数は少ないものの、戦後すぐに行われた介助人へのアンケート調査がある。それによると、エグルフィング‐ハール精神病院の犠牲者のうち男性患者の三七％、女性患者の一〇％が労働可能と見なされていた。[36] T４作戦立案者の意図とは異なって、労働可能な患者も犠牲になっていたことがうかがえる。ここには、介助人にとって「良い患者」か「悪い患者」か、すなわち、「興奮しやすく」「反抗的」で「手のかかる」患者か、「従順」で「手のかからない」患者かどうかといった観点も関わっていた。先に見たように、エグルフィング‐ハール精神病院内には、特に集中的なケアの必要な患者を集めた「特別病棟」があったが、これら「騒がしい患者、犯罪的な患者の監視ステーション」、あるいは「不潔な患者、寝たきりの患者の監視ステーション」などからは多くの犠牲者が出ている。[37]

同院から移送され、T４作戦の犠牲となったこれら二〇〇〇人余りの人々について、院長プファンミュラーは戦後のニュルンベルク医師裁判で「反社会的で、まったく使い物にならない病人」と述べた。[38] また、移送に携わるナチ親衛隊員らが患者を「家畜のように」粗暴に扱ったという証言も数多く残されている。しかし実際には犠牲となった人々は決して「物言わぬ動物」ではなかった。肩甲骨に絆創膏を貼られることが何を意味するのか、即座に理解する犠牲者も少なくなかった。患者自身の声を伝える史料は多くはないが、例えばエグルフィング‐ハール病院付き神父は、後に次のような患者の言葉を伝えている。

> 神父様、私たちはついに絆創膏を貼られてしまいました。明日にはここから連れていかれてガスか何か

1

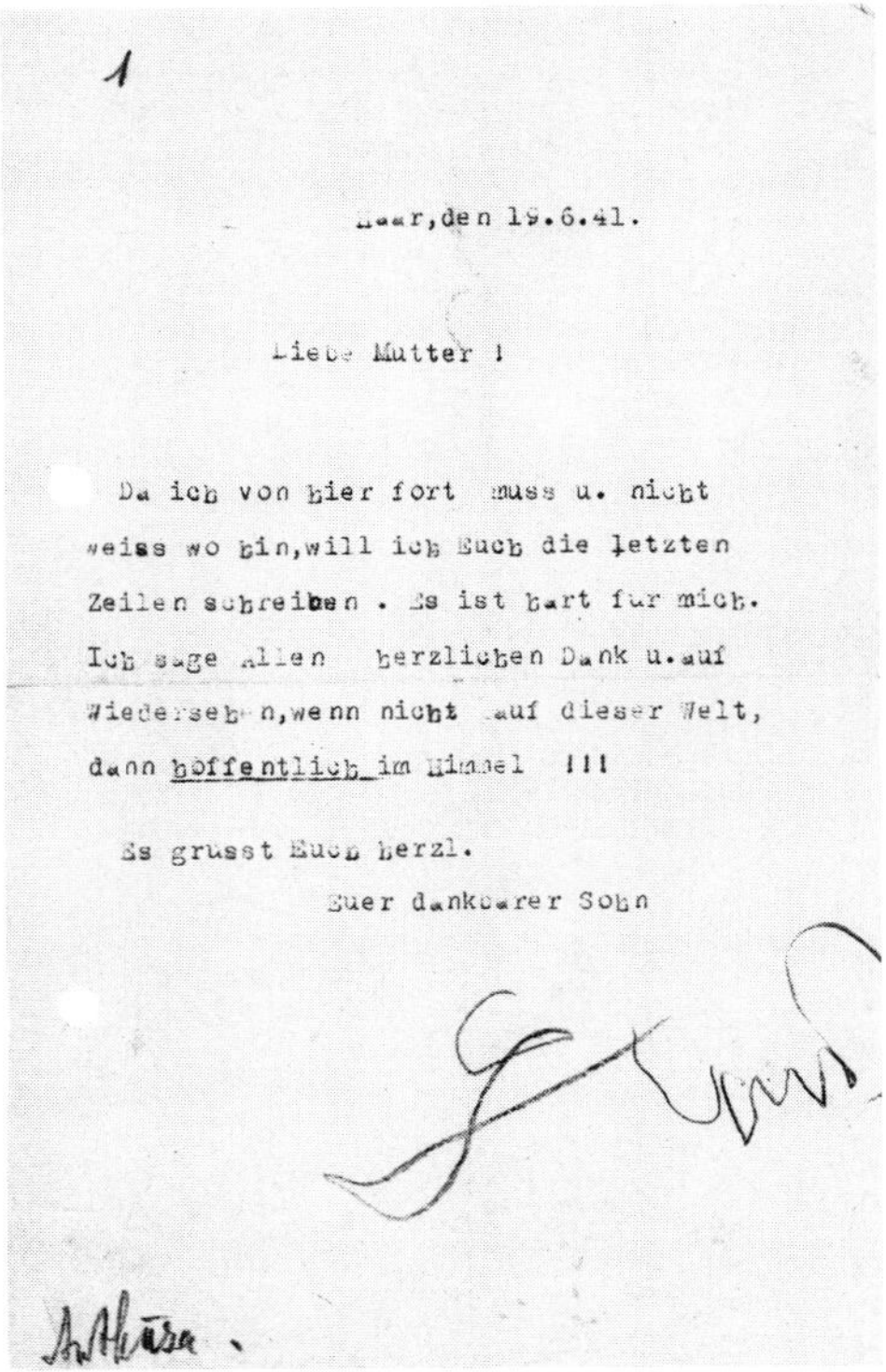

Haar,den 19.6.41.

Liebe Mutter !

Da ich von hier fort muss u. nicht weiss wo hin,will ich Euch die letzten Zeilen schreiben . Es ist hart fur mich. Ich sage Allen herzlichen Dank u.auf Wiedersehen,wenn nicht auf dieser Welt, dann hoffentlich im Himmel !!!

Es grusst Euch herzl.

Euer dankbarer Sohn

図表３－５　母親への手紙。出典：NS-Dokumentationszenturm München (2018), 97.

で殺されることはわかっています。神様はこんなことは望んでおられません[39]。

また、移送の前日、母親に次のような別れの手紙を書き送った患者もいる（図表３－５）。

親愛なるお母さん！

僕は、どこか知らないところに行くことになったので、最後の手紙を書きます。つらいです。今までのこと、全部にありがとう、そしてまた会いましょう、この世ではなかったら、せめて天国で！！！［強調は原文］

心より感謝をこめて、あなたの息子より[40]

「子ども安楽死」

エグルフィング－ハール精神病院はＴ４作戦におけるバイエルン地方の患者移送の拠点であっただけでな

く、全バイエルンにおける「子ども安楽死」の実施を委託された最初の病院でもあった[41]。T4作戦による同院からの患者移送開始から九カ月あまり、一九四〇年一〇月に同院内に「児童少年専門科」（本書第二章図表2-2参照）が設置されたのがその始まりである[42]。遠方の殺害施設への移送に協力するだけであったT4作戦とは異なり、「子ども安楽死」の場合には病院そのものが患者殺害の場となり、実際に手を下したのも現場の医師や看護婦であった。殺害の対象となったのは「帝国委員会」（「遺伝および体質的条件による重篤な障害・病気の科学的研究のための帝国委員会」、本書第二章一一六頁以降参照）によって「処置」（殺害を意味した）と判断された子どもであったが、プファンミュラーの指示のもと、「帝国委員会」からの報告を待たずに現場の判断で殺害が実行され、後から「処置」の決定を取りつけたケースもある[43]。「子ども安楽死」はT4作戦の停止後も続けられ、四五年五月までに同院では三三二人の児童が殺害された[44]。

T4作戦が基本的に精神病院の入院患者を対象とし、家族や親族のもとにいれば危険を免れ得たのに対し、「子ども安楽死」はそうではなかった。前章で見たように「白痴」や蒙古症、水頭症など特定の病気に罹患している子どもが発見された場合、その子どもは親元にあっても「帝国委員会」への報告事案となり、「処置」すべきかどうかの鑑定の対象となったためである。

例えば一九四〇年生まれのゲルハルトが「子ども安楽死」の犠牲となるまでの経緯は以下の通りであった[45]。ゲルハルトはたびたび痙攣（けいれん）の発作に見舞われたため、四二年の五月から六月にかけてミュンヒェン市内の病院で治療を受けた。医師はゲルハルトの様子を「完全なる白痴」として、父親からの手紙に下記のように回答している。

親愛なるG氏へ［…］ご子息についてあらゆる検査を行った結果、脳頭蓋の異常な拡大が確認されました。原因はわかりません。こうした形態異常は大体出生前からあり、次第に拡大していきます。けれども遺伝性の病気ではありませんので、断種法の対象にはなりません。症状が良くなる可能性はほとんどなく、脳外科手術も成果は期待できないでしょう。家庭での世話はまず不可能なので、施設に預けるように奥様にお勧めしました。ミュンヒェンのハール精神病院に入院できるよう、すでに取り計らっております。[46]

ゲルハルトは数日家に戻った後、同年六月二四日にエグルフィング‐ハール精神病院に入院した。同院のカルテには何らかの治療が行われたという記載はなく、診察記録の最後に、「じっとしておらず、ひどく落ち着きがなく、激しく泣いている。不潔で座ることも立つこともできない」という短い所見があるのみであった。一〇月初め、ベルリンの中央機関から「処置」を認める文書が届くと、ゲルハルトは鎮静剤のルミナールを与えられ、一〇月一〇日に肺炎で亡くなった。

このように同院での「子ども安楽死」の殺害方法は、致死量のルミナールを毎回の食事に混ぜて与えるか、十分な栄養を与えず衰弱させ、最終的には肺炎などによって死に至らせるというものであった。[47]ただしカルテ上では、意図的な殺害ではなくあたかも自然な病死であるように記録されている。例えば、一九四四年三月に入院し二カ月後の五月、ルミナールの投与で死亡した三歳のパウルの場合、最期の数日間の記録は以下の通りであった。

［一九］四四年五月二日　このところ、ときおり発熱、咳、気管支からラッセル音［異常呼吸音］、頻発性下痢、体重減少。

［一九］四四年五月一〇日　高熱、昨日から気管支肺炎の症状、著しい循環衰弱。

［一九］四四年五月一一日　死亡。[48]

患者を病床で殺害するという「業務」に対する院内の対応は分かれており、「児童少年専門科」科長就任を断った医師フリードリヒ・ヘルツェルをはじめ、他部署への異動を申し出た看護婦もいる。[49]しかしその一方で、死亡した子どもの脳を医学研究に役立てられるとして歓迎した医師もいた。例えば、一九四四年六月七日、手足の麻痺と「精神遅滞」のためにエグルフィング-ハール精神病院に送られた二歳のマックスには、かねてから院内の小児科科長が関心を寄せており、「死亡した場合には解剖結果とその所見を知らせるよう」担当医に依頼していたという。二カ月後の八月一四日、マックスが「身体の衰弱」と「極度のるい痩」（痩せ症）によって死亡すると、脳が取り出されて院内の研究所の病理解剖に回された。[50]

むろん、これら一切は外部に知られることのないよう秘密裡に行われた。前述のようにカルテには死因の偽装が施され、「児童少年専門科」に勤務する三人の看護婦には、院長プファンミュラーによって厳しい箝口令が敷かれていた。[51]患者の家族に対しても疑念を抱かせぬよう、さまざまな工作が行われた。「最先端の治療」による成果を期待させるため、いかに患者の症状が改善しているかを知らせる一方、「処置」が迫ると突然の症状の悪化を伝え、到底間に合わない時期になってから面会に来るよう促すなどである。実際に親が面会に来た場合には、感染症や高熱などを口実に断られた。

対外的には、エグルフィング-ハール精神病院は当地きっての専門病院であり、少しでも病状が良くなることを期待して子どもを預けた親もいた。例えば、高熱をともなう中耳炎と痙攣の発作によりミュンヒェン市内の病院で手当てを受けた一歳のフリードリヒは、一九四二年一〇月一五日、父親の希望でエグルフィング-ハール精神病院に入院した。それから一〇日あまりの二七日、事態を知る由もない父親は、地元で最初にフリードリヒを診察した女医に対して以下のように伝えている。

親愛なる先生！［…］一〇月二五日にフリッツ［フリードリヒの愛称］を訪ね、とても良い印象であったことをお伝えしたいと思います。私がベッドのそばに行くとフリッツは私のことをじっと見ました。発作はもうなく、熱も完全にありません。よく笑い、手をたたき、ときどき自分の指の動きを見ています。精神的な発達がまた始まり追いついてくることを願っています。先生のご尽力に心より感謝いたします。ハイル・ヒトラー！［ヒトラー万歳！］アウグスト・K[52]

しかし、その後も院内での治療は行われず、その半年後、二歳になったフリードリヒはベルリンからの「処置」命令によって殺害された。

前章で見たように、「子ども安楽死」の対象は当初は三歳までの乳幼児であったが、その後一〇代後半にまで拡大された。戦後、アメリカ軍の命令でエグルフィング‐ハール精神病院の臨時院長に任命され、ナチによる「安楽死」の調査を委託されたゲルハルト・シュミットによれば、同院の「児童少年専門科」で犠牲となった子ども三三二人のうち、一歳未満は一割弱、一歳から三歳未満が三割弱で、半数以上が六歳から一五歳だったという[53]。また、ミュンヒェン市出身の犠牲者に限定した数値ではあるが、子どもたちの出自を見ると中間層が五一・六％と半数を占め、下層が四二・二％、上層が六・三％とすべての社会層にわたっているが、当時のドイツにおける階層分布の平均値（中間層四三％、下層五五％、上層二・八％）から見ると上層出身者が多いことがミュンヒェンの特徴であった。犠牲となった子どもの三割はミュンヒェン市内の神経科や小児病院などの紹介でエグルフィング‐ハール精神病院に送られており、医療サービスへのアクセスが相対的に容易な上層家庭の子どもが結果的により多く犠牲になったと思われる。[54]

現場主導の患者殺害――「分散した安楽死」

Ｔ４作戦や「子ども安楽死」がベルリンの中央機関からの指令や統制を受けて行われた措置だったのに対し、各地の病院が自らの判断で行った患者殺害は「分散した安楽死」と呼ばれる。前章でも見たように、従来「分散した安楽死」はＴ４作戦の停止後に始まったとされてきたが、エグルフィング-ハール精神病院ではすでに一九三九年一一月に最初の犠牲者が確認されている。同院の患者死亡率は三九年まで四～五％であったが、翌四〇年に突然八％を超え、四三年には一三％近く、四五年には一九％へと急上昇した[55]（図表３-６）。ミュンヒェン市民のみを抽出した分析によれば、三九年から四五年までに同院で亡くなった一三二一人の患者のうち八五〇人、約六四％が「自然な死」ではなく意図的に殺害されたものと推定されている。[56] Ｔ４作戦によって二〇〇〇人規模の患者を「安楽死」殺害施設に送り出した同院は、病院内

図表３-６　エグルフィング-ハール精神病院の死亡率（1931～46年）：同院の年次報告より

年	入院患者総数	死亡患者数			死亡率（％）**
		男性	女性	総数	
1931	2,841	50	70	120	4.22
1932	2,832	53	66	119	4.20
1933	2,828	44	54	98	3.45
1934	2,963	41	58	99	3.89
1935	3,256	66	81	147	4.51
1936	3,452	56	106	162	4.66
1937	3,517	67	93	160	4.55
1938	3,506	65	104	169	4.82
1939	3,606	–*	–*	–*	5.68
1940	3,521	133	156	289	8.20
1941	4,069	111	127	238	5.84
1942	3,720	151	173	324	8.70
1943	4,450	351	225	576	12.94
1944	4,148	418	304	722	17.40
1945	4,256	399	422	821	19.29
1946	–*	188	257	445	–*

注：*印は記載なし。**印の「死亡率（％）」の数値については一部計算が合わないがママとした。

出典：Stockdreher (2012), 337.

でそれに匹敵する規模の犠牲者を出していたことが推測される。

本来、治療の場である病院が殺害の場となったのはなぜか。その背景には、院長プファンミュラーのイニシアティヴに加え、開戦によってますます深刻化した院内の状況があった。開戦とともに病床の一部が軍や一般病院向けに転用されたことで院内の過密状態が限界を超える一方、医師や男性介助人の出征によって従事者数はさらに減少した。[57] ことに院内の農作業を担っていた男性従事者の減少は、自家消費用の食糧生産を困難にした。さらに一九四二年には全国的に食糧配給が引き下げられ、院内の食糧事情は悪化の一途をたどることとなった。そうしたなかで、一部の患者たちは栄養価のない「飢餓食」、薬物の過剰投与、ネグレクト（意図的な治療放棄、患者の放置）などの「方法」によって死に追いやられた。「子ども安楽死」と同様に、患者は感染症や肺炎、結核、気管支炎、全身の衰弱などによって「病死」したが、それは医師や看護婦、介助人を巻き込んだ殺害であった。

さまざまな殺害「方法」のなかでも、特にバイエルンで組織的に行われたのが「飢餓食」による患者殺害である。食糧供給が逼迫するなかで、多くの病院ではすでに生産労働に従事する患者と労働に関与しない寝たきりの患者との間で食糧の分配に差がつけられていた。こうした「実践」を合法化すると同時に、その運用を患者の餓死に至るまでエスカレートさせることになったのが、バイエルン州内務省が一九四二年一一月に発布したいわゆる「飢餓省令」であった。この省令は、「生産的労働に従事せず」「世話がかかる」だけの患者と、「生産的労働に従事」している患者や「治療中の患者」とを区別せずに同じ食事を提供することは「戦時の食糧事情と、労働に従事する入院患者の健康状態に鑑みて」もはや許されないとし、前者の分を減らすことによって後者には質量ともにより良い食事を与えるよう命じていた。[58]

これを受けてエグルフィング－ハール精神病院では、一九四三年一月、院内の二つの病棟をいわゆる「飢餓病棟」とし、およそ一二〇人の患者を対象とした特別食の提供が始められた[59]。当時の献立表によると、患者は野菜とジャガイモのみの食事を日に二回与えられるのみ（ある医師の抗議により、後には一日五〇グラムのパンが追加された）であった。また、その「成果」を確かめるため、毎月患者の体重の推移が記録された。特別食は患者を衰弱させ、感染症による死を早めた。実際、「飢餓病棟」で亡くなった患者の死因の半数以上は結核であった。「脂質とタンパク質抜きにしておけば、自然と片が付く」とプファンミュラーは述べていたという[60]。

カルテに残された記録からは、患者の苦しみが読み取れる。ミュンヒェン出身の会計士だった女性は、「騒がしく」「働かない」患者として一九四二年秋に「特別病棟」に移され、その後、四三年にその病棟が「飢餓病棟」となって特別食を与えられるようになった。同年八月の彼女のカルテには、「患者はあらゆる機会をうかがって地面に落ちている栗や石ころ、草などまで拾って食べようとしています！」とあり、飢餓が極限に達していることをうかがわせる。その一週間後、この女性は下痢性疾患で死亡した。死亡当時、身長一五七センチメートルの女性の体重は三九キログラムであった[61]。

一九四五年六月までの間にエグルフィング－ハール精神病院の二つの「飢餓病棟」から出た死亡者は、男女合わせて少なくとも四四四人であったことが確認されている[62]。「飢餓病棟」を生き延びた患者たちは、戦後のインタビューに対し次のように飢餓体験を語った[63]。

いつも飢えていた。恐ろしく苦しかった。
紙のように薄いひと切れのパンと水、それだけがお腹を満たすものだった。

また患者のなかには、意図的に食事を減らされている理由を理解している者もいた。

自分は悪い労働者で、〔…〕いつも悪くなったジャガイモしかもらえなかった。〔…〕食事を分けるのは上級介助人で、〔自分は〕いつも差別されていた。お前は働いていないといわれた。

ここはお前を殺そうとしている牢獄だから、食事もたっぷりやるわけにはいかない。お前は気狂い病院の女患者だから何も必要ないといわれた。食事よりも睡眠薬で十分だと。

いい食事に見合うだけの価値はない、お前たちは民族に有害な存在なのだからといわれた。

「飢餓食」と並んで用いられた「方法」は、薬物の過剰投与による殺害である。従来、この「方法」は「子ども安楽死」でのみ行われたと考えられていた。しかし近年では、成人患者に対しても行われていたことが明らかになっている。エグルフィング - ハール精神病院でも、カルテの分析から薬物の過剰投与による殺害が疑われる例が数多くあることがわかってきた。[64] 犠牲となった患者のカルテには、それまでさしたる兆候もないのに「突然に」、あるいは最初に病気の症状が記録されてから数日のうちに気管支炎や肺炎、結核等によって死亡した例が記録されている。典型的な例はウクライナ出身の二〇歳の女性、エカテリーナ・Tのケースである。彼女は外国人労働者としてミュンヒェンの化学工場で働いていたが精神に失調をきたし、市内の神経科クリニックから送られてきた患者であった。彼女のカルテの記入事項はごく短い。

一九四三年七月二二日　神経科クリニックからハールの第三病棟へ。寝たきりで食事を取らず、会話不能（入院後）。

一九四三年七月三一日　常に食事を食べさせねばならず、昨日から三九度の発熱、急速に衰弱し、今日、化膿性気管支炎で死亡。[65]

担当医師の記録によれば死因は化膿性気管支炎とカタル性気管炎であったが、カルテを分析した医学史家のティーデマンによれば、この症状は薬物の過剰投与の典型的結果であるという。エカテリーナのような外国人労働者は、最も犠牲になりやすい人々であった。後段で個別に見るように、故郷や家族から遠く離れたドイツで労働を強いられた彼らは、労働不可能となった時点で容易に殺害の対象となった。家族からの問い合わせを気にかける必要も死因を偽装する必要もなかったため、「簡単な」薬殺という「方法」が取られたと思われる。

「飢餓食」や薬物の過剰投与よりさらに多くの患者を死に至らしめたとされるのが、意図的な治療や介護の放棄、いわゆるネグレクトである。患者のカルテには、例えば治療の放棄を示唆する記録が数多く残されている。[66]

反抗的で性的倒錯者である患者の現状に鑑み、手術は論外である。
共同体にとって有害で不潔な痴呆の精神分裂病者であり、痰に無数の結核菌が含まれるため、特別な栄養補給の対象からは除外される。
てんかんの発作がある精神薄弱者で反社会的な女性患者であるため、手術の対象にはならない。

また、食事や着替えなどの世話が必要な認知症の患者もネグレクトの対象となった。「老人性痴呆」で入院し、「食事や着替えをいつも思い出させなくてはならなかった」七三歳のマリア・Lが死亡した際の記録は次のようなものであった。

患者の心理症状は最後まで変化なし。会話不能、意識障害。身体には無数の褥瘡（じょくそう）、体重減少、肺にラッセル音、次第に衰弱。今晩、汎発性気管支拡張症におけるカタル性気管支炎で死亡。[67]

一六二センチの患者の体重は三六・五キロで、褥瘡や気管支炎は患者が寝たきりであったことを示唆している。

このように個別の患者を対象としたネグレクトのほか、ことに戦争末期には病院全体の処遇悪化とともに「自然と」甘受されるようになった構造的なネグレクトが挙げられる。先述したように衣食住すべてにわたって物資が不足し、介助にあたる職員もますます減るなかで、患者のケアに手が回らなくなったことは十分に予想できる。

とはいえ、そのような形での患者のネグレクトを、戦時下の破局的状況がもたらした「必然」としてのみ片づけることはできない。なぜならすでに述べたように、エグルフィング－ハール精神病院は戦時下にあっても最後まで治療が行われ続けた数少ない精神病院の一つでもあったからである。同院では当時最先端の治療法であったインシュリン・ショック療法や痙攣療法、電気ショック療法が次々と行われ、ことに同院を代表する医師であったブラウンミュールは一九四二年にもコンスタントに学術論文を発表している。[68]「治る見込みのない」患者が放置され殺害される一方、「治る見込みのある患者」を救うための治療は行われていた。

以上のような、エグルフィング－ハール精神病院内で殺害された「安楽死」犠牲者はどのような年齢、社会層、病状の人々だったのだろうか。「安楽死」殺害施設への移送というはっきりした記録が残るT４作戦の場合とは異なってその確定は容易ではないが、以下では同院の患者のなかでもミュンヒェン出身者に限定した調査をもとにその概要を見てみよう。

一九三九年から四五年までの間にエグルフィング－ハール精神病院で死亡したミュンヒェン出身の犠牲者でカルテが残っている一三二一人のうち、「分散した安楽死」の犠牲者として確定しうるのは八五〇人、全体の六四％である。犠牲者の五二％は女性で、四八％の男性を上回っていた。年齢は二歳から八九歳まで、わずか数日の入院患者から四四年間もの長きにわたって入院していた患者もいる。職業はさまざまで、社会層も下層から上層まですべてにわたっていた。犠牲者の診断名を見ると、「精神分裂病」が八割を占めるT４作戦の場合とは異なって、「精神分裂病」は三割強の三七・八％、「老人性痴呆」が三四・七％とほぼ同じ割合を占めている[69]。

これらの人々のうちネグレクトによる死、あるいはその疑いが強い件数は全体の二一％、薬物の過剰投与による死は一五％、そして「飢餓」による死は一四％であった[70]。死因ごとの平均年齢を見ると、最も高いのが薬剤の過剰投与による死亡者で六七歳、次いでネグレクトの犠牲者が五七歳、「飢餓病棟」の犠牲者は最も若く四七歳であった[71]。比較的年齢の若い「精神分裂病」の患者は「飢餓病棟」で、認知症の高齢者は薬物かネグレクトによって殺害されたことが推測される。

このように「分散した安楽死」の場合は、T４作戦では当初除外されていた認知症の高齢者も多く犠牲となった。カルテには、家族が疎開を余儀なくされ介護の必要な老親を連れていけない、あるいは一人暮らしの認知症の高齢者が灯火管制を守れないために精神病院に預けられたといった例もある。戦時下のさまざまな事情で自宅での暮らしが難しくなり、やむなく病院に預けられたこうした人々も「安楽死」の犠牲となったのである。

「特別」な犠牲者集団

以下では、犠牲者のなかでも特別な属性を持つ集団として「安楽死」に巻き込まれた人々を取り上げる。彼らは病気や障害だけでなく、「ユダヤ人」や「外国人」といったさらなる属性によって、あるいは「反社会的」「犯罪的」といった病気や障害とは別の基準によって「安楽死」の犠牲となった人々であった。

◉ユダヤ系患者 エグルフィング - ハール精神病院には、もともとユダヤ系の患者も入院していた。むろんナチ時代以前には、非ユダヤとユダヤ系患者の取り扱いは公式には何の差異も存在しなかった。しかしすでに当時から、彼らは病院内の反ユダヤ主義的雰囲気や偏見に晒されていた。カルテには「典型的なユダヤ気質」「ユダヤ的高慢さ」といった表現が見受けられ、医師や介助人だけでなく他の患者からの差別的言動も記録に残されている。[72]

ナチ時代に入り次々と制定された反ユダヤ主義的法律は、必然的に病院内のユダヤ系患者にも影響を及ぼした。例えば一九三八年の法令により、ユダヤ系患者のカルテには「ユダヤ人」と記され、「ザーラ」や「イスラエル」などの「ユダヤに典型的」な名前に書き替えられた。[73] また、「人種間の混血を防ぐ」ため、病院内でのユダヤ系患者と「ドイツおよび同種の血」を持つ患者との空間的分離が定められた。もっとも他の多くの病院と同様、エグルフィング - ハールでもこれは実現不可能であった。常に患者超過だった同院では、ユダヤ系患者を隔離するためにさらに別の病棟・病室や職員を用意することはできなかったからである。[74] しかし、こうした「公式の命令」が病院内の反ユダヤ主義的雰囲気をいっそう助長したことは想像に難くない。

また、病院の外で吹き荒れるユダヤ系市民への迫害や弾圧は、病院内のユダヤ系患者をも実際に困難な状況へ陥れた。家族・親族や友人が当局によって捕らえられ、あるいは国外への移住や亡命を余儀なくされるにつれ、彼らもまた社会的孤立へと追い込まれた。病を抱える彼らは家族・親族の移住先となる国々のビザを得ることができず、また長旅に耐えられない者もあり、そうした場合、家族は病気の子ども、あるいは老親を病院や施設に残したまま亡命・移住を決断するという苦渋の選択を迫られた[75]。

一九四〇年四月、こうしたなかでT４作戦におけるユダヤ人患者への「特別作戦」が始まった[76]。まず、「白痴あるいは精神病で病院や施設に入院しているユダヤ系患者」の調査が命じられ、その後、同年八月末にはこれらの人々をいくつかの病院に集中させる帝国内務省の布告が続いた。エグルフィング－ハール精神病院はバイエルン地方と西南ドイツのプファルツ地方のユダヤ系患者の移送先として指定され、九月半ばには一五九人のユダヤ系患者が二〇余りの病院・施設から同院に移送された。内務省命令では、ドイツかポーランドの国籍を有する「完全なユダヤ人」のみが対象とされていたにもかかわらず、集められた人々のなかには改宗してもはやユダヤ教徒ではない人々、あるいはキリスト教徒と結婚した「混血ユダヤ人」も含まれていた。「混血婚」のユダヤ人は病院の外では迫害を免れていたにもかかわらず、ここではそれが身を守る術にはならなかった。

エグルフィング－ハール精神病院での「特別作戦」の犠牲者として確認できるのは一九一人で、うち三二人が同院の入院患者であった[77]。両親が国外に亡命し一人残された一〇歳の子どもから八六歳の高齢者まで、犠牲者は老若男女あらゆる世代にわたっていた。戦後すぐに行われた介助人へのインタビューによると、ユダヤ系の犠牲者のなかには年老いた男性が多く、なかには「ラインラントの市議会議員や実業家、弁護士、それどころかトーマス・マンの知人」までおり、彼らとは「知的な会話を楽しむことができた」という[78]。これらの人々は男女別に二つの病棟（後に「飢餓病棟」となる二二病棟および二五病棟）に数日間「押し込められ」た後、一九四〇年九月二〇日、まとめて「安楽死」殺害施設のハルトハイムに移送された。院長プファンミュラーは、早くも集団移送のその日のうちにバイエルン州内務省に宛てて以下のように書き送っている。「私の病院は今やアーリア人の精神病患者だけとなりました。これからはユダヤ人患者の受け入れは断るつもりです[79]」。

患者の家族のもとには、集団移送から何カ月も経った後に、ルブリン（ポーランド東部の都市）郊外のヘウムノの架空の病院への移送が伝えられた。一九四一年一〇月末、院長プファンミュラーに宛てられたあるユダヤ系患者の母親の手紙は、その間の家族の苦悩を生々しく伝えている。

> 九月二一日に私は次のような連絡を受けました。私の娘のエリーザベトが、九月二〇日に集団移送で別の病院に送られることになり、移送先の滞在地からまもなく連絡があると。もう六週間が過ぎようかというのに何の連絡もありません。院長先生、どうぞ私のとてつもない心痛に憐れみをおかけください！　私の夫はアメリカに移住し、下の娘はイングランドでメイドとして働いています。私は病気のこの子のためにここに留まっているのに、娘がどこにいて、どうしているかを知ることができないとは、なんという苦しみでしょう！　尊敬する院長先生、どんな短信でも構いませんから、どうかこの苦悩に満ちた状況から私を解放してください[80]。

「安楽死」犠牲者のなかのユダヤ系患者については、戦後の医師裁判において、ユダヤ人は「安楽死」の対象とはならずにポーランドに送られたと主張されていたことに加え、史料が発見されていなかったことから長らく詳細は不明だった。しかし、エグルフィング - ハール精神病院の事例からも確認できるように、ユダヤ系患者もまた「安楽死」の犠牲となっていた。病院の内外で反ユダヤ主義的風潮が高まるなか、「特別作戦」の命令が彼らの運命を決した。他のT４作戦で適用された「選別」の基準（労働能力や病名、症状、「素行」など）は、これらの人々にはまったく考慮されなかった。ユダヤ系であるということが、彼らが殺害対象となった唯一の理由であった。

◉外国人労働者　一九三九年の開戦以来、ドイツ国内には戦争捕虜となったり強制徴用されたりしたポーランドやウクライナからの外国人労働者が何百万と流れ込んだ。彼らのなかにはさまざまな事情から精神疾患を患い、治療や隔離が必要となった人々も存在した。バイエルンの他の精神病院と同様、エグルフィング - ハール精神病院はこうした外国人患者の受け入れ先でもあった[81]。開戦当初、外国人労働者の患者は、原則的に故国に送還されることになっていた。しかし、この措置は一九四三年五月には取りやめとなり、翌四四年九月、帝国内務省はこうした患者の扱いについて以下のように取り決めた。

ドイツ帝国内に徴用された東方労働者およびポーランド人のうち、精神病患者としてドイツの狂人施設に入院するケースがますます増えている。［…］ドイツの病院では病床が不足しており、すぐに労働力として投入可能とはならないこれらの病人を継続的かつ長期にわたって入院させておくことはできない。こうした事態を防ぐために、不治の精神病を患う東方労働者およびポーランド人の一括受け入れ先として、以下に列挙された病院を指定する[82]。

バイエルンでは、カウフボイレン精神病院が受け入れ先として指定された。その後、同院では一九四三年から四五年の間に同院に集められた外国人労働者の少なくとも四分の一が殺害されたという[83]。

エグルフィング‐ハール精神病院には、一九三九年から四五年までの間に一五〇人余りの外国人患者がいた。彼らの運命はわかっていないことが多いが、四四年九月一八日に集団移送された五六人（男性一五人、女性四一人）の患者が、「東方からの戦争捕虜」であったという。彼らはミュンヒェンの労働局により「労働不能」とされた人々で、移送先はわかっていないが殺害されたものと推測されている[84]。その後も多くの「外国人労働者」の患者が「警察に引き渡された」とあるが、彼らの運命も不明である。また、すでに見たウクライナ出身の患者エカテリーナのように、移送されなくとも薬物の過剰投与などにより病院内で殺害されたケースもある。

遠く離れた故郷から強制的に徴用されてきた外国人労働者が、文化や生活習慣も異なり言葉の通じない外国で心身の不調をきたすことは想像に難くない。そして彼らが病によって労働不能となったとき、「労働力」でしかなかった彼らは容易に排除の対象となった。体制にとって「不要」とされて殺害された人々のカルテには、連絡が取れなくなったことを心配する故郷の家族からの便りも残されている。ウクライナ出身の強制労働者、マリア・Kに宛てて、一九四二年一二月二一日、東ウクライナの村に住む姉が出したロシア語の手紙は、他の患者によるドイツ語訳がカルテのなかに残っている。

いとしい妹に挨拶を送ります。［…］もう二回も手紙を送ったのに、返事が届いていません。どうして手紙を書いてくれないの？　ふた言、三言でもいいから書いてちょうだい！　もう働いているの？　それともまだ病気なの？　マリーちゃん、元気になったのかどうか知らせてちょうだい。あなたがそちらでどうしているのか、いつも考えていて眠れないのよ。知っている？ お祭りまであと二週間よ。マリーちゃん、あなたに小包を送ったけれど、病気だから、きっと受け取っていないわね。マリーちゃん、もう書くことがないわ！ さようなら！ 私の手紙を受け取ったら、すぐに返事を書いてね。[85]

しかし、一五〇〇キロメートル以上離れた故郷からの手紙は、犠牲者の運命を変えることはできなかった。

◉「反社会的分子」 最後に取り上げるのは、「反社会的」と見なされた態度、行動によってエグルフィング‐ハール精神病院に送り込まれ、「安楽死」の犠牲となった人々である。ここでいう「反社会的」とは、「犯罪的ではなくても共同体に反する行動」によって「共同体に順応しようとしない者」、例えば「乞食、浮浪者（ジプシー）、売春婦、アルコール中毒患者、感染症ことに性病に罹患しながら保健当局の措置に従わぬ者、［…］労働嫌い、労働拒否者」[86]などであった。社会の周縁に位置する人々への蔑視は以前から存在したが、ナチ体制下において「反社会的」と見なされることは、「共同体異分子」として直ちに排除の対象となることを意味した。

エグルフィング‐ハール精神病院には、「反社会的分子」として拘束され、労働矯正施設や刑務所、少年院などから強制的に入院させられた人々もいた。こうした人々は「安楽死」への「選抜」の際には、とりわけ危険に晒されていた集団であったといえる。現在までに確認されている限り、依存症や性犯罪などの理由で保安拘禁者として同院に送られたのは男性一五四人、女性二〇人の計一七四人で、そのうち、約二五％にあたる四五人の人々は生きて戦後を迎えることはできなかった。[87]こうした人々の一人が、アルコールと薬物の依存症により一九三五年に入院してきた四四歳の男性患者、ハンス・エーリヒ・クラウスである。[88]彼は第一次世界大戦従軍中に「神経症」を患い、モルヒネ依存、後にアルコール依存症となった。長期間にわたる治療に成果がなかったことから、「遺伝的欠陥」により「治癒不能」と見なされ、三九年にミュンヒェン郊外のダッハウ強制収容所に送られた（詳細は第4節で後述）。

もう一人、保安拘禁者としてエグルフィング‐ハール精神病院に送られてきた二一歳のマリア・Bの例を挙げよう。[89] 判決によれば彼女は非嫡出子として生まれ親元の農場で働いていたが、一九四一年、放火の容疑で有罪判決を受けた。判決によれば彼女は「金銭による報酬を得られないまま働かなければならず」、「母からもらったお金も異父兄弟に奪われ」、「育ててやったのだから」と他の働き口を探すことも許されなかったという。放火はこうした状況に対する「復讐行為」で、彼女自身「何の良心の呵責も持っていない」ことから、精神鑑定の結果、同院に送られることになった。同院では、「少々引っ込み思案だが勤勉でよく働く」とされており、親族は彼女の退院を繰り返し求めていたが、三年後の四四年、マリアはドイツ北部のラーヴェンスブリュック女性強制収容所に送られた。

エグルフィング‐ハール精神病院ではなくカウフボイレン精神病院で殺害された一五歳の少年、エルンスト・ロッサも、「反社会的」な「教育困難児」として殺害された典型例として知られている。[90] エルンストは四歳で母親と死別し、一〇歳のとき、父親と二人の兄弟、親戚がダッハウ強制収容所に送られた。理由ははっきりしないが、一家が「イエーニッシェ」と呼ばれる移動民族であったことが一因だと思われる。エルンストは二人の姉妹とともに児童ホームに送られたが、「教育不能」として少年院に送られ、その後、一九四二年に一三歳でカウフボイレン精神病院に移された。エルンストは、「盗みを働き、嘘をつく」「明らかに反社会的性癖」を持ち、「将来的にも改善不可能」な「遺伝的に重大な負荷」を負う子どもとされ、四四年、薬物の過剰投与によって殺害された。戦後の裁判では、介助人らの証言から、彼が人懐っこく愛すべき性格の持ち主で、空腹を抱えた他の患者のために貯蔵室から食べ物を盗んで与えていたこと、病院内で行われている患者殺害について繰り返し口にするなど「反抗的な態度」を取っていたことが殺害の理由であったと推測されている。

このように、「遺伝により治癒不能」あるいは「教育不能」であるという診断は、患者の殺害を容易に正当化するものとなった。ひとたび「反社会的」と見なされた患者にとって、精神病院は強制収容所と何ら変わりない殺害の場となったのである。

3 「安楽死」と家族・親族の対応

本章冒頭でも述べたように、ナチ体制下で「安楽死」の犠牲者となったのは、家族のもとではなく精神病院や障害者施設などで生活していた人々である。彼らの入院・入所後の家族・親族とのコンタクトの有無、その頻度はさまざまであったが、こと「安楽死」に関して、家族・親族との関係は、しばしば患者の生死を分ける要因にもなった。そこで本節では、犠牲者の家族・親族に焦点を当て、「安楽死」における犠牲者の家族の行動や役割について考えてみたい[91]。

受容・困惑・抗議

「安楽死」に対して犠牲者の家族・親族がどのように対応したかは、カルテに残された患者との手紙のやりとりや患者に関する病院への問い合わせ、戦後の証言など、断片的ではあるがさまざまな例が伝えられている。[92]以下では、戦後すぐにゲルハルト・シュミットが収集したＴ４作戦に関する家族・親族の手紙や証言を手がかりに家族の対応を見ていこう。例えばある女性は、移送された姉妹について以下のように問い合わせている。

これで、姉［あるいは妹］を訪ねることはできなくなってしまいました。私は体もよくないしお金もないので、そんな余裕がないからです。［…］姉［あるいは妹］はそっちにずっといないといけないのか、どうか教えてください。[93]

たどたどしくスペルミスの多い文面からは、書き手の女性が十分な教育を受けることができなかった社会層の出身であることがうかがえる。また、息子（ヴィリ）が移送されたある母親は、院長プファンミュラー宛ての手紙で次のように述べている。

私たちのヴィリは、親にとっては善良な心の献身的な息子でした。［…］あの子は、本当に私たちの救難聖人でした。だから、あの子を絶対に手放さないと約束したんです。夫は引退したらヴィリを家に引き取ろうと固く決めていました。［…］神様は私を助けてくださると思っています。神様はとりわけ病者を愛してくださり、奇跡の行いによって憐れみを与えてくださいました。［…］私たちの総統［＝アドルフ・ヒトラー］はすべての人に居場所を用意してくれます。それなら、哀れな病気の人々にも神の地に場所があるでしょう。［…］院長先生、悲しみにくれる母親の手紙を慈悲深くお受け取りください。エグルフィング病院は日曜の面会は受け付けていないので、さめざめと泣くばかりです。[94]

ここでは患者が遠方に移送されることへの困惑や、容易に面会に行けなくなることへの悲痛が訴えられている。後者の母親は、神もヒトラーも病気の息子に等しく居場所を与えてくれると述べ、移送の真実は知る由もない様子である。これに対し、次の三通[95]は家族への連絡や了承もなく勝手に行われた患者の移送に抗議するものである。

私たちの妹［あるいは姉］のバベッテ・Aが、リンツのニーデルンハルト［という精神病院］に移送されたという知らせには、心底衝撃を受けました。どうして事前に、少なくともこの措置の前に連絡がなかったのか、ぜひ教えていただきたく存じます。転院は患者とその家族にとって大変深刻な打撃となります。［…］もし家族に会えなくなったら、それは病人にとっては精神的に立ち直れない状況になるでしょう。［…］院長先生、何とか元の状態に戻してくださるよう［…］心よりお願い申し上げます。

息子に手紙を書いたところ、ここにはもういないというメモとともに手紙が戻ってきました。このことについて何の連絡もなかったというのは大変おかしな話です。息子がどこにいるのか、私は母親として知る権利があると思います。

世界的に知られた精神病院であれば、国家が保護を委ねた患者に対して責任を負っているのであり、「患者がどこに行ったのはわかりません！」などと回答するはずがありません。［…］家族には、患者が元気かどうかを知り、慰めたり訪ねたりする権利があるのです。［…］直ちに事態の解明を求めます。

このように患者の転院を病院側の無責任な対応として抗議し、責任を追及する家族もいた。とはいえ、彼らはこれが計画的な犯行であるとは気がついていない。それに対し事態の背景に気づいていることを示唆する手紙が次の二通[96]である。

息子がアルトライヒ［の精神病院］に移送されたという電報を受け取ったので、息子を訪ねたいと思います。このアルトライヒとはどこでしょうか？ 息子を見舞いに行きたいと思います。また、もし息子がもう死んでしまっているのなら遺灰をください。ミュンヒェンではいろいろな噂が飛び交っていますが、私ははっきりとしたことが知りたいのです。

私たちの兄［あるいは弟］ゲオルグは、なぜ私たちの知らないうちに追い出されてしまったのでしょう？一体どのような権限、あるいは命令によって、いつ行われたのでしょうか？［…］今まで、E［エグルフィング］精神病院が兄［あるいは弟］の世話をしてきたのですから、もし彼が死亡したというなら、こちらで検死を行い家族墓に埋葬できるよう、その遺体（遺灰ではなく）を病院の費用負担でミュンヒェンに送るよう要求せざるを得ません。

これらの手紙の送り主は、いずれも患者の死の可能性を予見していることがわかる。むろん、次の二通[97]のように、まったく予期せずに患者の死を知らされた家族の衝撃を伝えるものもある。

可哀そうなテレーゼはどれくらい苦しんだのでしょう。［…］残念ながら私たちは彼女のために祈ること以外できませんでした。［…］私たちは死者のためにミサを執り行ってもらいました。彼女の霊の安からんことを。世話をしてくださったすべての方々に神の御恵みを、深い感謝をこめて。

エルベ近郊のピルナ［ドイツ東部の小都市］の精神病院から、患者は心臓発作で亡くなったという衝撃的な知らせが届きました。突然の死の原因は、おそらく度重なる移送とその目的やねらいがはっきりしないことによって引き起こされたパニック、そしてもちろん、もう肉親とも会えなくなってしまったことによるものでしょう。あなたがたは、無力で運命に打ちのめされた人に別れを告げる機会を与えなかったのです。未亡人となった私と同じくミュンヒェン在住の夫の姉［あるいは妹］は、いやしくも公益的な施設である貴院を厳しく非難せざるを得ません。

このようにT４作戦をめぐる家族の手紙からは、その対応が一様ではなかったことがうかがえる。病院側に対して何の不審も抱いておらず事態を甘受したかのように見えるもの、病院の対応に憤りを隠さず抗議するもの、あるいは事態にうすうす気がついているものなど、家族の側の状況認識や病院への対応はさまざまであった。

家族・親族のジレンマ

「安楽死」に対する患者の家族・親族の対応をめぐっては、さまざまな議論がなされてきた。家族は事情をどこまで知っていたのか、病院への異議申し立てや抗議によって患者を救うことができたのではないか、あるいは戦後の裁判で加害側の医師たちが主張したように、「重荷からの解放」として患者の死を歓迎した家族もいたのではないかといった点がそこでは問題にされてきた[98]。

しかしここで留意しておきたいのは、当時、犠牲者の家族・親族が置かれていた状況である。患者の多くは、何らかの事情で家族のもとにいることが困難になったために入院したのであり、危険が迫っていることを察知した家族がたとえ患者を引き取りたいと考えたとしても、家族の側に残された行動の余地は大きくはなかった。エグルフィング - ハールは当地の大病院であり、医師は社会的にも権威ある存在で、患者の家族が病院に対して苦情や抗議を寄せることは当時必ずしも容易ではなかった。同院において、家族の働きかけで患者が救われたことを跡づけられるケースは二件のみである。うち一人の患者はヒトラーの片腕であったルドルフ・ヘスの母親であり、もう一人はバイエルン州内相と親戚関係にあった爵位を持つ男性であった。どちらも強力な政治権力とのコネクションがあって初めて救済が可能であったといえる[99]。

また親族・家族の多くは、病気や障害のある家族を病院や施設に預けていることに罪の意識を抱き、負い目を感じていたとされ、経済的事情、家族の事情によってやむを得ず患者の世話を委ねているケースも少なくなかった。さらに、当時遺伝性と見なされていた精神疾患や障害のある患者を持つ家族にとって、そのことは直ちに自身の危険につながる問題でもあった。場合によっては、自身も「遺伝病患者」として断種や「安楽死」の危険に晒される可能性もあったのである。

他方、あえて家族が苦情や抗議の声を上げても患者の救済にはつながらず、むしろ逆効果となった例もある。例えば、入院している母親を見舞った際に母親の体に無数の痣（あざ）を発見し、介助人による虐待を訴えた娘は病院への出入りを禁止された。また同じく入院中の母親が一日中眠っているとして息子が繰り返し苦情を寄せたケースでは、ひと月も経たぬうちに患者が薬物死に至らしめられた[100]。組織ぐるみの薬殺や「餓死殺」

が行われていたエグルフィング‐ハール精神病院では、頻繁に面会に訪れ苦情を述べる家族は「厄介な」存在であった。病院側はあれこれと理由をつけて患者と家族・親族との面会を妨げようとし、病院にとって都合の悪い内容の手紙はしばしば投函されることなくそのまま放置された。患者の引き取りを家族の側が求めても、受け入れ体制が不十分であるという理由で退院が拒否されることもあった。本章冒頭で挙げたヨハンの父親も引き取りを申し出ているが、「閉鎖施設でしっかり監視する必要がある」として断られている。また、六〇代の女性患者を引き取りたいという家族の手紙に対する病院からの回答は以下の通りである。

患者Ｓｐは、病院以外では十分な世話をすることはできないように思われます。われわれの調査によれば、患者の義理の娘は自身の家政の切り盛りと子どもの世話があるため、患者の面倒を十分に見ることはできないようです。この家族は看護婦を雇う余裕もないとのことですので、患者の退院には疑念を持たざるを得ません。[101]

むろん医師に逆らって患者を退院させることは、法的には不可能ではなかった。しかし、戦時下という非常事態にあって、家族の側が患者を引き取ることはますます難しくなっていた。空爆で住まいを失った家族、夫が出征し残された妻が家庭を切り盛りしなければいけなくなった家族など、残された手紙のやりとりのなかには患者の引き取りを望みつつもそうはできない家族のジレンマ、苦悩がうかがえる。また多くの家族は孤立した状況での対応を余儀なくされていた。すでに見たようにＴ４作戦はあるまじきスキャンダルとして広範な社会的抗議を引き起こしたが、その公式の「停止」以後、各地の精神病院内で行われていた「子ども安楽死」や病院内での患者殺害については、当事者である患者の家族や親族以外、実態はほとんど知られていなかったとされる。[102] 戦火によって通常の市民生活の維持が困難になるなかで、家族の側の行動の余地も次第に狭まっていったといえよう。

4　犠牲者のパーソナルヒストリー

最後に、これまで見てきたエグルフィング－ハール精神病院における犠牲者のなかから三人のパーソナルヒストリーを取り上げる。彼らがどのような人生を歩んできたか、家族や学校、職業生活はどのようなものだったか、そして、いつ、どのような契機でエグルフィング－ハール精神病院と関わり人生を絶たれることになったのかを残されたカルテと家族の記憶から可能な限り再構成することで、犠牲者から見た「安楽死」の意味をあらためて考える手がかりとしたい。[103]

むろん実際の犠牲者の姿は多様であり、以下の事例は犠牲者を代表するものでも平均像でもないことはいうまでもない。例えば、生後まもなく殺害された「子ども安楽死」の犠牲者や、母親の強制断種手術によって母体のなかで（つまり、この世に生まれる前に）命を奪われた胎児の例もある。[104] ここで取り上げるのは、本人の書いた手紙や家族の証言などの史料が比較的多く残されており、多少なりとも犠牲者の「人となり」がわかる例である。

「分厚い黒パンふた切れも送ってくれればよかったのに！」――エミー・ローヴォルトの場合

エミー・ローヴォルト（次頁図表3－7）は、一八八三年、ドイツ北部のハンブルクで六人兄弟の五番目の子として生まれた。[105] 女学校を卒業後、エミーはイングランドに留学し、マンチェスターのオーウェン・カレッジで英語とフランス語を学んだ。マンチェスター、リヴァプールでは劇場に通い、演劇への情熱に目覚めたエミーは、俳優になるという硬い意志を持ってハンブルクに戻るが父親の大反対に遭う。しかし彼女は、ベルリンで教師になる勉強を続けるという条件付きで父親の了解を取りつけた。昼間は教員養成学校へ、夜は新しく創設された演劇学校であるマックス・ラインハルトのセミナーに通ったという。その後いくつかの劇場と契約を結び、一九一二年には出版業者のエルンスト・ローヴォルトと結婚したが、まもなく離婚した。以後、彼女は生涯独身であった。

第一次世界大戦とドイツ革命を、エミーはミュンヒェンで経験した。一九二二年、気管支炎を患ったため南イタリアへ、さらに三一年からはフランスで暮らした後、ナチ体制成立後の三五年の夏にミュンヒェンに戻ってきたエミーは、バイエルン州立劇場、小劇場と契約を結び、同時に通訳としても働いた。

その後、一九三五年、三七年、三九年の三度にわたって、エミーは「国家と党に対する侮辱罪」によって告訴されている。警察調書によれば、エミーは国立劇場の食堂などの公的な場所で、「総統の演説を聞いた？あのむかつくような叫び声。なんでいつも他の国の人々に唾を吐きかけなきゃならないの？　ただのヒステリックな悲鳴だわ」といった「総統ならびにその他の国家・政府の指導的人物」に対して「悪意に満ち」「卑しい心情に基づく発言」をしたのが告訴の理由である。三九年一一月、ミュンヒェンのシュターデルハイム刑務所はエミーを「責任能力なし」と判断し、市内の神経科クリニックに移送した。診断を下したクリニックの精神科医はエミーを助けたかったのかもしれない。しかし、彼女を待ち受けていたのは過酷な運命であ

図表３－７　エミー・ローヴォルト。出典：NS-Dokumentationszenturm München (2018), 362.

った。

一九四〇年二月五日、五七歳のエミーはエグルフィング‐ハール精神病院に転院させられ、以後、彼女にとって苦悩に満ちた闘いの日々が始まった。退院や一時帰宅を求める試みが失敗に終わった後、四一年四月、エミーは三人の女性患者とともに夜勤の看護婦を押さえ込んで脱走した。しかし、所持金もわずかで住まいもなく、数日後には戻らざるを得なかった。それ以来、彼女は隔離され、時には足かせをはめられたという。

一九四三年九月一日、エミーは「飢餓病棟」に移された。カルテには「組織運営上の理由」としか記されていない。その二カ月後、エミーは知人に宛てて次のような手紙を書いている。

Gewichtstabelle für:

Fr. Rowohlt Emma evang.

Namen: geb. 4. III. 1883

aufg.: 5. II. 1940			cm: 169.		
kg:		ohne Kleider m. Zeichen ×			
Monat	1940	1941	1942	1943	1944
Jan.		67	56	53^{5}	46
Febr.		66	55.5	52	44
März	61	67	56	52	45
April	63	61.5	56	52	44
Mai	66	60.5	55	52	45
Juni	66	60.-	53^{5}	48	44
Juli	66^{5}	57.-	52	50	44
August	67	57.5	52	52	45
Sept	66	56.5	52	46^{5}	38
Okt.	68	56.-	53	47	
Nov.	67	56.-	52	45^{5}	
Dez.	66	54.-	53	46	

Bemerk.:

図表３－８　エミーの体重の推移。出典：NS-Dokumentationszenturm München (2018), 363.

親愛なるEへ。ひもじいなかで全身全霊をかけた私の祈りを、ようやくあなたにお届けします。[…]肉、バター、チーズ、この三つはもう一〇週間来、お目にかかっていません。一九三九年一〇月一二日、ちょうど四年と三週間前、まったく不当にも囚われの身となって以来、五段重ねで脂ののった素晴らしいホットケーキは匂いすらかいでいません。ちゃんとした食事に質の良いコーヒーの代わりに冷たい水だけ、それも長いこと待ったあげくにやっともらえるのです。[106]

さらにこの年の末、一二月二九日に妹に宛てた手紙は以下の通り。

私がどんなにパンに飢えているかわかっていて？　分厚い黒パンふた切れと二、三の新聞も送ってくればよかったのに！［…］私の体重はもう四七キロしかないのよ。あなたは何キロ？[107]

しかし、担当医師はどちらの手紙も投函させなかった。一九四四年九月二八日、エミーは亡くなった。入院時、一六九センチの身長で六一キロあった体重は、わずか三八キロであった（図表3－8）。

「われわれ近代人は…罪なき病人から人間の尊厳を剝奪している」――ハンス・エーリヒ・クラウスの場合

ハンス・エーリヒ・クラウスは、一八九一年、オーバーバイエルンの炭鉱町ペンツベルク近郊で炭鉱夫の子どもとして生まれた。[108]一九一一年、二〇歳のハンスはジャーナリストの養成教育を受けつつ、大学で国民経済学を学び始めたが、第一次世界大戦によって突然の中断を余儀なくされる。

一九一五年から一七年までの従軍生活で彼は神経症を患い、それがモルヒネ依存、そして後のアルコール依存をもたらした。精神科での長期にわたる治療も効果がなく、ナチ時代が始まると他のアルコール依存患者と同様にハンスは強制収容所への収容を恐れなければならなくなった。

彼がエグルフィング－ハール精神病院に長期間入院するようになるのは一九三五年のことである。ハンスのカルテには彼の手による多くの手紙や文書が残されており、そのなかには、病人、患者としての彼の内面や葛藤を示唆するものもある。例えば、彼が二四年から三三年まで入院していたバイエルンのガーバーゼー精神病院について、「ガーバーゼー精神病院訪問記。ある編集者の訪ねたガーバーゼー」と題された文章で、彼は次のように記している。

われわれ近代人は、ある点において恐ろしく、実のところ野蛮なまでに古くさい考えのままである。それは精神病者に対する偏見においてである。この世で最も哀れな存在である彼らについて、彼らの生活や行状についてのわれわれのイメージは何百年来の偏見の数々に囚われている。精神病患者に対して人類の絶対的なアウトサイダーというレッテルを貼り、罪なき病人から人間としての尊厳を剝奪しているのである。「精神病」という言葉からわれわれが反射的に思い浮かべるのは、狂乱、精神病院のゴム張りの小部屋、拘束服、うつろな目、粗暴な顔つき、屈強で首の太い頑丈な看守といった概念である。［…］それはただ社会正義に反した因習にすぎず、われわれには倫理的に重い責任が課されている。

一九三六年一二月、ハンスはオーバーバイエルンの矯正施設に一時的に移されたが、病状が悪化し再びエグルフィング‐ハール精神病院に戻された。この頃すでにハンスは強制収容所への移送を医師から示唆されていた。三八年七月一八日、担当医師に宛てた手紙では自身の状況を次のように述べ、助けを求めている。

私が切に希望しているのは、健康を取り戻し、禁酒することです。まず、書類に今なお書かれているような慢性アルコール中毒という診察は、完全には正しくないことを述べさせてください。私がアルコールに手を伸ばすのは、いつでも麻酔薬という回り道を経てのことなのです。私にとってより重要なことは、なぜ私は麻酔薬に手を出し、そしてアルコールに至ってしまうのかということだと思われます。創造的な人間は誰しも、ときおり、劣等コンプレックスに襲われます。そうしたコンプレックスにより、[…]私は一九二二年にルミナール[鎮静剤]を知るようになったのでした。以後、病院に入るたびに劣等コンプレックスは高まるばかりでした。[…]丸々六週間、毎日私はダッハウ[の強制収容所]に送られるのではないかという極度の恐怖に苛まれてきました。私がここで耐え忍ばなければならないことは、人生で最も恐ろしいことです。少しでも朗らかな雰囲気のなかで呼吸をすることができたら、どんなにありがたいことでしょう。

一九三九年一月一六日、ハンスは強制収容所に送られる恐怖から服薬自殺を試みた。そしてその一週間後、ダッハウ強制収容所に移送された。四八歳になっていたハンスのカルテには、すでに強制断種手術を施されていること、長年の精神科での治療にも効果がないため彼の依存症は「遺伝によるもので治癒不能」であると記されている。三九年九月に戦争が始まると、ハンスはオーストリアのリンツの東に位置するマウトハウゼン強制収容所に送られた。その後のハンスの消息は不明である。彼は収容所生活を生き延びることはできなかったと推測されている。

「何十年もの間、何も知らされていなかったことに愕然としました」（犠牲者の娘の言葉）――イルムガルト・ブルガーの場合

イルムガルト・ブルガー（旧姓ブランケンシュタイン）（図表3－9）は、一八九八年、医師マックス・ブ

図表３－９　イルムガルト･ブルガー。出典：NS-Dokumentationszenturm München (2018), 324.

ランケンシュタインの娘としてベルリンで生まれた。[109] 五歳までドイツ南部のボーデン湖畔で育ち、教育に価値を置いていた両親の方針で、数年間、南イングランドの寄宿学校にも留学している。彼女の世話には子守が雇われており、両親はイルムガルトに親密な愛情を示すことはあまりなかったが、彼女自身は子ども時代を幸せだったと語っている。イルムガルトの娘メリッタの証言によれば、イルムガルトは子どもの頃から「ちょっと変わって」いたが、独特の魅力があり、美しく、哲学に興味を持っていたという。イングランドから帰国した後、イルムガルトは、ミュンヒェンに居を移した両親のもとで引き続き学校に通い、そこで古典文献学教師のフランツ・ブルガーと出会う。まもなく、哲学を共通の関心事とする二人は結婚した。イルムガルトは一八歳、フランツは三〇代半ばであった。その後、二人の間には一九一八年と一九二〇年に二人の女の子が生まれた。

　イルムガルトがさまざまな脅迫妄想に悩まされるようになったのは、末娘のメリッタが生まれた後のことであった。一九二二年、当時二四歳のイルムガルトは、エグルフィング‐ハール精神病院に一年間入院した。「精神分裂病」と診断された彼女は、二三年に退院した後も何度か短期の入院を繰り返している。この頃、夫のフランツは彼女の様子について病院に次のように手紙を書いている。「お電話でお知らせしたように[…]、この一年の妻の病状は、再び家に戻ることができたので予想以上に良好でした」。

　一家はミュンヒェンのシュヴァービング地区に居を構え、家政はメイドたちが切り盛りをし、イルムガルトは自室でメイドのアンナの世話を受けて生活した。病気の進行によってもはや会話はできず、彼女は自身の世界のなかに閉じこもり、たくさんの絵を描き、独り言をしゃべっていたが、食事は家族とともに取るなど、家族生活は営まれていた。夫フランツは娘たちの教育に心を砕き、文学や詩作、叙事詩など家のなかにはたくさんの本があったという。このように、家族の私的な空間のなかでイルムガルトは守られていたが、外の世界とのやりとりはますます困難になっていった。家にやってきた娘メリッタの学校の友人が、「窓から気の狂った女の人がのぞいていた」と言ったとき、メリッタはそれが自分の母親だとはいえなかったという。

一九三〇年、家族を大きな不幸が襲う。夫フランツが多発性硬化症を患い、三三年に亡くなったのである。その後二年間はメイドのアンナがイルムガルトと二人の娘の世話をしていたが、三五年、アンナが結婚することになったため、二人の娘たちは寄宿学校に送られ、イルムガルトは引き続きアンナに引き取られた。ちょうどこの頃、学校で健康診断があり、メリッタが家族の病歴について話したところ、校医の女性は、「なんてこと！　このことは誰にも言ってはいけませんよ。恐ろしいことだから」と言ったという。当時、「精神分裂病」は遺伝病と見なされており、強制断種の対象となっていた。この女医はメリッタを守ろうとしたのである。メリッタが「アーリア人証明書」を申請しなければならなかったときにも、偶然と幸運が彼女とその家族を救った。メリッタの祖父、つまりイルムガルトの父、マックス・ブランケンシュタインは、キリスト教に改宗したユダヤ教徒、すなわち「二分の一ユダヤ人」であったが、その出生地がニューヨークだったために調査が及ばなかったのである[110]。

メリッタがこうした幸運で事なきを得る一方、イルムガルトの状況はますます厳しくなっていた。アンナの家が空襲を受けて住居を失ったためイルムガルトは両親のブランケンシュタインの家に戻されたが、老親は彼女の世話ができなかった。そのため、一九四三年八月、四五歳のイルムガルトはミュンヒェン市内の神経科クリニックに入院することになった。両親はイルムガルトをシェーンブルン障害者施設に入所させようとしたが果たせず、この年の末、イルムガルトはエグルフィング‐ハール精神病院に転院した。父親のマックスは、娘に対するより良い治療を期待すると同時に孫娘を守るために、四四年一月一日、同院の担当医師に次のような手紙を送っている。

遺伝的負荷は尊属にも卑属にもありません。私の妻は七〇歳で私は七六歳ですが、ともにまだ活動的であり、精神的にもまったく健常です。ただし、外因的要素として、娘の夫が世界大戦に出征した折に娘がたいそう不安がっていたことが挙げられます。さらに、ミュンヒェンのレーテ時代[111]には騒乱も続きました。

[…]

私の二人の孫たちは健康です。上の子はハイデルベルクで文献学の国家試験を受け、二三歳になる下の子は、空軍諜報部の上級助手として数年前から東プロイセンにいます。一月上旬には、休暇を利用してエグルフィング‐ハールの病気の母を訪ねる予定です。

一九四四年一月、実際にエグルフィング‐ハールを訪ねたときのことを、メリッタは後のインタビューで「今もよく覚えている」と答えている。大きなホールに患者たちがぼんやりと座っている病院の様子にはショックを受けたが、母親との面会そのものは当時の状況からすれば良いものであった。「母はちゃんと世話をされていると感じました。母は私が誰なのかわかりましたし、良い面会だったと思います」。

しかしそれが母と娘の最後の面会であった。イルムガルトはそれから一年にも満たない一九四四年一二月七日、四六歳で亡くなった。最後に診療した医師ブラウンミュールは、イルムガルトの死因を衰弱としている。メリッタの訪問時、一六〇センチの身長に五六キログラムだったイルムガルトの体重は、亡くなる一カ月前の四四年一一月にはわずか三〇・五キログラムであった。イルムガルトの病歴簿には、毎月の体重の推移（一年の間に二五キログラム以上減少している）のほかにはほとんど記録がなく、それらしい死因の説明も残されていない。死体解剖も行われなかった。

メリッタは東プロイセンで母の突然の死を知った。彼女には何が起こったかわからなかったという。母イルムガルトには何の持病もなかったからである。戦後ミュンヒェンに戻ったメリッタは、母の死の詳細を知るためにエグルフィング - ハールを訪ねたが、当時院長となっていたブラウンミュールは取り合わなかった。その後も何年かの間、メリッタは病院の墓地にあるイルムガルトの墓参を続けた。母イルムガルトが意図的に餓死させられたことをメリッタが知ったのは二〇一五年、イルムガルトの死からほぼ七〇年後のことであり、「何十年もの間、何も知らされていなかったことに愕然と」したという。

以上の三つのバイオグラフィーから見えることは、犠牲となった人々の運命を分けた決定的な要因として、病気、障害、「素行」などの潜在的な危険要素、ときに偶然を含む種々の外的状況に加えて社会的孤立があったということである。病気や障害があっても、その人を「かけがえのない存在」「一人の人間」として見なす人々とのつながりがあり、家族や親族、あるいは危険の及ばない施設など何らかの「安全な居場所」があった人々は「安楽死」から逃れる可能性があった。例えばイルムガルトは、戦時下でも何とか維持されていた包摂のネットワークが消失したとき、「安楽死」の犠牲となった。病院を脱走しても行き先がなかったエミー、長い入院生活でおそらくは社会関係を失っていたハンス、あるいは先に見たウクライナの外国人労働者マリア・Kも同様であった。社会的孤立、人間的な結びつきの喪失の結果、彼らは「価値の低い」「価値のない人」への殺害が許容される社会の前に無防備に晒され、切り捨てられたのである。

おわりに

ドイツが無条件降伏する数日前の一九四五年五月二日、バイエルンに進駐したアメリカ軍がエグルフィング-ハール精神病院に到着した。[112] 院長プファンミュラーは逮捕され、先述したように、アメリカ軍の命令で、非ナチ党員であった精神科医ゲルハルト・シュミットが臨時院長に任命されて事態の解明を委託された。初めて同院の「飢餓病棟」に足を踏み入れたシュミットは、最初の印象を「老人病院のようであった」と次のように記している。

何の物音もせず、何の動きもない。［…］患者たちは無気力で、無関心で、心を閉ざし、栄養不足のために衰弱して、無感情で何の主体的意志もなく、ただ植物のように細々と生きていた。[113]

このように、「安楽死」を生き延びた患者たちの多くは衰弱しきっており、前章でも触れたように、それ以後も患者の死は続いた。一九四五年には計八二一人、四六年になっても四四五人の患者が亡くなっている。[114] シュミットは四五年一一月には同院での「安楽死」に関する調査結果をラジオ番組で報告したが、院内での画策によってその後まもなく院長職を追われ、翌四六年八月には先述したブラウンミュールが院長のポストに就いた。ブラウンミュールは四六年の病院年次報告で、「当院は戦争を無事に生き延びることができた」

とし、「安楽死」についても、またその解明調査にあたった彼の前任者シュミットの名にもまったく触れていない。以後、エグルフィング - ハール精神病院では「安楽死」に関する長い沈黙が支配することになる。

しかし沈黙したのは加害の側だけではなかった。犠牲者の家族もその多くは口をつぐんだままであった。精神疾患の患者・精神障害者およびその家族が晒されていた社会的な差別や蔑視は、その後も変わることはなかったためである。一九四五年以後も精神疾患の患者・障害者は依然として「患者」「障害者」であり、「安楽死」のトラウマの記憶に苛まれながら引き続き病院や施設で生活するほかなかった。[115] そうしたなかで、「安楽死」犠牲者は家族の記憶のなかからも消えていった。戦後、「祖母が強制収容所にいた」、あるいは「祖父がナチの親衛隊にいた」と語ることはできても、「祖母が精神病院で『安楽死』の犠牲になった」と語ることは長らくタブーであった。[116]

エグルフィング - ハール精神病院における「安楽死」の歴史的解明は一九八〇年代末に始まり、九〇年には病院の敷地内に犠牲者の慰霊碑が建てられた。[117] ただし、加害者一人ひとりの経歴や動機にまで光が当てられるなかで、犠牲者については単に数字が挙げられるか、あるいは「匿名」の集団として語られるのみであった。

そうした「加害者には顔があるが、被害者には顔がない」[118] とされる状況に変化が訪れる契機となったのは、二〇一三年、ミュンヒェンのナチ・ドキュメントセンターのイニシアティヴによる「安楽死」犠牲者の実名公表である。その年の一月一八日、つまりこの年からちょうど七三年前の一九四〇年、エグルフィング - ハール精神病院からグラーフェネック「安楽死」殺害施設に最初の患者が移送されたのと同じ日に、ミュンヒェン市の中心にあるマリーエン広場で、ミュンヒェン出身の犠牲者約四〇〇人の名前が読み上げられた。この催しには精神疾患の当事者をはじめ、精神医療機関の関係者、市会議員や学生、そして犠牲者の家族も参加した。これを機に二〇一五年にはミュンヒェン在住の犠牲者家族のグループが立ち上げられ、犠牲者の追悼と事実・記憶の掘り起しが始まった。犠牲者の孫世代になってようやく、「家族の秘密」について語ることが少しずつ可能になってきたといえよう。[119]

こうして近年ようやく掘り起こされた犠牲者一人ひとりに関するさまざまな事実や記憶によって、本章で見たような犠牲者の姿を、断片的ではあれ、再構成することが初めて可能になった。犠牲者はようやく「名前と顔のある」存在、一人ひとりの人間として、無残に踏みにじられた「無辜の人々」といった集団的ステレオタイプに押し込められることなく、その生と死の現実を知られるようになった。[120]私たちは、病や障害とともに当時を生きた人々の経験を追体験しながら、この事象の意味をあらためて考えることができるのである。

以来ドイツ各地では、また近年においては同じく犠牲者を生んだオーストリアや東欧諸国でも、犠牲者のバイオグラフィーを集めたデータベースの構築や、[121]犠牲者個々人のライフヒストリーに的をしぼった展示会、[122]各地の「安楽死」殺害施設の記念館や地方自治体レベルでの犠牲者追悼論集の発刊が盛んに進められている。[123]犠牲者を知ることは、「安楽死」という歴史的過去を現代に生きる私たちの問題として引き受けようとする試みであるともいえよう。

＊本研究は、ＪＳＰＳ科研費（一八Ｈ〇〇七三〇）および二〇一九・二〇二〇・二〇二一年度成城大学特別研究助成制度の助成を受けた研究成果の一部である。

注

1　以下、ヨハン・Dの事例については、Kipfelsperger (2011), 119ff; Dokumentation (2011), 150f.

2　本書第二章では殺害精神病院と称されているが、本章では本来の治療を目的とする精神病院との混同を避けるために「安楽死」殺害施設と表記する。

3　一九九〇年代以降、各地域での「安楽死」の解明が次々と進んでいる。例えばニーダーザクセンについてはSueße/Meyer (1988)；ラインラントについてはKaminsky (1995)；西南ドイツについてはPretsch (1996)；ヴェストファーレンについてはWalter (1996)；バイエルンについてはCranach/Siemen (2012[1999])；ブランデンブルクについてはHübener (2002) およびLey/Hinz-Wessels (2017)；ザールラントについてはBraß (2004)；「オストマルク」（現オーストリア）についてはArbeitskreis (2012)；ザクセンについてはSchulze/Fiebrandt (2016)；シュレジエン（現ポーランドとチェコ共和国の一部）についてはBöhm (2018) などがある。

4　一八八六年にバイエルン州ミュンヒェンに生まれ、ドイツ精神医学の先駆者クレペリンのもとで精神医学を学ぶ。一九三〇年、ヴァレンティン・ファルトゥルハウザーが院長を務めるカウフボイレン精神病院の主任医師となり、三六年からはドイツ南西部シュヴァーベン地方の強制断種にも積極的に関与した。Tiedemann/Cranach (2018), 66.

5　Schmidt (1965); Richarz (1987); NS-Dokumentationszenturm München (2018).

6　以下、精神病院および精神医療の歴史については、Siemen (2012b); Matthias (1927)；梅原・シュムール（二〇一三）。

7　以下、エグルフィング - ハール精神病院の歴史については、Richarz (1987), 30ff.

8　Richarz (1987), 32.

9　Richarz (1987), 54; Siemen (2012a), 417, 419.

10　Tiedemann/Cranach (2018), 64; Stockdreher (2012), 329; Richarz (1987), 51f.

11　Richarz (1987), 45f; Matthias (1927), 517.

12　落ち着かず騒がしい患者、自傷・多傷の危険などから通常より厳しい監視や難しい介助が必要な患者のみを配した病棟・病室を指す。

13　Richarz (1987), 45.

14　Richarz (1987), 37ff. 患者一人一日当たりに支払われる措置費は、大多数の患者が該当する三級の場合、一九二七年の四マルクから三七年には三マルクにまで引き下げられた。また、三一年に四七八名だった介助人は三七年には四一五名に、医師は同年対比で二一名から一九名となった〔Stockdreher (2012), 329, 332〕。

15　一九三三年から三九年の間にドイツ全土の入院患者数は二五万八〇〇〇人から三四万人となった。Siemen (2012b), S.26.

16　Siemen (2012a), 471.
17　Richarz (1987), 71.
18　奇異な外見を持つ人や動物を売りにした見世物興行。
19　Schmidt (1965), 26ff; Richarz (1987), 59f.
20　Stockdreher (2012), 337ff; Richarz (1987), 114ff. 同院での断種手術は一九三九年までの時期に集中しており、犠牲者の七割が「精神分裂病」と診断された患者であった。
21　Richarz (1987), 190.
22　Richarz (1987), 152ff; Siemen (2012a), 432f.
23　Hohendorf/Tiedemann (2018), 85.
24　Siemen (2012a), 432ff; Tiedemann/Cranach (2018), 60f; Hohendorf/Tiedemann (2018), 86ff. 一九四〇年秋から四一年秋にかけて、民間の福祉施設から一四三四人がエグルフィング‐ハール精神病院に転院させられ、そのうち少なくとも七三九人が「安楽死」殺害施設へと移送されている。
25　Richarz (1987), 145.
26　Rauh (2010a), 300; Rotzoll/Hohendorf/Fuchs/Richter/Mundt/Eckart (2010), Abb. 23, 24, 25.
27　Hohendorf (2010), 323f.
28　シェーンブルンをはじめとする民間施設では、「移送」の真実が明らかになって以来、入所者を救うために記入の際にさまざまな操作が行われた。病状はなるべく軽く、労働能力や「素行」はなるべく良い印象を与えるように記載されたという。Schmidt (1965), 49ff.
29　Kipfelsperger (2011), 126.
30　文面の一例は、Richarz (1987), 157; Hohendorf/Tiedemann (2018), 92f.
31　Hohendorf/Tiedemann (2018), 91; Richarz (1987), 157f; Kipfelsperger (2011), 128.
32　Richarz (1987), 156; Hohendorf/Tiedemann (2018), 94.
33　文面の一例は、Hohendorf/Tiedemann (2018), 98.
34　Kipfelsperger (2011), 129.
35　Hohendorf/Tiedemann (2018), 85f; Richarz (1987), 161. Vgl.Schmidt (1965), 77.
36　Schmidt (1965), 73f.
37　Richarz (1987), 154, 160f. T４作戦の犠牲者三〇〇〇人の抽出調査である以下も参照。Fuchs (2014).
38　Richarz (1987), 154. プファンミュラーは、同裁判においては証言に立ったのみで、彼自身への裁判は一九四九年にミュンヒェン地方裁判所で行われた。
39　Richarz (1987), 159.
40　Richarz (1987), 159; Hohendorf/Tiedemann (2018), 97.
41　その後カウフボイレン精神病院とその分院イルゼー精神病院が追加され、バイエルンの「子ども安楽死」の拠点は三カ所となった。
42　以下、「子ども安楽死」については、Schmidt (1965), 94-127; Richarz (1987), 177-189; Stockdreher (2012), 357ff; Katzur (2018).
43　Schmidt (1965), 109.

44 Stockdreher (2012), 357.
45 以下、ゲルハルトの事例は、Katzur (2018), 77f.
46 Katzur (2018), 77.
47 Stockdreher (2012), 357.
48 Katzur (2018), 73.
49 Richarz (1987), 185f.
50 Katzur (2018), 78f.
51 Richarz (1987), 188. 当時の精神病院内では病院長の権威が高く、院内での医師の指示は看護婦、介助人にとって絶対であったとされる。
52 Katzur (2018), 80.
53 Schmidt (1965), 109.
54 Katzur (2018), 77. なお、同院で犠牲となった少女、エーディト・ヘヒトを取り上げたジャーナリストによる著作として Krischer (2006).
55 Stockdreher (2012), 337.
56 Tiedemann/Hohendorf/Cranach (2018a), 110.
57 Richarz (1987), 138ff.
58 Schmidt (1965), 128f.
59 以下、「飢餓食」による殺害については、Schmidt (1965), 128-132; Richarz (1987), 174-177; Tiedemann/Hohendorf/Cranach (2018a), 110-116. なお、カルテの分析から「飢餓食」は「飢餓病棟」以外にも拡大していたことが推測されるが、現在のところ詳細は明らかになっていない。
60 Richarz (1987), 175.
61 Tiedemann/Hohendorf/Cranach (2018a), 112f.
62 Tiedemann/Hohendorf/Cranach (2018a), 110; Schmidt (1965), 131.
63 以下の証言は Schmidt (1965), 133ff.
64 Tiedemann/Hohendorf/Cranach (2018a), 117f.
65 Tiedemann/Hohendorf/Cranach (2018a), 117.
66 以下の記録については、Tiedemann/Hohendorf/Cranach (2018a), 118; Tiedemann (2014a), 48, Anm. 55.
67 Tiedemann (2014a), 48.
68 Siemen (2012a), 457f. 後述の通り、ブラウンミュールは戦後の一九四六年八月に同院院長に就任する。
69 Tiedemann/Hohendorf/Cranach (2018a), 108, 119, 122.
70 さらに八％がネグレクトあるいは薬物投与による死、五％がネグレクトあるいは飢餓、一％が薬物あるいは飢餓による死であった。Tiedemann/Hohendorf/Cranach (2018a), 110.
71 Tiedemann/Hohendorf/Cranach (2018a), 119.
72 Tiedemann/Eberle (2018), 131; Schmidt (1965), 68. ユダヤ系の「安楽死」犠牲者については、Friedlander (1989); Hinz-Wessels (2002), (2010), (2013).
73 Siemen (2012a), 430.
74 ユダヤ系患者専用病院としてドイツ西部の都市コブレンツ近郊の病院が指定されていたが、全国の患者数に比して病床数はまったく不足しており、各地の病院でもユダヤ系患者の分離はほぼ不可能であった。

75　例えば家族がパレスチナに移住し一人残されたルート・レヴィンガーの事例など。Tiedemann (2018b).

76　以下は Siemen (2012a), 430; Schmidt (1965), 67ff.; Tiedemann/Eberle (2018), 132ff.

77　同院の医師ブラウンミュールの証言。医学史家ベルンハルト・リヒャルツは一九三人という数字を挙げている。Richarz (1987), 169; Tiedemann/Eberle (2018), 134.

78　Schmidt (1965), 68.

79　Richarz (1987), 169; Tiedemann/Eberle (2018), 135. 同院にはその後も散発的に数人のユダヤ系患者が入院することがあったが、いずれも短期間のうちに秘密警察に引き渡されている。

80　Schmidt (1965), 83f.

81　Tiedemann/Eberle (2018), 136; Siemen (2012a), 454. 外国人患者の殺害については、Hamann (1989).

82　Schmidt/Kuhlmann/Cranach (2012), 298.

83　Schmidt/Kuhlmann/Cranach (2012), 298.

84　Richarz (1987), 177; Stockdreher (2012), 360.

85　Cranach/Tiedemann (2018), 151.

86　ポイカート（一九九一年）、三三七頁。

87　四五人のうちT４作戦の犠牲者が一八人、院内での死亡が一八人、残りは強制収容所に送られて死亡、あるいは行方不明となっている。Tiedemann/Eberle (2018), 139f.

88　Eberle (2018a), 343ff.

89　Tiedemann/Eberle (2018), 141f.

90　カウフボイレン - イルゼー精神病院院長のファルトゥルハウザーに対する戦後の裁判で、エルンスト・ロッサの殺害が代表的事例として参照されたため〔Cranach/Siemen (2012), 475ff〕。なお、彼の殺害については『八月の霧』と題されたノンフィクション小説にまとめられ、映画化（日本未公開）もされている。Domes (2008).

91　このテーマに関する優れた研究史整理は Lutz (2006).

92　Schmidt (1965), 82-93; Richarz (1987), 165-170, 182-184; Cranach/Tiedemann (2018).

93　Schmidt (1965), 82-83; Cranach/Tiedemann (2018), 146.

94　Schmidt (1965), 83.

95　Schmidt (1965), 85-87.

96　Schmidt (1965), 88f.

97　Schmidt (1965), 89-91.

98　Nowak (1991); Delius (1993); Stöckle (2010); Aly (2014), 280-287; Cranach/Tiedemann (2018), 143-146.

99　Cranach/Tiedemann (2018), 146f.

100　Cranach/Tiedemann (2018), 150.

101　Cranach/Tiedemann (2018), 147.

102　Nowak (1991), 238ff, 247ff.

103　犠牲者個人のバイオグラフィーとしては、T４作戦の犠牲者のカルテの分析に基づいた以下も参照。Fuchs/Rotzoll/Müller/Richter/Hohendorf (2014).

104　Eberle (2018b).

105　Tiedemann (2014b); Tiedemann (2018c).

106 Tiedemann/Hohendorf/Cranach (2018a), 113f.

107 Tiedemann (2018c), 362. Maximilianstraße 26-28 (Münchner Kammerspiele)-Landeshauptstadt München (muenchen.de)（最終閲覧日二〇二一年七月九日）。

108 Eberle (2018a).

109 Tiedemann (2018a). http://www.ns-euthanasie.de/index.php/irmgard-burger（最終閲覧日二〇二一年三月二八日）。

110 Tiedemann (2018a), 325.

111 ドイツ革命が勃発した一九一八年一一月から一九一九年五月まで、ミュンヒェンで一時的に成立したバイエルン・レーテ共和国の時代。

112 以下は、Cranach/Hohendorf (2018).

113 Schmidt (1965), 132; Tiedemann/Hohendorf/Cranach (2018a), 115. シュミットの息子ペーターは後のインタビューで、同院の当時の光景がダッハウ強制収容所の解放直後の情景を思い出させたと語っている。

114 Stockdreher (2012), 337.

115 Albus/Busch/Groß/Wörishofer (2014), 173f; Geleitwort der Angehörigen der Opfer (2018), 15. ナチ期の経験がトラウマとなって投薬や注射といった治療を断固として拒否する患者、あるいは入院・入所を何としてでも逃れようとする高齢者の例などは戦後のインタビューでも伝えられている〔Delius (1993), 83〕。

116 Delius (1993), 81.

117 Cranach/Hohendorf (2018), 166. 一九八七年に出版されたリヒャルツの博士論文を嚆矢に、九九年にはナチ時代の全バイエルンの精神病院を対象とした包括的な研究報告が出版された〔Richarz (1987); Cranach/Siemen (2012)〕。

118 Fangerau/Krischel (2011), 22.

119 Cranach/Eberle/Hohendorf/Tiedemann (2018), 21f; Cranach/Tiedeman (2018), 152. とはいえ、実名の公表をめぐっては今なお見解が分かれている〔Hohendorf/Raueiser/Cranach/Tiedemann (2014), 163ff〕。

120 ホロコーストにおいて長らくそうであったように、犠牲者は「安楽死」というナチ犯罪の残虐性、加害者の非人間性を示す存在としてのみ語られがちであった。高橋（二〇一七）、三二頁以下。

121 巻末のウェブサイトリストを参照。

122 Schneider/Lutz (2014). ここでは従来一般的だった患者然としたカルテの写真ではなく、プライベートなスナップ写真や職業人としての「普通の」写真が用いられ、犠牲者を患者としてではなく市民として、また一人の人間として追体験できるようになっている。ただし、病気や障害が直ちにわかる写真ではないことから、犠牲者が晒されていた差別や蔑視、「安楽死」の暴力性、残虐さが十分に伝わらないとの指摘もある〔Lutz (2014), 117f〕。

123 例えば「安楽死」殺害施設ピルナ - ゾンネンシュタインに関する Böhm/Schulze (2003)；同じくハルトハイムについての Schwanninger/Zauner-Leitner (2013) など。

第四章

強制断種・「安楽死」の過去と戦後ドイツ

紀　愛子

はじめに

二〇一〇年一一月、ベルリンで、ある式典が執り行われた。ヨーロッパのなかでも最大規模の精神医学学会である「ドイツ精神医学・精神療法・精神身体医学・神経学会」(Deutsche Gesellschaft für Psychiatrie und Psychotherapie, Psychosomatik und Nervenheilkunde〔DGPPN〕)が、年次総会の一環として、ナチ精神医学のもとに迫害された人々に対する追悼式典を開催したのである。同会の会長フランク・シュナイダーは、式典における講演のなかで、ナチ体制期の強制断種や「安楽死」に精神科医が加担していたことを認め、謝罪の意を表明した。シュナイダーは講演の冒頭において、「われわれ精神科医は、ナチの時代に人間を侮蔑し、自分たちに信頼を寄せてきた患者の信頼を裏切り、だまし、家族を誘導し、患者を強制断種し、死に至らせ、自らも殺しました」と述べた上で、以下のように続けている。

この事実に直面するのに、そしてわれわれの歴史のこの部分と率直に向き合うまでに、どうしてこんなに長い時間がかかったのでしょうか?〔…〕われわれが恥じ入ることはほかにもあります。われわれドイツの精神医学の学会は、一九四五年の大戦後も一度として犠牲者の側に立ったことがなかったのです。さらに悪いことには、彼らが受けた新たな差別や不正にも関与しました。[1]

このシュナイダーの言葉には、精神医学の学会として、強制断種や「安楽死」の過去に向き合い始めるのがあまりに遅かったことへの自省が表れている。一九世紀半ば頃に設立されたＤＧＰＰＮは、シュナイダーの言葉によれば、「世界のなかでも最も古い科学的医学的な専門学会」であったが、強制断種や「安楽死」に対して学会として公式に謝罪したのはこれが初めてのことであった。[2] ここに至るまでに戦後六五年の歳月を要したことに鑑みれば、「どうしてこんなに長い時間がかかったのか」というシュナイダーの問いも頷けよう。

ＤＧＰＰＮはこの追悼式典のほかにも、ナチ体制下の精神医学を自省する取り組みを行っている。例えば同じ年の二〇一〇年には、ナチ体制期における同学会の歴史を見直す研究プロジェクトを立ち上げた。翌一一年には、戦後に同会の会長に就任し、名誉会員になっていた精神科医フリードリヒ・マウツおよびフリードリヒ・パンゼの名誉会員資格を剝奪した。両名はナチ体制下の「安楽死」において、殺害対象を選別する「鑑定人」の役割を務めていた医師であった。[3]

ＤＧＰＰＮの追悼式典後、他の医学系団体でも同様の取り組みが続いている。例えば、二〇一二年にニュルンベルクで開催されたドイツ連邦医師会の年次総会「ドイツ医師会大会」でも、ナチ体制下の医学犯罪に対する医師の共同責任を認め、犠牲者と遺族に対して謝罪の意を表明する提議が決議された。[4] 先述のＤＧＰＰＮによる追悼式典は、後に続くこうした取り組みの契機として位置づけられるであろう。

ドイツでは、ナチ体制期に行われた不法行為に対する謝罪や補償、歴史教育などの取り組み全般は、「過去の克服」と総称されている。[5] 日本でも、ホロコーストをめぐる補償政策や歴史教育については、これまで多くの研究がなされてきた。しかし、強制断種や「安楽死」の「過去の克服」については、日本はもちろんドイツにおいても、十分に研究がなされているとは言いがたい。ドイツの歴史学界において、このテーマに関する研究が本格化し始めたのは、二〇〇〇年代以降のことである。[6] シュナイダーの講演からもわかるように、医学界がこれらの過去に率直に向き合い始めるまでにも長い時間がかかったのだから、そうした取り組みを歴史として客観的に対象化するには、さらなる時間が必要であったといえよう。

ドイツで強制断種や「安楽死」の過去に対する謝罪や追悼が活発に行われるようになって以降、日本でもこうした取り組みが紹介されることが増えた。例えば二〇一二年、「『戦争と医の倫理』の検証を進める会」主催のもと、「戦争と医の倫理—ドイツと日本の検証史の比較」と題した国際シンポジウムが京都大学で行われた際には、ナチ体制下のドイツ医学に関する著作で知られるドイツの医師、ティル・バスティアンが招かれ、オンラインで講演を行った。[7] 一五年には、大阪で開催された日本精神神経学会学術総会に、前述のDGPPN会長シュナイダーが招かれ、「ナチズム下の精神医学—記憶と責任」と題した講演を行った。[8] また、DGPPNは、強制断種や「安楽死」の過去を伝えるための移動展示会を一四年から世界各地で開催しているが、この展示会は一九年二月に東京でも開催され、五〇〇名もの来場者を集めた。[9]

こうしたドイツの取り組みの紹介からは、ドイツが戦後、強制断種や「安楽死」という負の歴史に十分に向き合ってきたという印象が生まれるかもしれない。しかし、医学界による取り組みや連邦政府による補償政策が開始されるまでには、ドイツでも長い時間を要したのであり、そこに至るまでの経緯を含めて、戦後ドイツと強制断種・「安楽死」の過去との関係性を俯瞰的に理解することが必要であろう。

本章では、戦後ドイツが強制断種や「安楽死」の過去にどのように向き合ってきたのかを、（1）戦後裁判、

（2）医学界の過去に対する態度、（3）被害者および遺族に対する補償政策、（4）記念碑・記念館の設立、この四つの観点から検討していく。これらの要素は、それぞれ独立しているようでいて、互いに影響を及ぼし合いながら、強制断種や「安楽死」の「過去の克服」を形づくってきた。複雑に絡まり合うこれらの要素の一つひとつを整理し、その相互の連関を含めて検討することで、戦後ドイツがこれらの過去にどう向き合ってきたのかを俯瞰的に把握したい。なお、本章の前半部分（第1、第2節）は主に、強制断種や「安楽死」に携わった医療者たちに関わる問題であり、後半部分（第3、第4節）は、強制断種や「安楽死」の被害者・犠牲者、および遺族に関わる問題である。これら双方の視点から、強制断種や「安楽死」をめぐる「過去の克服」が発展するまで、なぜ長い時間がかかったのかという問いについて考えていきたい。

なお、本論に入る前に、本章における「戦後ドイツ」の範囲について述べておきたい。ドイツは第二次世界大戦後、米英仏ソ四カ国による占領を経て、一九四九年に西ドイツ（ドイツ連邦共和国）と東ドイツ（ドイツ民主共和国）に分断され、九〇年にドイツ連邦共和国として再統一されるが、本章では西ドイツおよび統一ドイツを主な対象範囲とする。東ドイツにおける強制断種や「安楽死」をめぐる「過去の克服」に関する研究は、ドイツにおいても近年端緒についたばかりであり、現時点で包括的な描写をすることは困難である。そのため、東ドイツについては必要に応じてのみ言及することとする。

1　関与した者たちはどう裁かれたのか

計画・統括に携わった者たちに対する裁判——医師裁判

本節では、「安楽死」に関わった者が、戦後どのように裁かれたのかを概観する。ある犯罪の関与者がどのように裁かれたのか、あるいは裁かれなかったのかは、その犯罪をめぐる「過去の克服」の根幹をなす問題といえよう。「安楽死」の場合にも、終戦直後から一九八〇年代に至るまで関与者に対する裁判が行われてきたが、一連の裁判とその結果は、「安楽死」をめぐる「過去の克服」に大きく影響を及ぼすこととなった。

まず、「安楽死」に関わった者のなかでも、命令系統の上層部にいた者に対する裁きから見ていこう。「安楽死」の計画と統括に携わっていた者といえばまず、アドルフ・ヒトラーによって「安楽死」の権限を授与された彼の侍医カール・ブラントと、計画当時に総統官房長官を務めていたフィリップ・ボウラーの二名が挙げられる。さらに、「安楽死」全体を統括する拠点となった総統官房第Ⅱ局局長ヴィクトール・ブラックも、ボウラーの代理として計画の指導的立場にあった（彼らの役割については、本書第二章を参照）。このうち、ボウラーは終戦直後にアメリカ軍により逮捕され、収容された捕虜収容所内で自殺したが[10]、ブラントとブラックは、ナチの戦争犯罪人を裁いた「ニュルンベルク継続裁判」のうちの一つである「医師裁判」において裁かれた。

医師裁判の位置づけについて、簡単に確認しておこう。一九四五年一一月から四六年一〇月にかけて、ナチ・ドイツの主要戦争犯罪人二四名と六つの犯罪組織に対する米英仏ソの国際軍事裁判が行われた（ニュルンベルク国際軍事裁判）。この国際軍事裁判で起訴されなかった重要な戦争犯罪人を裁くため、「連合国管理理事会法第一〇号」に基づき、国際裁判の権限を委任される形で、アメリカの単独管轄による軍事裁判が設立された。これが「ニュルンベルク継続裁判」である。ここでは、ナチ体制に関与したエリートたち（医師や法律家、企業家、ナチ党の親衛隊員、閣僚、政府高官など）が、一二の裁判においてそれぞれ裁かれた。四六年一二月九日に始まった医師裁判は、この一二の継続裁判のうち最初に行われた裁判であり、「第一号事件」と呼ばれる（主要被告人がブラントであったことから、正式名称は「合衆国対カール・ブラント他」[11]）。

医師裁判に関して強調しておかねばならないのは、この裁判において圧倒的に重点が置かれていたのは、強制収容所で行われた人体実験であったという点である。強制収容所では、囚人や戦争捕虜に対して、長時間冷却実験、骨移植実験、毒ガス実験など、残虐な人体実験が行われていた。医師裁判で審理の比重が置かれたのは、こうした実験に関してであった。「安楽死」も起訴状に挙げられたが、一三九日間に及んだ医師裁判の審理のうち、「安楽死」について扱われたのは、四七年一月一〇日から一七日までの八日間のみであった[12]。

医師裁判の被告人となったのは、上記の医療犯罪に直接関与したか、職権により医療犯罪を準備ないし指令した二〇名のナチ党親衛隊員、または強制収容所の医師および医療関係者、さらに三名の高位行政官僚であった。このなかに、ブラントとブラックも含まれていた。「安楽死」への関与を追及されたのは、ブラントとブラックの二名に加え、帝国医師指導者代理クルト・ブローメ、ドイツ中部のブーヘンヴァルト強制収容所に勤務していた医師ヴァルデマール・ホーヴェンの計四名であった[13]。

「安楽死」に関する審理のなかで検察側は、「安楽死」に携わった医師たちが、ユダヤ人の絶滅政策に助力するため東方の占領地域へ派遣されたこと（具体的には、ハダマー精神病院などの殺害施設でT４作戦に従事していた医師が、トレブリンカ絶滅収容所やアウシュヴィッツ強制・絶滅収容所へと派遣され、ガス殺のノウハウを伝えていたこと）などから、「安楽死」はジェノサイドの準備段階であったという見解を示した[14]。対する弁護側の主張として注目すべきは、「安楽死」は不治の病人を苦痛から解放する行為だと被告人たちは信じていたのだと主張することで、「安楽死」を正当化しようと試みた点である[15]。被告人ブラントは最終弁論において、弁護人から「全般的に、あなた自身は今日、安楽死遂行によって、なんらかの罪の意識を持っているか？」と問われた際、「罪の意識はない。［…］私がしたことは、完全な人間的感情に準拠している。あの哀れな生き物の苦痛に満ちた人生を短縮すること以外は何も意図しなかったし、何も考えなかった」と述べている[16]。このような主張は、「安楽死」において病者や障害者に対する慈悲や同情という言葉が、殺害の正当化に用いられたことを象徴的に表すものといえよう。

一九四七年八月二〇日、医師裁判が結審し、判決が言い渡された。「安楽死」に関して追及された四名のうち、ブラント、ブラック、ホーヴェンの三名には死刑が宣告された（ホーヴェンは、「安楽死」関与の容疑については無罪とされたものの、ブーヘンヴァルト強制収容所での医学実験関与のかどで死刑判決を受けた[17]）。ブローメは、「安楽死」を含むすべての訴因で無罪とされた。医師裁判全体としては、二三名の被告のうち、一六名が有罪とされ、そのうち前記三名を含む七名が死刑、そのほかの有罪判決では、五名に終身の禁固刑、二名に二〇年、一名に一五年、一名に一〇年の禁固刑が宣告された[18]。

この医師裁判において、「安楽死」の中心人物であるブラントやブラックに対する取り調べが行われたことや、「安楽死」の枠組みのなかで行われた強制収容所の囚人に対する殺害の実態が明らかにされたことは、その後の「安楽死」に関する調査解明の一つの礎（いしずえ）となったといえる。ただし先述のように、人体実験に比べて「安楽死」の扱いは小さかったため、この裁判において「安楽死」の全容が解明されたわけではなかった。精神病患者や身体障害者に対して、殺害前に行われた医学実験や、「安楽死」で殺害された犠牲者の脳などを用いた学術研究についても、同裁判ではほとんど言及されなかった。[19]

また医師裁判では、「遺伝病子孫予防法」（＝断種法）に基づく強制断種については、調査はなされたものの、起訴の対象にはならなかった。医師裁判では、第二次世界大戦開戦後、東方ユダヤ人などを対象として強制収容所の一部で行われた薬物やレントゲン線照射による断種実験が起訴状に挙げられたが、これらは「遺伝病子孫予防法」の枠組みの外で行われた断種であり、同法律に基づく強制断種への関与に関して医師たちが罪に問われることはなかった。[20]この点は、戦後に「遺伝病子孫予防法」がどのように扱われたかということと大きく関係しているが、これは強制断種被害者に対する補償に関わる問題であるため、第3節で詳しく述べる。

現場の医師たちに対する裁判——占領期において

医師裁判において裁かれたのは、命令系統の上層部にいた医師たちであったが、「安楽死」において殺害の直接的な「実行者 Täter」となったのは、各精神病院や殺害施設でガス栓をひねったり薬物を投与したりした現場の医師たちであった。彼らに対しては、どのような裁きが下されたのだろうか。具体的な判例を検討する前に、医師裁判以外の裁判がどのように行われたのかを確認しておこう。

主要戦争犯罪人を被告とした国際軍事裁判を除く他の裁判については、一九四五年一二月二〇日に発布された「連合国管理理事会法第一〇号」に基づいて行われることとなった。同法律第三条では、「ドイツ人が他のドイツ人ないし国籍なき者に対し行った犯罪の判決には、占領当局はドイツ司法に権限があるものと宣言することができる」と定められていた。[21]そのため、ドイツ人に対する「安楽死」についてはドイツの司法に委ねられた。[22]

「連合国管理理事会法第一〇号」は、ナチ体制下の非人道的行為を「人道に対する罪」として裁くことを可能にしていた。しかしドイツ司法関係者からは、「人道に対する罪」の適用は遡及効（法律の効力がその施行以前に生じた事項にまで及ぶこと）にあたるとの批判や、ドイツ刑法で裁くことで十分であるとの声も上がっていた。[23]占領期には、特にドイツ刑法で裁くことの難しい密告などの事例においては「人道に対する罪」を適用して裁く裁判も数多く実施されたが、[24]「安楽死」に関しては、ドイツ刑法が適用される裁判が大半であった。[25]

西側占領地区および建国後の西ドイツにおいて、「安楽死」の関与者に対して、総計三〇件の刑事訴訟手続きが行われ、判決が下された。[26]裁判の大部分は、一九四六年から五一年の間に行われた。[27]では、こうした裁判では、現場の医師たちはどのように裁かれたのだろうか。まずは占領期、つまり一九四九年に西ドイツが建国される以前に行われた裁判について見ていこう。

この時期の現場の医師たちに対する「安楽死」裁判は、被告人に対して厳しい姿勢を取っていた。そうした判決の例として、一九四六年二月から三月にかけて、ベルリンの西側占領地区で開かれた裁判が挙げられる。この裁判は、ドイツの裁判所で最初に行われた「安楽死」に関する裁判で、ポーゼン県にあるメーゼリッツ‐オブラヴァルデ精神病院で働いていた女医のヒルデ・ヴェルニケ、看護婦のヘレーネ・ヴィツォレックの二名が裁かれた。両名は四三年から四四年の間に、同院において薬物注射により精神病の子どもおよび成人を殺害したかどで訴追された。ヴェルニケは六〇〇名、ヴィツォレックは少なくとも一〇〇名の「謀殺」に関わったとして、両名には死刑判決が下された。[28]

このベルリンでの裁判において注目すべきは、被告人がドイツ刑法における「謀殺 Mord」の罪に問われた点である。ドイツにおいて、故意に行われた殺人は「故殺 Totschlag」として殺人罪が適用されるが、そのうち、「狡猾さ」や「卑劣な動機」といった構成要件が認められた場合には、さらに重罪である「謀殺」と判断される。患者の殺害を謀殺とするか故殺とするかは、後に裁判所の見解が変化していくが、この最初の裁判では前記の構成要件が認められ、被告人は謀殺罪に問われた。

一九四七年一月、被告人両名に対する死刑が執行された。西側占領地区および西ドイツにおける一連の「安楽死」裁判において、死刑判決はこれ以降も下されるが、実際に刑が執行されたのは、この二名に対してのみである。[29] その意味でも、ドイツの裁判所による最初の「安楽死」裁判であるこのベルリンの事例は、被告人に対して最も厳格な姿勢を示した裁判といえよう。

一九四六年から四七年にかけては、フランクフルト・アム・マインの州裁判所で、アイヒベルク精神病院（ドイツ中部ヘッセン州）で働いていた医師や看護婦らに対する裁判が行われているが、ここでも「安楽死」は謀殺と認定され、関与した医師には厳しい判決が下された。アイヒベルク精神病院は、四〇年以降、まずハダマー殺害施設へ患者を移送するための中継精神病院として稼働し、四一年からは「児童少年専門科」（本書第二、第三章参照）としての役割も担っていた。この裁判は、同施設の施設長であり、T4作戦においては患者を選別する鑑定人も務めた医師、フリードリヒ・メネッケが裁かれた点でも注目される。メネッケとももう一人の医師、ヴァルター・シュミットの行った殺害は、謀殺と認定され、メネッケには死刑が宣告された（ただしメネッケは、この判決が確定する前に、刑務所の独房で死亡した）。シュミットには終身の禁固刑という判決が下された（ただし、一九五一年に恩赦により一〇年の禁固刑に減刑され、二年後の五三年には釈放されている）。[30]

こうした初期の裁判では、被告人側から主張された違法性阻却事由や責任除斥事由は認められなかった。例えば裁判では、弁護側は度々「禁止の錯誤」（刑法上禁じられている行為であるにもかかわらず、錯誤、勘違いによって不法性を認識していなかったとする論理）を主張した。具体的には、被告人は「安楽死」を合法化する法律があると聞かされていたため、「安楽死」への関与の違法性を認識していなかったと訴えたのである。その際弁護側は、一九三九年一〇月頃に、九月一日付に遡ってヒトラーによって署名された「安楽死」の権限授与書を引き合いに出し、被告人はこれを有効な法律だと認識していたのだと主張した。後述するように、被告人のこうした「禁止の錯誤」論を認めるか否かは時代とともに変化していくが、初期の「安楽死」裁判においては認めない姿勢が取られた。また、「安楽死」への関与を拒否すれば多大な不利益を被るだろうというおそれから、被告人は「安楽死」に参加せざるを得なかったのだとする弁護側の主張も、「安楽死」への参加は基本的には自由意志に基づくものであったとして退けられた。[31]

このように、西側占領地区での「安楽死」裁判が始まった初期には、医師だけでなく看護婦に対しても死刑が宣告されるなど、厳しい判決が続いた。ただし死刑判決が下されても、実際に執行されたのは、先に触れた通り、最初の「安楽死」裁判であるベルリンでの裁判の被告二名のみであった。占領期にドイツの裁判所において行われた「安楽死」裁判のなかでは、この二名と先述のメネッケのほかに、ハダマー精神病院で約一〇〇〇名の殺害に関わったハンス・ボードー・ゴーガスなど四名の医師に対しても死刑判決が下されたが、この四名はいずれも一九六〇年代までの間に恩赦により釈放されるか上告により減刑され、その後釈放されている。[32]この変化について、次項で検討していこう。

西ドイツにおける「安楽死」裁判

西ドイツ建国以降、ナチ犯罪をめぐる裁きに関してはいくつかの変化があった。まず、一九五一年、「人道に対する罪」の適用が停止され、以降の訴追はドイツ刑法のみに基づいて行われるようになった。また、連邦共和国の基本法（憲法）により死刑が廃止され、終身刑が最高刑となった。[33]

こうした状況のなか、「安楽死」裁判においても変化が生じる。西ドイツ建国以降、徐々に被告人に対して有利な方向へと裁判の基準が変化していき、多くの裁判において無罪判決が下されるようになるのである。一例として、一九五一年のケルンでの陪審裁判における判決を見てみよう。同裁判では、ザクセンベルク精神病院（メクレンブルク・フォアポンメルン州）で成人および子どもの「安楽死」に関わった医師、アルフレート・ロイが被告人となった。裁判では、ベルリンやフランクフルトの例と同様に、ロイの関与した殺害は謀殺と見なされた。[34]しかし、初期の「安楽死」裁判と異なり、ロイは謀殺の「共同正犯」ではなく、「幇助者」とされた。四九年までは裁判所は、「犯行の実際の役割に近いのはどれか」という基準に従い、教唆者、主犯、共同正犯、幇助者という分類を行っていたが、それ以降は犯行に関わった者の主観的な関与の認識を重視するようになり、犯意を認める者を主犯、それ以外の者を幇助者と見なすようになる。[35]ロイの場合も、被告は上からの命令を実行していただけであり、彼自身が犯意を有していたわけではなかったという裁判所の判断により、幇助者とされた。[36]裁判の結果、謀殺の幇助罪は成立せず、ロイは無罪とされた。

検察側はこの無罪に対して上告し、連邦最高裁判所にて再びロイの事例が争われることになった。驚くべきことに、二度目の裁判では謀殺の構成要件が認められず、ロイの関わった殺害は故殺と見なされた。しかも故殺の幇助罪も成立せず、一九五三年一二月四日に下された判決でもロイの無罪が覆ることはなかった。[37]

ロイの事例からは、わずか数年で被告人に対する裁きの方針が大きく変化したことがわかる。例えば第一審では、ロイは精神病者とその親族が自分に対して何の疑いも持っていないことを利用して、人目につかずこっそりと犠牲者を殺害したとして、謀殺の構成要件である「狡猾さ」が認められた。しかし第二審では、彼が殺害した精神病者や子どもは、「それでなくても無邪気で無防備」なのだから、犠牲者が普段よりも無防備である状況をロイが利用し謀殺したとは認められないとして、「狡猾さ」の要件は否認された。[38]

このように、被告となった医師たちの位置づけが「幇助者」に変わり、「安楽死」における殺害が謀殺ではなく故殺と見なされるようになるなど、「安楽死」裁判は徐々に、被告人を利する傾向に傾き始める。ではなぜ、このような変化が起きたのだろうか。背景として考慮すべきは、この時期の西ドイツが、元ナチ党員に対する裁きの徹底よりも、彼らの社会復帰を推進しようとしていたという点である。西ドイツ初の首相であるコンラート・アデナウアーは、元ナチ党員を徹底的にドイツ社会から排除することに対しては否定的な立場を取り、占領下のドイツの裁判所で有罪判決を受けた元ナチ党員に対する恩赦政策を積極的に推し進めた。[39] こうしたなか、一九五〇年代に入るとナチ犯罪をめぐる裁判の数も減少し始める。西側におけるナチ犯罪に関する刑事訴訟手続きは、占領期の四七年には四一三五件、四八年には四一六〇件に上っていたが、西ドイツが建国された四九年以降は少しずつ減少をはじめ、五二年には三四五件、五三年には二二六件にまで落ち込んでいる。[40]

ナチ犯罪に対する追及そのものが停滞するなか、一九五三年以降は、「安楽死」に関する裁判もほとんど行われなくなる。さらに五〇年代末になると、刑事訴追されたとしても被告人の自殺や病気、高齢といった理由で公判継続不能と判断される事例が増加する。例えば、T４作戦において殺害対象の把握と作戦本部における医学関連業務を管轄していた精神科医ヴェルナー・ハイデ（本書第二章参照）は、フランクフルト州裁判所で刑事訴追されたが、公判開始前に自殺した。T４殺害施設（＝「安楽死」殺害施設）の医師であったホルスト・シューマンは、高血圧によって公判不能と判断され、彼に対する裁判は停止された。また、ナチ体制期に犯された故殺は六〇年五月以降、時効が成立するようになったため、被告人の関与した行為が謀殺ではなく故殺と判断された場合には、刑事訴追そのものができなくなった。[41]

一九六〇年代に入ってからも、西ドイツでは二件の「安楽死」裁判が行われた。[42]これらの裁判でも、初期の裁判に比べて裁きの方針は大きく緩和された。例えば六五年、ミュンヒェンの州裁判所で、かつてメーゼリッツ‐オブラヴァルデ精神病院で働いていた一四名の看護婦を裁く裁判が行われた。メーゼリッツ‐オブラヴァルデ精神病院は、ベルリンで行われた最初の「安楽死」裁判で死刑判決を下され、実際に処刑された看護婦、ヴィツォレックが働いていた施設である。ヴィツォレックの場合は謀殺の罪で死刑判決が下されたが、六五年の裁判では、被告人たちの罪状は謀殺幇助とされた。さらに、この謀殺幇助罪も成立せず、一四名全員が無罪となった。裁判所の判断では、彼女たちは殺害を指示する法律の存在を医師から示唆されており、それを信じたのであって、「自分が不正行為を働いているという認識の欠如」が認められた。裁判所は、この「安楽死」法の存在に対する信頼により、「禁止の錯誤」が認められるとして、被告人の罪を否認したのである。[43]この一四名の看護婦に対する判決は、時代の変遷とともに、「安楽死」に関わった看護婦の裁き方が大きく変化したことを示しているといえよう。

以上の経緯を概観すると、「安楽死」をめぐる戦後裁判は、戦後直後は被告人に対して厳しい姿勢を取るもので、特に殺害施設の医師たちに対しては死刑判決も下されたが、徐々に被告人に有利な方向に審理が傾いていき、軽い刑罰での判決や無罪判決が増加したことがわかる。西ドイツ建国後、ナチ犯罪に対する裁きの方針自体が徐々に緩和されたことは先に述べた通りだが、その背景として、戦後の西ドイツが、できる限り早く国家を再建し、国際社会に復帰しなければならなかったという点も指摘しておきたい。特に一九五〇年六月の朝鮮戦争勃発以降、ドイツの再軍備という重要課題を前にして、ナチの犯罪人たちに対する裁きというテーマそのものが重要性を失っていた[44]。冷戦と東西対立という構図のなかで、社会主義陣営に対する対抗勢力としての役割を期待された西ドイツにとって、国力の増強と国際社会への復帰は危急の課題だったのであり、そのなかで、「安楽死」の関与者に対する裁きは後景に退いてしまったといえよう。

2　医学界はナチの過去とどのように向き合ってきたのか

抑圧とタブー視の時代

前節で述べた裁判において、被告人のほとんどが医療関係者であったことからもわかるように、「安楽死」には多くの医療者が殺害の実行者として関わっていた。また、「安楽死」に先立つ強制断種においても、医師は手術の実行者として重要な役割を担った。そのため、医学界がこれらの過去にどのように対応するかは、「過去の克服」において重要な要素である。近年では、本章冒頭で触れたDGPPNをはじめとする医療団体によって、これらの過去に対する積極的な取り組みが見られるが、シュナイダーが講演で反省とともにその歩みを回顧しているように、そこに至るまでには六〇年以上もの歳月を要した。以下では、どのような経緯をたどって、医学界が強制断種や「安楽死」の過去と向き合うに至ったのかを検討していこう。

まず、終戦直後から一九五〇年代までは、ナチ体制期の医療犯罪の過去に光を当てることは、ドイツ医学界において強くタブー視されていた。ドイツの医療者たちが精神病院や治療施設での患者殺害に加担した事実は、ドイツ医学に対する信頼を大きく損なうものであったため、この過去への取り組みは抑圧されていたのである。

そうした抑圧を示す例として、ニュルンベルク医師裁判を視察した精神分析医アレクサンダー・ミチャリヒと、彼が刊行した裁判記録をめぐる出来事がある。医師裁判開廷当時、ハイデルベルク大学で神経学の非常勤講師として働いていたミチャリヒは、西側占領地区の医師会により裁判の視察団代表に任命され、裁判の視察および記録、さらに裁判記録の出版を委託された[45]。この委託に基づき、ミチャリヒは助手フレート・ミールケとともに裁判史料をまとめ、一九四七年、『人間軽視の独裁』として刊行した[46]。さらに四九年には、新たな史料を追加した『人間性なき学問』を、同じくミールケとともに刊行した（同書は一九六〇年、『人間性なき医学』というタイトルのもと小型本としても出版されている[47]）。

しかし、これらの書籍のいずれも、刊行から数十年にわたり、その存在を黙殺されていた。『人間性なき学問』の頒布は、西ドイツ医師会作業共同体（Arbeitsgemeinschaft der westdeutschen Ärztekammern（以下、西ドイツ医師会と略記。後のドイツ連邦医師会））の所在地であるヘッセン州のバート・ナウハイムを経由して行われることになっていたが、わずか数百部しか書店で販売されておらず、フランクフルトのドイツ図書館（現、ドイツ国立図書館）などの大規模図書館も、同書籍の保存用見本を受け取っていなかったという[48]。こうしたことから、医師裁判の史料集という書籍の存在は、公にはほとんど知られることはなかった。さらにミチャリヒ自身も、ナチ体制下の医療犯罪について書籍のなかで詳細に報告したことで、医学界の大物医師たちから非難され、「ドイツ医学界で最も嫌われた男のうちの一人」であり続けた[49]。

かつて「飢餓病棟」と呼ばれる病棟が設けられ、患者の「餓死殺」が行われていたことで悪名高いバイエルンのエグルフィング‐ハール精神病院をめぐっても、同様のことが起きた。ナチ体制期にこの病院を統率していたヘルマン・プファンミュラーが逮捕された後、臨時の病院長に就任したのは、ゲルハルト・シュミットという精神科医であった。本書第三章でも言及されたように、シュミットはアメリカ軍の委託を受けて、同院での「安楽死」に関する証言や文書類を調査した人物である。彼はこの調査記録を一九四七年に書籍として出版しようとしたが、当時ハイデルベルク大学医学部の精神科教授を務めていたクルト・シュナイダーをはじめとする有力な精神科医たちから出版を反対された上に、刊行してくれる出版社を見つけることもできなかった。さらにシュミットは、「安楽死」の過去に光を当てようとしたことで、臨時院長の任を解かれた。[50] 彼の書籍が出版されたのは、約二〇年後の六五年のことであった。[51]

「安楽死」に光を当てることを抑圧しようとする、こうした動きの背景には、これらの過去が明るみに出れば、国内外でドイツ医学の権威が失墜してしまうという危惧もあったであろう。しかしそれに加え、「安楽死」に関与した医師たちが先述の戦後裁判において無罪になったり、恩赦を受けたりして医学界に戻っているという状況も、このような「抑圧」に拍車をかけた要因として指摘できる。例えば、ハダマー精神病院で「安楽死」に従事し、裁判で懲役刑を受けながらも、後に恩赦により自由の身となったフィリップ・Bは、一九五四年、もう一度ハダマーの州立病院に就職しようと試みている。[52] 結局、ヘッセン州福祉連盟(Landeswohlfahrtsverband Hessen)から、どの患者も彼のことを知らないであろうヴァイルミュンスター(ヘッセン州。ハダマーから東に約三五キロ)の施設で働くよう勧告されたため、彼がハダマーで働くことはなかったが、こうした例は戦後、「安楽死」に関与した者たちが、いかに容易にドイツ社会に復帰できたかを示すものといえよう。

さらに、医学界の上層部にも、「安楽死」に関わった医師や元ナチ党員が君臨し続けた。例えば西ドイツ医師会では、一九五九年から七三年までの間、かつてナチ党の親衛隊に所属していたエルンスト・フロムという医師が会長職を務めていた。[53] また、彼の後任、ハンス・ヨアヒム・ゼーヴェリングも元親衛隊員であった。ゼーヴェリングは四二年、当時医師として勤めていたシェーンブルン障害者施設から、先述のエグルフィング‐ハール精神病院に一人の女性患者を移送させたことでも知られる（患者は移送先で死亡した）。[54] ナチ党やナチ犯罪と関わりのある人物が医学界において影響力を保っているなかでは、「安楽死」の過去を掘り起こし、研究の対象とすることは、暗黙のうちに抑圧されていたのである。

一部の医師たちによる取り組みの開始

こうした抑圧的傾向が変化し、医師たちによる強制断種や「安楽死」に関する取り組みが目立ち始めるのは一九八〇年代以降のことであるが、変化の萌芽はすでに六〇年代末頃から見られ始めていた。その変化の重要な推進者の一人として挙げられるのが、精神科医クラウス・デルナーである。特に、六〇年代から七〇年代末までの医学界における強制断種・「安楽死」の過去との取り組みは、このデルナーの存在抜きには語ることができないといっても過言ではない。

デルナーの経歴を簡単に概観しておこう。一九三三年、ナチ政権成立の年に生まれたデルナーは、まさにナチ政権の歴史とともに幼少期を過ごした。終戦後、大学に入学し、医学部生として医学を学ぶ傍ら、第二専攻として社会学や歴史学を学ぶなかで、デルナーはナチ体制下の医学に問題意識を持つようになっていった。六七年には、「ナチズムと生命の抹殺」と題した論文を『現代史四季報』に発表し、ナチ体制下の医学の過去に関する調査研究を始めた。[55]

一九六〇年代末になると、彼は学生運動にも深く関わると同時に、精神医療のあり方にも疑問を呈するようになる。当時のドイツの精神病院は、人員不足のうえ過剰な入院患者を抱えており、危機的状態にあった。

こうした状況への問題意識から、デルナーは七〇年、「改革派の精神医学者たち」とともに、「ドイツ社会精神医学協会」(Deutsche Gesellschaft für Soziale Psychiatrie〔DGSP〕)を設立した。この頃、ドイツ以外の西欧各国においても精神医療の見直しが叫ばれており、精神医療改革が進められていたが、ドイツにおいてはこのDGSPが改革の中核を担っていくことになる。[56]

DGSPが組織として大々的に「安楽死」の過去に取り組み始めたのは、一九七九年春にドイツ北部の州、シュレスヴィヒ・ホルシュタインのリックリング精神病院で開催された精神医療者会議においてであった。DGSPの支援のもとで開催されたこの会議では、「ホロコーストと精神医学」と題した研究部会が設けられ、ナチ体制期の「安楽死」についての討論が行われた。討論には、デルナーなどDGSPのメンバーをはじめとして、約五〇名が参加した。主催者の一人によれば、この討論は、「私の知る限り、ヒトラー時代に関する他のどの未解決のテーマよりも強くタブー化されていた問題について、公に議論する初めての試み」であった。[57]

さらに、ここでの議論を踏まえてDGSPは、ドイツのポーランド侵攻から四〇周年の日(一九七九年九月一日)に合わせ、連邦政府に対する請願書を提出した。この請願書でDGSPは、「安楽死」に対する「四〇年間の沈黙」を自省するとともに、連邦共和国の指導的な政治家たちや一般市民、「とりわけすべての精神医学関係者たち」に対し、「喪に服する気持ちとともに、不愉快な出来事を受け入れ、これについて熟考することを始める」よう求めた。[58] DGSPという一団体の例とはいえ、「安楽死」に深く関わった精神医学界からこのような取り組みが行われたことは、大きな前進であったといえよう。

ではなぜ、一九七九年というこの年に、「安楽死」をテーマとする会合が行われたのだろうか。その契機の一つとして、同じ年にドイツで放送されたテレビ映画「ホロコースト」の影響を挙げておきたい。この映画は、アメリカの放送会社がハリウッドに制作させたもので、あるユダヤ人一家がホロコーストに巻き込まれていく様子を描いたものであったが、劇中では、一家の娘がナチの若者に強姦されたことで精神を患い、「安楽死」における殺害施設の一つであったハダマーにおいてガス殺されるという場面も描かれていた。実質的な視聴率五九％を記録したこの映画は、ドイツの一般市民がホロコーストに目を向けるきっかけとなったが[59]、「安楽死」についてもまた、この過去に関する議論が進展する契機を作ったといえる。実際に、先に触れた七九年の研究部会「ホロコーストと精神医学」の主催者の一人であったアルント・シュヴェンディは、この会合の開催経緯を語るなかで、テレビ映画「ホロコースト」に触れながら、「安楽死」に関する議論を進めていく必要性について訴えている[60]。

一九八〇年代に入ると、こうした取り組みは精神医学界にとどまらず、さらに広がりを見せていく。八〇年代初頭の取り組みの代表例として挙げられるのは、八〇年に先述のデルナーや医学史家ゲルハルト・バーダーらを中心としてベルリンで開催されたシンポジウム、「ナチズム下の医学―タブー化された過去か、破られない伝統か？」である。このシンポジウムでは、「安楽死」のみならず、ナチ体制に対する医師たちの協力や、権力掌握後の医学界における「強制的同質化」、ユダヤ人医師の追放など、一つの職業集団として医学界がナチズムにどのように取り込まれたかも明らかにされた。「この時点で、ナチス医学研究は、革命的な態度変換」を迎えたといわれるように[61]、このシンポジウムによって、医学界におけるナチ医学をめぐる学術的議論はさらなる深まりを見せることとなった。

また、このシンポジウムは、医学界における世代交代の萌芽の表れと見ることもできる。このシンポジウムの前日、同じベルリンでは、西ドイツ医師会の総会にあたる「ドイツ医師会大会」が開催されていたが、そのホストを務めたベルリン州医師会会長ヴィルヘルム・ハイムは、かつてナチ党武装集団である突撃隊に持つ少数の医師たちによる取り組みではあったものの、その後の学術研究の発展の基盤を築くものであった。

ていたことがわかる。一九八〇年代初頭の段階では、こうしたシンポジウムはナチ医学に対して問題意識をたことからは、医学界において徐々に世代交代が進み、上の世代への批判を行おうとする医師が登場し始め医学界で影響力を保っていることに対する、下の世代からの批判も含むものでもあったといえよう。こうし「恥ずべきこと」だと批判した。[62] つまりこのシンポジウムは、ナチ政権に加担していた医師たちがいまだに所属していた人物であった。翌日のシンポジウムで主催者は、ハイムがベルリンの医師の代表であることを

医学界として向き合うべき過去へ――一九八〇年代以降

一九八〇年代以降には、医学界外の研究者からの成果も加わり、強制断種や「安楽死」をめぐる学術研究の礎が築かれていく。八三年にはまず、ジャーナリストであったエルンスト・クレーによる大著、『第三帝国と「安楽死」―生きるに値しない生命の抹殺』が刊行された。[63] この著作は、膨大な文書史料の調査とインタビューをもとに、「安楽死」の全体像を描出したもので、現在でも「安楽死」に関する研究の基礎文献の一つとして読まれている。また、八六年には、強制断種に関する歴史学の立場からの先駆的研究の一つである、ギーゼラ・ボックの『ナチズムにおける強制断種』が、[64] 八七年には、歴史研究者ハンス・ヴァルター・シュムールによる『人種衛生学、ナチズム、安楽死―予防から「生きる価値無き生命」の抹殺へ　一八九〇―一九四五』が刊行されるなど、[65] ナチ体制下の医学に関する研究の基礎が築かれ始めた。

さらに一九八三年には、強制断種や「安楽死」に学術的関心を寄せる医師や歴史家が集まり、研究成果や情報を共有するための、「ナチズムの『安楽死』および強制断種に関する研究ワーキンググループ」が結成された。[66] デルナーを中心として設立されたこの研究会は、強制断種や「安楽死」というテーマに関わる研究

者や関心のある人々が、新しい研究成果を報告したり情報交換を行ったりする場で、設立から現在まで継続的に年に二度の例会が行われている。ここにようやく、強制断種や「安楽死」を継続的に取り組むべきテーマとして研究するための環境が整い始めたといえよう。

またこの時期には、強制断種や「安楽死」の過去に対して国際的にも関心が高まり、欧米の研究者が、このテーマに関する研究を発表し始めた。例えば一九八九年には、イギリスの医学史家ポール・ワインドリングや、カナダの歴史家マイケル・ケイターが、ナチ体制期の医学に関する研究を書籍として刊行した[67]。これらの著作は、ナチ体制期の医師たちの犯罪に国際的な注目が集まる契機を作ったといえる。ドイツのみならず、世界からの関心が高まるなかで、ドイツ医学界もナチ体制期の過去から目を背け続けることが困難になっていったといえよう。

一九八〇年代末に至ると、強制断種や「安楽死」の過去との取り組みは、医学界においてもさらに発展していく。例えば八九年には、ベルリン州医師会が「人間の価値─一九一八年から一九四五年までのドイツ医学」と題した展示会を行った。これは、医学史家クリスティアン・プロス、歴史家ゲッツ・アリーが中心となって監修したもので、ドイツにおける優生学の広がりから、第一次世界大戦後のドイツ医学の状況、「遺伝病子孫予防法」に基づく強制断種の実施や「安楽死」までを、豊富な視覚資料とともに描き出したものであった。開催にあたって、ベルリンを含む五つの州医師会から財政援助が行われたことからは、医学界として組織的にナチ体制下の医学の過去に取り組もうとする機運が生まれ始めていたことがうかがえる[68]。

ただし、一九八〇年代に至ってもなお、ナチ医学に目を向けることに対する抑圧の空気は完全に払拭されたわけではなかった。例えば西ドイツ医師会は、先述の展示会「人間の価値」を医学部で開催することを拒否した[69]。また、ナチ医学に対して批判的な研究を行うことは、八〇年代においてもなおキャリアを失うリスクをともなう行為でもあった。八六年、国際的な医学雑誌『ランセット』に、ナチ政権への医師たちの積極的な関与を指摘する論文を発表したある研究者は、西ドイツ医師会の機関誌『ドイツ医師報』において名指しで非難された[70]。こうした出来事からは、国内外におけるナチ医学の犯罪に対する関心が高まり始めてもなお、この過去をタブー視する風潮が根強く存在したことが見て取れる。しかしそれでも、多くの学術研究が発表され、展示会などさまざまな形でナチ体制下の医学の過去が対象化され始めた八〇年代は、医学界における「過去との取り組み」を考える上での転機であったといえよう。

一九九〇年代に入ると、それまでの歴史研究者とともに、各大学医学部の医学史学科も、ナチ医学と大学医学部や医学界の関係について本格的に研究を進めるようになった。医学部内外の研究の成果は、「安楽死」に関わる個別研究や、「安楽死」に関わった個々の精神科医に関する研究、個別の地域における「安楽死」についての研究として結実し、よりミクロなレベルで「安楽死」の実態が明らかにされるようになった[71]。また、二〇〇〇年代以降は、犠牲者についての詳細な研究が進展し、現在に至っている。特に、〇二年から〇六年にかけて、ハイデルベルク大学の医学史学科を中心とした研究チームが、東ドイツの国家保安省が保管し、ドイツ統一後ベルリンの連邦文書館に移管されたＴ４作戦の犠牲者約三万人分のカルテから約三〇〇〇人分を抽出し、詳細な分析（男女の別や、どのような基準のもとで殺害対象となったかなど）を行った。研究チームは、三〇〇〇人分のデータを数量的に分析することで、犠牲者集団の大まかな特徴を明らかにすると同時に、ミクロヒストリーの観点から、犠牲者一人ひとりの人生を詳しく調査することで、彼らに個としての尊厳を与えようと試みた[72]。この研究プロジェクトは、犠牲者についての研究を進める上での基礎を築くことになった。

このように見てくると、まず一九七〇年代末から八〇年代にかけて、一部の医師たちがナチ医学の問題に取り組み始め、さらに世代交代が進んだ二〇〇〇年代には、ナチ体制下の医学の過去が、取り組むべきテーマとして定着するようになったといえる。ただし、このように医学界の取り組みが発展し、医療系団体が公式に謝罪を始めたのが近年のことであり、そこに至るまでには長い時間を要したことは、再度強調しておかねばならない。第1節において述べたような戦後裁判の結果、ナチ体制に深く関わった医療関係者が、戦後も多く医学界に残ったことで、ナチ体制下の医学には触れないという「沈黙」が生まれた。デルナーのように、ナチ体制下の医学に光を当てようとする医師もいたものの、当初は少数派であり、ナチ医学という過去との取り組みが大きな流れになるには、八〇年代を待たなければならなかった。この長きにわたる医学界の「沈黙」により、強制断種や「安楽死」という過去との対峙が遅れたことは、次節において述べる被害者や遺族への戦後補償にも影響することになる。

3　被害者に対する戦後補償

「忘れられた犠牲者」としての歳月

前節までは主に、強制断種や「安楽死」の「実行者」の側である医学界に関わる問題について検討してきた。では、「実行者」と対置される被害者や犠牲者遺族の側は、戦後においてどのような問題に直面してきたのであろうか。結論をやや先取りすれば、前節まで検討してきた医学界における「抑圧」の空気に呼応して、被害者や遺族といった当事者は社会の周縁に置かれて孤立し、「第二の迫害」と呼ばれる時期を過ごすことになった。それを示す象徴的な例が、彼らに対する戦後補償の問題である。強制断種被害者は一九八〇年まで、「安楽死」被害者は九〇年まで、補償金を受給することができなかった。このため、彼らは「忘れられた犠牲者」と呼ばれてきた。

「忘れられた犠牲者」としての彼らの立場について論じるためにはまず、ナチ犯罪をめぐる戦後補償政策の枠組みを確認しておかねばならない。第二次世界大戦終結後、ナチ犯罪の被害者に対する補償政策の法的基盤は、一九五六年六月に成立した「ナチズムの迫害の被害者のための補償に関する連邦法」（以下、連邦補償法と略記）によって築かれた。この連邦補償法第一条第一項において、補償申請権を持つ「ナチの被迫害者」とは、「ナチズムに政治的に敵対するという理由から、もしくは人種、信仰または世界観上の理由から、ナチズムの暴力的措置によって迫害され、それによって生命、身体、健康、自由、所有権、財産について、もしくはその職業上、または経済上の成功に関して被害を受けた者」と規定された。[73]

一九五七年に刊行された連邦補償法に対する注釈書において、「被迫害者のすべてがナチズムの迫害の犠牲者である一方で、ナチズムの迫害の犠牲者すべてが被迫害者であるわけではない」と記されているように、[74]ナチスによって何らかの迫害を受けた者すべてが「被迫害者」として認定されたわけではなかった。同注釈書において、「政治的」ないし「信仰上の」理由によって迫害された集団に含まれたのは、命を賭してナチズムに抵抗した反ナチ抵抗の闘士など、いわば「立派な理由」によって迫害された人々であった。[75]また、「人種的理由」による迫害の被害者として挙げられたのは、三五年九月一五日に成立した「ニュルンベルク法」において、「非アーリア」として名指しされていたユダヤ人とジンティ・ロマのみであった。[76]強制断種や「安楽死」の被害者は、注釈書に挙げられたこれらのカテゴリーのいずれにも属さないことになり、連邦補償法に基づく補償申請権の付与範囲外に置かれた。こうして、連邦補償法の枠組みに含まれない、「忘れられた犠牲者」集団が生まれたのである。

ただし、「安楽死」で親族を亡くした遺族に関しては、条件に当てはまれば、補償を受給できる可能性も残されていた。連邦補償法には、「ナチズムの暴力支配下において『安楽死』の犠牲になった者から扶養を受ける権利を有する遺族で、当該扶養義務者が殺害されなければ、現在その者の扶養を受けていると推定される者」に対して苛酷救済補償を支払う旨の規定があった（第一七一条第四項第二号）[77]。しかし、「安楽死」犠牲者の多くは治療・福祉施設の長期入所者であったため、彼らに扶養されていた事実を証明するのは実際には困難で、この規定はほとんど機能していなかった[78]。

ではなぜ、強制断種や「安楽死」の被害者は、連邦補償法の「被迫害者」の定義に含まれなかったのであろうか。まず強制断種被害者に関しては、遺伝病子孫予防法（＝断種法）とそれに基づく強制断種が、「不法行為」として認められていなかった点が要因として挙げられる。戦後、「連合国管理理事会法第一号」により、ナチ政権によって施行された法律のうち、特にナチズムと関わりがあると見なされた法律が廃止されたが、遺伝病子孫予防法は廃止すべき法律のなかに含まれなかった[79]。二〇世紀初頭以降、アメリカのいくつかの州や、スウェーデン、デンマークなどの北欧においても断種法は制定されていたため、法律に基づく断種政策はナチス独自のものとは見なされず、医学犯罪として問題視されなかったのである[80]。強制断種に必要な機関である「遺伝健康裁判所」（本書第一、第二章参照）が戦後解体されたため、遺伝病子孫予防法に基づく断種手術は行われなくなったものの、断種法がナチ政権による不当な法律と見なされなかったことは、強制断種被害者が「被害者」として認知されるのを阻むことにつながった。

さらに、一九六〇年代までは、優生学的な断種を認可する法律を再制定しようと主張する学者も散見された。こうした学者が社会的な地位や影響力を保っていたため、強制断種被害者に対する補償が阻害される事態も起こっている。その代表例が、六一年、連邦政府（西ドイツ政府）によって開催された、強制断種被害者の補償の必要性を議論する公聴会である。強制断種被害者の存在は、戦後直後の数十年間においても、まったく認識されていなかったわけではなく、連邦議会においては、彼らに対する補償を改善すべきではないかという声も上がっていた。そのため、補償申請の最終期限を定めた「連邦補償法終結法」（一九六五年成立）の制定前に、彼らに対する補償についてあらためて議論する場が設けられた。しかしこの場には、断種法の再制定を強く訴えていた遺伝学者、ハンス・ナハツハイムが「専門家」として招かれていた。さらに彼のほかにも、断種の可否を決定する遺伝健康裁判所の判事や鑑定人を務めていた学者二名も招かれた。

ナハツハイムは、ナチの人体実験に関与しながらも、戦後は裁判にかけられず、遺伝学者として名声を保っていた人物である。彼は一九六一年の補償に関する公聴会で、次のように発言している。

> 遺伝病子孫予防法は、ドイツ民族の遺伝的健康を守るための、非政治的な法律であった。［…］一九三三年以前からすでに、遺伝病と闘うための優生学的法律は、多くの文化的国家において存在したし、今日も存在する。一九三二年には、プロイセン州保健局により断種法の草案が作られており、これは国会に提出される予定であった。たとえナチズムがなかったとしても、同様の法律は出来ていたであろう。[81]

つまり、遺伝病子孫予防法はナチズムとは関係のないものであり、迫害や犯罪行為へとつながる法律でもなかったと主張したのである。

このナハツハイムの意見は、連邦政府によって参考にされ、長く強制断種被害者の補償を却下する論拠となった。断種法自体は不当な行為でもないし、犯罪でもないという認識が、一九六〇年代にはまだ根強く、このことが強制断種被害者の地位を弱めていたといえよう。

一方、「安楽死」被害者に関しては、そもそも補償をめぐる議論において言及されることがほとんどなかった。「安楽死」被害者という言葉には、「安楽死」の対象になりながらも施設から生還した生還者と、「安楽死」によって親族を失った遺族（特に、親を失った遺児）とが含まれるが、「安楽死」の生還者はそもそも非常に数が少なかった。また、犠牲者遺族の数も、統計上把握することが困難であったため、その存在を認識されづらかった。

一九六五年、「連邦補償法終結法」が成立し、補償申請の最終期限が六九年の年末と定められた。これによって六九年末以降の補償申請や補償対象の追加はできなくなり、連邦補償法に基づく補償を受けることができるのは、注釈書に挙げられたグループに恒久的に限定された。この時点で強制断種および「安楽死」の被害者は、連邦補償法を中心とする補償政策の範囲から外れてしまった。

補償の開始

状況が変わり始めるのは一九八〇年代である。この時期、強制断種や「安楽死」の被害者に対する補償金の支払いが開始されるとともに、当事者側からの運動も進展し始める。

変化の端緒として挙げられるのが、一九八〇年に行われた強制断種被害者に対する一時金支払いの開始である。同年、連邦財務省令によって、断種がナチ体制期に行われたものと認められた場合、一回限りの補償金五〇〇〇マルク（約三五万円）が支払われることが定められた。[82] この一時金支給は、金額の少なさなどの問題点があったものの、遺伝病子孫予防法に基づいて断種された人々に対し、初めて補償金受給の可能性が開かれたという点では画期的なものであった。

一九八〇年の一時金支給にあたっては、市民から政治家に寄せられた意見が重要な役割を果たした。一人の教師、ホルスト・ビーゾルトと、彼による強制断種被害者の実態に関する調査が、この改善の契機の一つを作ったのである[83]。ビーゾルトは七九年、聴覚障害者の友人が強制断種の被害者であることを知ったことから、強制断種の問題に強い問題意識を抱き、ナチ体制下における聴覚障害者に対する迫害について調査を始めた。彼は教会新聞などを通して被害者に呼びかけ、何百という聴覚障害者に対する強制断種の事例を文書化し、社会民主党にその研究成果を託した。このビーゾルトからの働きかけがきっかけとなって、連邦議会の社会民主党議員団は八〇年六月、八一年の予算で、強制断種被害者の「苛酷さを緩和」するよう求める決議案に合意した。こうした動きを受けて、連邦財務大臣ハンス・マットヘーファーは、「一般戦争帰結法」の枠内において、「苛酷緩和規定」を設けることを承認した。これにより、それまで戦後補償の枠外に置かれていた遺伝病子孫予防法に基づく強制断種被害者も、以後、一回限りの補償金五〇〇〇マルクの支払いを受け取ることが可能になったのである。ここには、一人の市民による草の根の運動が、補償政策の改善に貢献したことがうかがえよう。

一九八〇年代半ばになると、さらなる補償の改善を求めて、被害者側からの運動が開始される。この運動において重要な役割を担ったのが、精神医療改革やDGSPの取り組みでも旗手となった、精神科医クラウス・デルナーである。デルナーは八〇年代以降、連邦政府に対し、強制断種や「安楽死」の被害者が連邦補償法の補償対象外に置かれていることへの抗議を示し、彼らに対する補償を行うよう要請するなど、被害者の側に立った補償獲得運動を展開し始めていた。加えてデルナーは、被害者との対話を行い、そのネットワークを通じて当事者団体の設立をサポートしていく。その結果、八七年、自身も強制断種被害者であったクラーラ・ノーヴァク（本書第一章参照）を会長として、当事者団体「『安楽死』および強制断種被害者の会」

図４－１　「被害者の会」の設立を主導したクラウス・デルナー（左）とクラーラ・ノーヴァク。同会設立の1987年に撮影された写真。出典：Schneider / Lutz (2014), S. 184.

が設立されるに至る（図４－１）。

　この「被害者の会」は、最盛期でも会員数は一〇〇〇人程度で、ユダヤ人やジンティ・ロマの犠牲者団体に比すれば非常に小規模な組織であったが、それまで代表団体を持たなかった強制断種や「安楽死」の被害者が、公の場で意見表明をする代弁者を得たという点で、大きな意味を持つものであった。[84] また、「被害者の会」設立後まもなく連邦政府主催で行われた、「忘れられた犠牲者」に対する補償に関する公聴会には、「被害者の会」の代表としてノーヴァクが参加し、強制断種被害者として自らが受けた被害について語り、補償政策の改善を訴えた。[85]

　同会の設立まもない時期の会報においてノーヴァクは、「われわれの沈黙が、われわれを害しています」と書いているが、[86] 一九八〇年代に至るまで強制断種や「安楽死」の被害者の存在が等閑視されてきたことの背景には、彼らの主張を代弁するロビー団体がなかったことが大きかった。このようななかで「被害者の会」が設立され、設立年に開催された公聴会にノーヴァクがその代表として出席し、自らの受けた被害を訴えたことは、強制断種および「安楽死」被害者の存在や彼らの受けた被害の認知の向上につながったといえよう。

しかし、彼らが団体を設立し、公聴会に参加することができた背景に、学術研究の貢献があったことも忘れてはならない。「被害者の会」の設立にあたっては、先述の「ナチズムの『安楽死』および強制断種に関する研究ワーキンググループ」が支援を行った。実は強制断種については、一九五〇年代にもいくつかの被害者団体が設立されていたが、周囲からの支援を得られず、いずれも数年で解散していた。[87] 団体の結成時からすでに専門家たちのサポートがあったことは、「被害者の会」の継続と発展に貢献したといえよう。強制断種や「安楽死」に対する問題意識が高まり始めたことで、被害者の存在にも目が向けられ、支援の手が差し伸べられるようになったのである。

また、強制断種被害者の補償改善に関しては、一九八〇年代以降、遺伝病子孫予防法や、それに基づく強制断種に対する認識が変化したことも重要である。先述のように、遺伝病子孫予防法は、ナチによる不当な法律と見なされず、正式に廃止もされていなかった。しかし、強制断種に関する学術研究が徐々に発展し、その被害の実態が明らかになるにつれ、この認識に変化が訪れた。そして、八八年には、「遺伝病子孫予防法（＝断種法）に基づく強制断種」はナチによる不法行為であったことが、連邦議会によって認められた。[88] この連邦議会の決議は、あくまで「遺伝病子孫予防法に基づいて行われた強制断種」が不法行為と認定されただけで、遺伝病子孫予防法そのものを不当な法律と見なすものではなかったが、強制断種被害者が不法行為の被害者として認められたという点では、大きな進歩であったといえよう。

こうしたさまざまな背景のもとで、一九八八年には大きな節目が訪れる。この年、「一般戦争帰結法に基づく苛酷緩和規定」の改正により、強制断種被害者に対する継続的な補償金支払いの可能性が開かれた。ただしこの時点では、一家の収入が一定基準以下である場合という条件が付されていた。九〇年にはこの規定が改訂され、強制断種被害者に対し、生活状態に関わりなく、本人の申請によって月額最低一〇〇マルク（約七〇〇〇円）の補償金支払いが開始された。[89] ここに、現在まで続く強制断種被害者に対する補償の枠組みの基盤が築かれた。

一方、「安楽死」被害者に対する補償については、一九八〇年代末の時点でも大きな進展はなかった。遺族に対しては九〇年、「一般戦争帰結法に基づく苛酷緩和規定」の対象を拡大する形で、五〇〇〇マルクの一時金支給が開始されたが、これは一家の収入が一定基準以下で、経済的な困窮状態にあることが証明できる場合にのみ支給されるものであった。[90] そのため、ほとんどの遺族は補償申請条件を満たすことができず、一時金を受け取ることができない状態にあった。強制断種被害者に対する補償と、「安楽死」被害者に対する補償とでは、進展の速度にかなりの違いがあったといえよう。

補償政策の問題点

一九九〇年代以降も、強制断種被害者に対する毎月の継続的な補償金の支払い額は、「一般戦争帰結法に基づく苛酷緩和規定」の枠組みのなかで、改定が重ねられていく。まず九八年にはそれまでの一〇〇マルクから一二〇マルクに引き上げられ、二〇〇四年には一〇〇ユーロ、〇六年には一二〇ユーロ、そして一一年には二九一ユーロへと大幅に引き上げられた。この二九一ユーロへの引き上げは、一一年一月二七日、ナチスの犠牲者に対する追悼記念日に決議されたもので、二九一ユーロという金額は、強制収容所ないしゲットーに拘留された人々のうち、連邦補償法による補償金支払いを受けていないユダヤ人に対する補償と同額であった[91]。これによって連邦議会は、一般戦争帰結法という枠組みではありながら、強制断種被害者とユダヤ人との間の格差解消を図ろうとしたといえよう。その後もさらに、一四年には三二〇ユーロ、一七年には三五二ユーロ、一九年には四一五ユーロ、二〇年には五一三ユーロにと、定期的に補償額の引き上げが行われている[92]。

他方、「安楽死」被害者については、二〇〇二年、それまで一時金を受け取るために必要とされてきた経済的困窮の証明が不要になり、「安楽死」によって父親か母親のいずれかを亡くしたことを証明できれば、二五五六・四六ユーロ（かつての五〇〇〇マルク相当）の一時金を受け取ることが可能になった。〇二年の時点では、親を亡くした当時の年齢が一八歳以下であることが条件とされていたが、この年齢制限は後に二一歳、さらに二七歳にまで引き上げられる。一一年には、「安楽死」の施設に送られながらも生還した生還者に対しては、強制断種被害者と同様に、毎月二九一ユーロの継続的な補償金が支払われることになった[93]。

このように補償政策の進展を概観してみると、一九八〇年以降、強制断種や「安楽死」の被害者の存在が注目されるようになってからは、彼らに対する補償が順調に進んできたような印象を受けるかもしれない。しかし当然、これらの補償政策に問題がなかったわけではない。

まず、実際に補償を受け取ることができた当事者の数は、ごくわずかであった。二〇二一年六月付の連邦財務省による公開資料によれば、二〇二〇年一二月三一日までの間に一時金を支給されたのは、強制断種被害者の場合は五〇一三人、「安楽死」被害者の場合は三四五人であった（強制断種被害者については、この五〇一三人に加えて、一九八〇年から八八年までの間に、八八〇五人に支払いが行われたと付記されている）。さらに、一般戦争帰結法の苛酷緩和規定第五条に基づいて、強制断種被害者と「安楽死」被害者合わせて九六二二人が継続的な支給を受けてきたが、強制断種の推定被害者数が約四〇万人、「安楽死」の推定犠牲者数が約三〇万人であることに鑑みれば、補償を受け取った人数はあまりにも少ないことがわかる。[94] こうしたデータからは、補償の制度はあっても、十分に情報が得られなかったり、手続きが困難で申請に至ることができなかったりした被害者も多かったことが見て取れよう。実際に「被害者の会」には、「補償をもらえるということを新聞で知ったが、どう申請すればいいのか」という問い合わせが、強制断種や「安楽死」の被害者から多数寄せられていた。また、補償の開始が遅れたために、一時金さえ受給できないまま逝去した被害者が多くいただろうことも忘れてはならない。

もう一つ、主に「被害者の会」から提起されている問題点として、強制断種および「安楽死」被害者に対する補償が、連邦補償法に基づいてではなく、一般戦争帰結法の枠組みのなかで行われたという点が挙げられる。一般戦争帰結法の苛酷緩和規定に基づく補償の受給者は、「ナチの被迫害者」とは認定されていないため、補償に対して法的請求権も与えられていない。このことから、苛酷緩和規定に基づく補償は「第二級の補償」とも呼ばれる。[95]

「被害者の会」は、強制断種被害者や「安楽死」犠牲者はナチ体制が望む「良き人種」の実現のために迫害されたのだから、連邦補償法第一条の「人種的な理由」に基づく迫害の被害者として認定されるべきだと、設立時から一貫して主張している。しかし、連邦補償法はすでに履行期限の切れた法律であり、改定することは不可能であるとされてきた。そのため、彼らの「被迫害者」としての認定要求は、現在に至るまで却下されている。「被害者の会」は、連邦補償法に基づく補償が実現されない限り、「被迫害者」として認定されているグループと、強制断種および「安楽死」被害者との間の格差は埋まらないとして、連邦補償法の「被迫害者」認定を求めている。

また、「被害者の会」が連邦補償法に基づく補償にこだわる理由として、かつてこの法律の終結法に関する議論に、ナチの優生学者が参加したことも大きい。二〇一四年に発表した声明文において、「被害者の会」は次のように主張している。

> 一九六一年の連邦補償法終結法に関する議論において、連邦議会はかつてのナチの指導的な優生学者三名を協議に招きました。ヘルムート・エールハルト教授、ハンス・ナハツハイム教授、ヴェルナー・フィリンガー教授です。［…］
>
> われわれの立場から見れば、これらの人的・思想的連続性に由来する決定事項を修正することは、道徳的・倫理的・政治的義務です。一九四五年以後も続いた、強制断種被害者と「安楽死」被害者に対する差別と排除は、弾劾されるべきであり、連邦補償法に規則を追加することで、当事者たちは、他のナチ被迫害者と同権化されるべきです。[96]

ここには、ナチ体制期からの人的・思想的連続性によって、彼らが長年にわたり補償の範囲外に置かれてきたという歴史そのもの対する異議申し立てが表れている。「被害者の会」にとっては、ナチの優生学者が関わった議論に影響された連邦補償法終結法が、当時のままにされていること自体が問題なのであり、この解釈自体が変更されない限り、自分たちに対する「差別」や「排除」が弾劾されたとは認められないのである。そのため彼らは、一般戦争帰結法に基づく現行の補償に満足しておらず、あくまでも一九五六年の連邦補償法の枠組みのなかでの補償を求めている。

以上のような問題点からは、強制断種および「安楽死」被害者が受けた被害や、それに対する補償の問題が、社会や政治の場で十分に認識されていなかったために、当事者の存在が周縁に置かれていたことが見て取れる。被害者たちの存在が可視化され始めた一九八〇年代以降は、補償も改善されていくが、そこに至るまでの戦後約三五年間の歳月は、彼らに多大な不利益を被らせたといえよう。

4　記念碑・記念館の設立

T4作戦における五つの殺害施設において

これまでの検討を通し、一九八〇年代において、強制断種や「安楽死」の過去に目が向けられるようになったことで、それまで周縁に置かれていた被害者や遺族が救うべき対象としてようやく認識され始める様子が浮き彫りになった。では、医学界や当事者に限定されない、ドイツの一般社会においては、強制断種と「安楽死」の過去に対する関心はどのように推移したのであろうか。それを示す指標の一つとして、強制断種と「安楽死」に関する記念碑・記念館の設立に注目したい。

ドイツにはナチ犯罪に関する記念碑や記念館が多数存在するが、その多くは、ナチ政権による迫害の犠牲者が命を落とした場所や、政権にとって重要な機関があった場所など、「そこで（そこに）何かがあった場所」（「歴史的な場所 Historischer Ort」「本物の場所 Authentischer Ort」とも呼ばれる）に建設されている。強制断種や「安楽死」の場合、断種手術や殺害が行われた病院などがそれにあたるであろう。こうした場所は、一般市民の生活圏のなかにあり、市民にとって身近な場所である。そのため、そこがどのように扱われたのかは、その場所が属する社会と、場所が象徴する過去との関係性を示している。また、これらの場所における記念碑や記念館の設立には、近隣住民などの一般市民が深く関わっている。本節ではその過程を見ることで、一般社会における「安楽死」への関心がどのように発展していったかを明らかにしていきたい。

なお、最初に一点、付言しておきたい。前節で検討した戦後補償において、強制断種被害者に対する補償のほうが「安楽死」被害者に対するそれよりも先に進展したこととは対照的に、記念碑・記念館の設立に関しては、強制断種は「安楽死」に大きく後れを取っている。「安楽死」については、関連する跡地を継承するため、「Gedenkort-T4」（追悼の地―Ｔ４）というプロジェクトが立ち上げられており、このポータルサイト上で関連する記念碑や記念館を検索することができるが、強制断種には関してはこのようなプロジェクトもない。また、「Gedenkort-T4」のサイトには、「安楽死」だけでなく、強制断種に関する記念碑や記念館のデータも掲載されているものの、総データ数一五四件のうち、ほとんどは「安楽死」に関するもので、強制断種に関するものは三件のみである（二〇二一年三月現在）[97]。この数の少なさ、ならびにわずかながら存在する強制断種の記念碑の詳細については、本節の最後に詳しく言及することとし、まずは「安楽死」に関する記念碑・記念館について検討していこう。

先のポータルサイトの数字からもわかるように、「安楽死」に関係する場所は、ドイツ国内のみならず近隣諸国にも多数存在している。こうした場所は、「安楽死」という過去を後世に伝えるにあたり重要な意味を持っているが、そのなかでも代表例として挙げられるのが、Ｔ４作戦において殺害施設として稼働した、ハダマー（ヘッセン州）、グラーフェネック（バーデン・ヴュルテンベルク州）、ピルナ‐ゾンネンシュタイン（ザクセン州）、ベルンブルク（ザクセン・アンハルト州）、ブランデンブルク（ブランデンブルク州）の五カ所である（本書第二章図表2‐3参照。Ｔ４作戦で殺害施設として稼働した施設として、ハルトハイム〔リンツ近郊〕も挙げられるが、当地は現在オーストリア領であるため、ここでは割愛する）。

一九四〇年から四一年の間に稼働したこれらの施設は、犠牲者が命を落とした場所であると同時に、近隣住民にとっては、患者の殺害が行われていることをほのめかすものでもあった。近隣住民は、施設から立ちのぼる煙や、連日施設に向かう「灰色のバス」を目撃しており、そこで何が行われているのかをうすうす感じ取っていた。彼らにとって、これらの施設のあった場所は、「安楽死」の記憶を象徴する場所といえる。

現在、これらの場所はいずれも、「安楽死」の歴史を後世に伝え、犠牲者を追悼する場として、一般公開されている。しかし、これまで検討してきた、医学界における取り組みや補償政策と同様に、一九八〇年代頃まではこの場所を積極的に保存・公開しようという取り組みは見られなかった。

まず終戦から一九六〇年代までは、「安楽死」を想起させる歴史的な跡が撤去されていく時代であった。T４作戦において稼働した五つの殺害施設のうち、空襲により建物の大半が破壊されたブランデンブルクを除く四カ所は戦後、ナチスに接収される以前の用途に戻されるか、他の目的に転用された。ハダマー、グラーフェネック、ベルンブルクの施設は、精神病院ないし障害者施設という元の用途に戻された。ピルナ‐ゾンネンシュタインの施設は、難民および帰還した戦争捕虜の仮収容所として使用された後、大企業の管理・製造部門の建物に転用された。

さらに一九五〇年代から六〇年代にかけては、ガス室のあった建物が取り壊されるなど、歴史の跡の撤去が進んだ。例えばブランデンブルクでは、五〇年代半ば、空襲後に残っていた関連施設の建物の跡とともに、ガス室跡がすべて撤去された。グラーフェネックでも六五年、殺害施設の名残として唯一残っていたガス室跡が撤去された。その他の施設においては、ガス室跡の撤去はなされなかったものの、一般に公開されることはなかった。また、殺害で使用された地下室が、再び精神病院や福祉施設としての日常に適合したため、そこで働く従業員の集団的記憶も薄れてしまった。[98]

図４－２　1964年にハダマーに設置された石柱。（撮影：筆者、2015年）

図４－３　石柱下部。「人間よ、人間に敬意を Mensch achte den Menschen」と刻まれている。（撮影：同右）

ただし、「安楽死」の記憶をその場にとどめようとする試みが、何も行われなかったわけではなかった。例えばハダマーでは一九五三年、当時の精神病院本館の正面入り口に、「安楽死」の犠牲者を追悼するためのレリーフが落成した。六四年には、犠牲者の遺体が埋められていた墓地が改築され、追悼のための石柱が設置された（図４－２）。この石柱の下部には、「人間よ、人間に敬意を」という言葉が刻まれた（図４－３）[99]。ハダマーにおけるこれらのレリーフや石柱は今も一般公開されており、現在まで残る追悼の形がこの時期すでに生まれ始めていたといえる。

しかし、追悼のためのモニュメントが設置されたとはいえ、当地で何が起きたのかという歴史的な説明や、犠牲者に関する情報は付されていなかった。つまり、これらの取り組みは、「安楽死」の過去についてすでに知っており、犠牲者を追悼したいという思いを持つ者のためのものであり、「安楽死」の過去を広く伝えようとする類いのものではなかったといえよう。

記憶を継承する場所へ

一九七〇年代末頃から、ナチ体制下の医学に関するシンポジウムや研究が一部の医師たちによって行われ始めたことは第2節において述べたが、T4作戦に関わった各施設においても、この時期に重要な変化が訪れる。犠牲者を追悼するだけでなく、その場所で何が起こったのかを調査し、それを広く伝えようとする取り組みが行われ始めるのである。具体的には、八〇年代から二〇一〇年代にかけて順次、常設展示や図書館を備えた場として、各施設が一般公開されていく。ここで注目されるのは、取り組みを主導したのが、各施設の近隣の学生や、施設で働く職員などの市民たちであったことである。

まずは一般公開が最も早かった例として、ハダマーの例を見てみよう（本書第二章図表2-5-1〜5参照）。先述のようにハダマーでは一九五〇年代から、レリーフの設置や墓地の整備などの取り組みが行われてはいたものの、それらはその存在や「安楽死」の情報を広く伝えようとするものではなかった。しかし八〇年代に入ると、「安楽死」について調査研究し、その記憶を広く一般にも伝えようとする動きが、ハダマーで生まれた。まず八三年、ギーセン（ハダマー近郊）の大学生グループの尽力により、当時のガス室が残る地下室において、「安楽死」に関する展示会が開かれた。これにともない、ガス室の一般公開が始まった。その後、訪問者の増加や「安楽死」に関する関心の高まりにともない、より大規模な展示の整備が必要になったため、この跡地を管理するヘッセン州福祉連盟が展示スペースの拡張と改修を決定し、九一年に新たな常設展示が公開されるに至った[100]。

一九八〇年代初頭にこのような取り組みが始められるに至った契機の一つとして、第2節においても言及した、七九年にドイツで放映されたテレビ映画「ホロコースト」が挙げられる。この映画において、精神を病んだヴァイス家の娘が移送されて殺害される場所がまさにハダマーであったことから、当地においてこの映画に対する関心は特に高かったといえよう。六〇年代にはすでに、「安楽死」に関する重要な史料がハダマーに残存することが明らかになっていたが、「ホロコースト」放映を機に、当時の主任医師とソーシャルワーカーがその史料を整理し、ガス室の考古学的調査を進めた。この調査が、のちの展示会へとつながっていくのである。[101]

ハダマーの例からわかるのは、一九七〇年代末から八〇年代にかけて、当地の施設職員や地元市民、地域の大学生たちの主導のもと、犠牲者への追悼や、「安楽死」という過去を広く伝えるための取り組みが行われ始めたということである。これはハダマー以外の場所も同様である。例えばグラーフェネックの場合も、当地で「安楽死」の過去に関する取り組みが開始されたのは、七〇年代末のことであった。契機となったのは、ナチスによってグラーフェネックの施設が接収された年から四〇周年となる七九年に、かつて殺害対象患者が殺害施設まで移送された道を行進する追悼行事が行われたことであった。この行進と、その後に行われた追悼礼拝には、ミュンジンゲン（バーデン・ヴュルテンベルク州。グラーフェネックから東に約七キロ）のプロテスタント青少年団体（Evangelische Jugendwerk Müünsingen）や同地のボランティア団体の職員、さらには一〇〇〇人以上の地域住民が参加した。[102]これ以降、グラーフェネックでは毎年追悼礼拝が行われるようになった。つまりこの行事は、グラーフェネックが単なる殺害施設跡地から、犠牲者追悼のために人々が集う場所として発展する端緒を開いたといえる。

さらに、グラーフェネックの「殺害施設」としての稼働から五〇年が経った一九九〇年には、礼拝を行うための場所として、屋外チャペルが建設された（図４－４）。このチャペルの一般公開をもって、グラーフェネックは一般に開かれた場所としての歩みを始める。二〇〇五年には、「安楽死」に関する情報を訪問者に提供することを目的として、常設展示と図書館および文書館を備えたドキュメントセンターが設立された。[103]

グラーフェネックとハダマーに共通しているのは、一九七〇年代末から八〇年代にかけて、当地の施設職

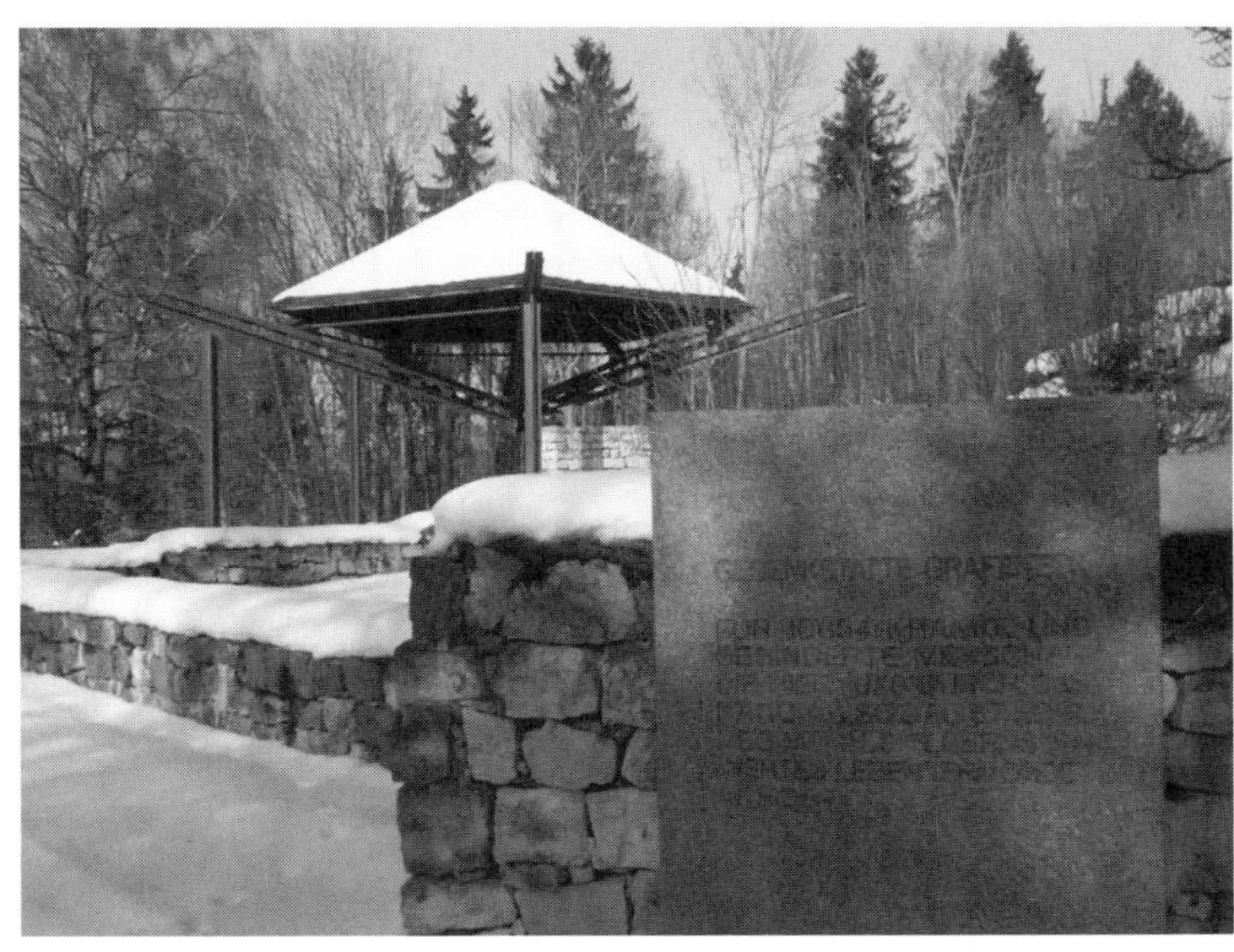

図4－4　1990年に完成したグラーフェネックの屋外チャペル。（撮影：同上）

員や地元市民、地域の大学生たちの主導のもと、犠牲者への追悼や、「安楽死」という過去を広く伝えるための取り組みが行われ始めた点である。これらの場所における取り組みの進展には、自分の身近な土地で何があったのかを知りたいという、市民たちの問題意識が大きく寄与したといえよう。

ハダマーやグラーフェネック以外のかつてのT4殺害施設でも、一九八〇年代から二〇一〇年代にかけて、常設展示や図書館が一般公開されていく。ベルンブルクでは一九八九年、常設展示が開始されるとともに、ガス室の一般公開が始まった[104]。ピルナ‐ゾンネンシュタインでは九二年から、ガス室の考古学的調査と改修が行われた後、九五年、一般公開された。二〇〇〇年には常設展示も開始され、追悼のための場所と情報を備えた記念館としての歩みを開始した[105]。ブランデンブルクでは一二年に、かつてガス室のあった場所の近隣にある古い刑務所の管理棟を改修して、図書館と常設展示を備える記念館がオープンした[106]。

現在、これらの場所では、「安楽死」に関する記憶を後世に伝えるため、当地を訪れる学生たちに対する教育プログラムなどの活動が行われているほか、「安楽死」に関する学術研究の中心地として、犠牲者の身元究明などの調査・研究とその成果発表も行われている。また、こうした歴史的な場所には、親族をＴ４作戦で亡くした遺族たちが、親族に関する情報を得ようと問い合わせをしてきたり、実際に訪問してきたりするため、これらの地はそうした遺族たちの相談の窓口としての役割も担っている[107]。

Ｔ４作戦に関係するこれらの地は現在、「安楽死」の犠牲者を追悼するための場所という役割だけでなく、「安楽死」をめぐる「想起の文化 Erinnerungskultur」の中心地としての役割も担っている。「想起の文化」とは、ドイツ史の文脈では特に、ナチ犯罪をはじめとする「負の記憶」の継承に従事するさまざまな営為のことを指す[108]。つまりＴ４作戦に関する五カ所は、犠牲者を悼むための場所という役割だけでなく、「安楽死」の記憶を後世に伝えていく役割をも担うようになったのである。

このように、Ｔ４作戦の犠牲者が命を落とした場所である殺害施設跡地は、一九八〇年代以降、地域住民や近隣大学生など民間からの働きかけにより、「安楽死」の歴史を調査・研究し、後世に伝えるための複合的な役割を備えた場所へと変化していった。この過程からは、八〇年代頃から社会が「安楽死」の記憶を自国の歴史として受け入れ始める様子がうかがえる。まずは、「安楽死」の跡地にある施設の関係者、近隣住民などが「安楽死」の記憶を受容し始め、その場所の保存や、そこでの追悼に関わり、そこからさらに一般社会に認知されていくのである。

広がる想起の形

Ｔ４作戦殺害施設跡地は、「安楽死」をめぐる追悼と想起の拠点として中心的役割を担っているが、記念碑や記念館の設立によって「安楽死」の記憶を継承しようとする取り組みは、前記五カ所にとどまらない。一九八〇年代以降、Ｔ４作戦で中継精神病院として機能した精神病院のほか、「子ども安楽死」や「分散した安楽死」（本書第二章参照）において犠牲者を出した病院も、それぞれ記念碑や「安楽死」に関する展示を設置するなど、この歴史について伝えようとする取り組みを行っている。例えば、「児童少年専門科」として「子ども安楽死」の一拠点を担ったアイヒベルクの精神病院では、その過去を忘れないため、八五年に犠牲者追悼のための記念碑が建てられた[109]。また、Ｔ４作戦において中継精神病院として二〇〇〇人以上の患者をピルナ‐ゾンネンシュタインの殺害施設に移送し、「分散した安楽死」においては自分たちの患者を当の施設で殺害した過去を持つグロースシュヴァイトニッツ精神病院（ザクセン州）でも、一九九〇年、集団墓地に追悼のための石碑が建てられた[110]。

一九九〇年代以降は、追悼と想起のための取り組みは特定の場所だけでなく、市民の生活圏にまでその裾野を広げていく。一例として挙げられるのが、「安楽死」犠牲者のための「つまずきの石」プロジェクトである。ドイツでは九二年より、ナチ政権による迫害の犠牲者を追悼するため、その犠牲者がか

図４－５　1941年にハダマー精神病院で殺害された「安楽死」犠牲者を悼む「つまずきの石」。https://commons.wikimedia.org/wiki/File:Stolperstein_Franz_Peters_Lennestadt-Bilstein.jpg（Wikipedia Commons）

図４－６　2015年、ドイツ北部の都市ブラウンシュヴァイクに設置された「灰色のバス」の移動式記念碑。https://commons.wikimedia.org/wiki/File:Braunschweig_Grauer_Bus_(2015).JPG（Wikipedia Commons）

つて住んでいた場所の舗道に小さな真鍮のプレートを埋め込むという「つまずきの石」プロジェクトが、芸術家のグンター・デムニヒによって行われている。[111] このプロジェクトの一環として、「安楽死」の犠牲者を追悼するための「つまずきの石」も設置されており、現在ではドイツ全土にその設置の取り組みが広がりつつある（図４－５）。

もう一つ、日常のなかに溶け込む記念碑として取り上げたいのが、二〇〇六年から開始された移動式の記念碑、「灰色のバス」プロジェクトである。このプロジェクトの発祥地ラーヴェンスブルク（バーデン・ヴュルテンベルク州）市内の町、ヴァイゼナウの精神病院からは、「安楽死」の殺害施設に六九一名の患者が送られて殺害された。この過去を風化させないため、ラーヴェンスブルク市と「ヴァイゼナウ精神医学センター」は芸術家と協働し、記念碑を作成した。この記念碑は、T４作戦の殺害対象者を殺害施設まで移送した「灰色のバス」を模した石碑となっており、まずはヴァイゼナウ精神医学センターの門の前に設置された。さらに、同じ型の記念碑がもう一つ作られ、こちらは移動式の記念碑として、これまでベルリン、ミュンヒェン、フランクフルト・アム・マインなどの大都市のほか、T4作戦殺害施設跡地であるハダマーやグラーフェネックなどに設置されてきた（図4－6）。記念碑をデザインした芸術家たちの言葉によれば、「七〇トンのコンクリートバスの輸送は、抑圧された歴史の輸送」である。「灰色のバスの形をした記憶の象徴が、日常のなかに、現在のなかに、現れたり消えたりする」ことが、「安楽死」の記憶を残していくために重要である。だからこそ、「この記念碑が動き続けることが重要だ」という。[112]

このように、「安楽死」に関わるさまざまな場所で、多様な取り組みが広がっていった。しかしそのなかでも、記念碑や記念館による追悼と想起の取り組みとして重要な節目となったのは、二〇一四年、ベルリンのT4作戦本部跡地に新たな記念碑と展示板が設置されたことである。というのも、それまで主に地方が主体となって行われていた記念碑・記念館設立事業に、ついに連邦政府が関わり、首都ベルリンに「安楽死」の記念碑が置かれることになったからである。

この記念碑の設立経緯について、詳しく検討していこう。かつてT4作戦の作戦本部が置かれていた、ベルリンの「ティアガルテン通り四番地」には、一九八〇年代末、犠牲者への追悼の辞を記した銅板が道路に埋め込まれ、さらに「安楽死」犠牲者の追悼のためのモニュメントが設置されていた。しかし、これらの記念碑は人目につきづらく、その存在をほとんど認知されていなかった。こうした問題を解決するため、二〇〇七年、「テロのトポグラフィー」財団が関係する専門家集団や省庁、当事者団体の代表者を集めて、定期的に会議を始めた。[113]

犠牲者が命を落とした「犠牲者の場所」であるかつてのT4作戦殺害施設と異なり、この場所は実行者が「安楽死」の計画と指導の拠点とした「実行者の場所」であるため、ここに新たな記念碑を設立することに対しては否定的な意見もあった。しかし、「長く忘れ去られていたナチズムの犠牲者グループに対する想起を、ベルリンの中心地で可視化することは社会的な責務」であり、「『安楽死』や強制断種がどのように計画され、行われたのかという歴史や、その後の影響に関する情報提供も不可欠」であるという方針のもと、歴史の内容を伝え、犠牲者への追悼を可能にするような情報と追悼の地が作られるべきだとして記念碑の企画が進められた[114]。

この後、二〇一一年一一月一〇日、キリスト教民主・社会同盟、社会民主党、自由民主党、九〇年連合／緑の党が超党派で提出していた、「安楽死」犠牲者のための追悼の地を設立する動議が可決された。これにより、作戦本部跡地のプロジェクト実現のため、連邦政府の文化・メディア全権委員より、五〇万ユーロの予算が認められた[115]。

このT４作戦本部跡地の例は、二つの意味で画期的であったといえる。一つには、この記念碑の設立をもって、「安楽死」という過去がドイツ連邦共和国という国家全体として想起すべき対象になったという点である。先の動議のなかでは、「安楽死」に関する新たな記念碑が必要であることの根拠として、以下のような言葉が盛り込まれている。

障害を持った人々や患者に対するナチ体制による殺害は、われわれの国家の集団的記憶に属する。これを想起することは、国家にとって重要な課題であり、国家全体が担うべき責務である[116]。

こうした言葉からは、それまで個々の有志市民が担っていた「安楽死」犠牲者の追悼と想起が、ついにドイツの国家の課題として認められたことが見て取れよう。

もう一つには、記念碑の建立における「犠牲者間の格差」の解消という点である。一九八〇年代以降、ド

図4－7　ベルリンのティアガルテン通り４番地にあるT4作戦本部跡地の展示の様子。（撮影：筆者、2019年）

イツではナチ政権による迫害の犠牲者のための記念碑が相次いで建設されたが、その多くはホロコーストの犠牲となったユダヤ人を追悼するためのものであった。二〇〇五年にはベルリンに、サッカー場四面分という広大な敷地を用いて、「ヨーロッパで虐殺されたユダヤ人のための記念碑」が建設され、国際的にも話題となったが、[117]この通称「ホロコースト記念碑」の建設に際しては、ユダヤ人だけを追悼の対象とすることへの批判もあった。[118]記念碑や記念館の建設によって犠牲者を追悼するという営みにおいても、ユダヤ人とそれ以外の犠牲者の間には格差があったのである。こうした格差を解消するため、二〇〇〇年代後半以降、「ホロコースト記念碑」の近隣にジンティ・ロマや同性愛者など、「忘れられた犠牲者」のための記念碑の建設が相次いだ。Ｔ４作戦本部跡地における記念碑の建設も、そうした流れのなかに位置づけることができよう。

こうした議論を経て二〇一四年九月に完成したのが、「ナチスによる『安楽死』の犠牲者のための追悼と情報の地」である。青い透明なガラス壁とともに設置された展示板では、「安楽死」の歴史が豊富な図像とともに解説されている（図4-7）。デザインの基本方針によれば、青いガラス壁は、展示を見ている「生者」と、ナチスの「安楽死」によって身体的には「死者」となったが、「われわれが忘れずに想起することによって生き続けていく人々」との結びつきを象徴している。展示板はチャコールグレーのコンクリートで出来ており、この暗い展示面は、ナチ体制期における「安楽死」をドイツ社会の歴史から取り残してきた「侮辱的な状況」と、「いまだに残っているネガティヴな痕跡」の二つの課題を象徴している[119]。

また、この展示では、誰もがその内容を理解できるよう工夫がなされている。視覚に障害を持つ人のため、展示板に点字が付されているほか、学習障害がある人のために、通常の解説文に、平易な言葉で書かれた解説文が併記されている[120]。

このT4作戦本部跡地は、T4作戦の殺害施設跡地のように、図書館や文書館を併設しているわけではなく、常駐の職員もいない。しかし、ベルリンの中心地というアクセスの良い土地に、連邦政府の財政支援のもと、「安楽死」に関する常設展示が設置されたことは、「安楽死」の過去が、ドイツという国家全体として共有すべき記憶になったことを示しているといえよう。

このように、当初は関連する施設の関係者や近隣住民という限られた人々によって担われていた「安楽死」の追悼と想起は、「安楽死」の過去に対する認知の広まりとともに徐々にその裾野を広げ、現在ではドイツという国家全体で担うべき課題となっている。現在、数多くの記念碑や記念館が建てられていることからは、「安楽死」という過去がドイツの歴史として受容されていることがうかがえるが、その発端となったのが市民たちによる自発的な運動であったことは、注目すべき点であろう。市民の日常生活のなかにある歴史的な場所は、「安楽死」の過去と彼らを結びつける役割を果たし、問題意識を持つことを促進したといえるのではないだろうか。

以上、「安楽死」に関する記念碑や記念館について検討してきたが、最後に、強制断種についても述べておきたい。本節冒頭において述べたように、「安楽死」と比べて、強制断種に関する記念碑は圧倒的に少ない。二〇一一年、かつてのゲッティンゲン（ニーダーザクセン州）大学婦人科病院と外科大学病院の建物に、当地で強制断種された七八〇人の女性と八〇〇人の男性のための記念銘板が設置されたが、こうした例はごくわずかである。[121] 強制断種に関わった病院や裁判所のうち、関与の事実を公にする施設自体が非常に少ないため、記念碑や記念館を作ってその事実を残そうという取り組みも、まだ活発には行われていない。[122] 貴重な例として、一三年にはバーデン・ヴュルテンベルク州の都市マンハイムで、「ナチズム下における強制断種の犠牲者のための移動式記念碑」が落成し、かつて遺伝健康裁判所があった場所である区裁判所の前に設置された（図4－8）。約一〇〇〇個の白い立方体が積み上げられているこの記念碑は、マンハイムで強制的に断種された約一〇〇〇人の男女を象徴しているという。[123]

図4－8　2013年にマンハイムに設置された強制断種被害者のための移動式記念碑。Berndt (2014), S. 134.

強制断種に関して、このようにわずかな記念碑の例しか見られないことの背景には、優生学的な目的に基づく断種は犯罪ではないとする認識が長く残っていたことも関係しているであろう。本章においても述べたように、「安楽死」はすでに医師裁判において犯罪として認められていたが、強制断種がナチの不法行為だと認められるまでには長い年月を要した。そのため、被害者を被害者として認め、その記憶に思いを馳せるための記念碑も、二〇一〇年代に至るまで設立されなかったのではないか。

前節において述べたように、一九八八年、「遺伝病子孫予防法（＝断種法）に基づく強制断種」がナチの不法として連邦政府によって弾劾されたが、二〇〇七年には連邦政府は、「これらの強制断種が法的に守られていたという限りにおいて、この確認と弾劾を、一九三三年七月一四日の『遺伝病子孫予防法』それ自体にも拡大する」ことを決定した。[124] この決定を経た二〇一〇年代に上述のような記念碑の設立が始まったのも、偶然ではないように思われる。断種法や強制断種に対する認識の変化にともない、被害の記憶を後世に残すためのこうした取り組みが今後も増えていくかもしれない。この点については、今後の動向を注視していきたい。

おわりに

本章では、戦後ドイツが強制断種や「安楽死」の過去にどのように取り組んできたのかという問いについて、四つの観点から検討してきた。最後に、四つの要素がどのように相互に関わり合っていたのかを整理しつつ、本章の冒頭で提起した、「戦後ドイツが強制断種や『安楽死』の過去と向き合うまでにはなぜ長い時間がかかったのか」という問いに対する考察を加えたい。

まず、医学界による取り組みや補償政策、記念碑・記念館の設立が行われるに至るまでの間、強制断種や「安楽死」の過去に目を向けることは長く抑圧されており、被害者や犠牲者遺族はドイツ社会のなかで「見えない存在」として周縁に置かれていたことは既述の通りだが、この「抑圧」の背景としてあらためて強調しておかねばならないのは、「安楽死」に関与した医師たちに対する裁判の影響の大きさである。第1節で述べた通り、ニュルンベルク医師裁判において指導者クラスの医師たちが裁かれた後、西側占領地区および建国後の西ドイツにおいては現場の医師たちに対する裁判が行われたものの、その多数が裁きを免れ、医療現場に復帰した。このことは、ドイツ医学界がナチ体制期の過去に目を向けることを長年妨げただけでなく、強制断種や「安楽死」の被害者と遺族を精神的に抑圧し、彼らが声を上げることをも困難にした。「安楽死」の責任が命令系統の上部の人間にのみ帰されたことは、「実行者」の側である医学界がこの過去に向き合うことを遅らせただけでなく、被害者や遺族を社会の周縁に置くことにもつながったのである。

強制断種や「安楽死」の被害者は、ホロコーストの犠牲者であるユダヤ人と異なり、国際的なネットワークも持たなかったため、補償政策の面においても「忘れられた存在」として等閑視された。この状況を打開するためにはまず、彼らの存在を社会に認識させる必要があったが、前述の「抑圧」の空気のなかでは、彼ら自身が当事者として声を上げることは困難であった。ここで注目されるのが、被害者や遺族の存在を「発見」し、自発的に取り組みを開始した市民の存在である。精神科医クラウス・デルナーや、強制断種被害者に関する実態調査を行った教師ホルスト・ビーゾルト、T4作戦殺害施設跡地の近隣住民など、市民による自発的な活動が、強制断種や「安楽死」の問題に光を当てることに大きく貢献した。こうした下からの働きかけの重要性は、医学における取り組み、補償政策、記念碑・記念館の設立といった要素のすべてに共通するところであろう。社会のなかで孤立していた当事者の存在に気づき、行動を起こす人々がいたことは、これらの過去をめぐる取り組みの推進力となったといえる。

医学界の取り組み、補償政策、記念碑・記念館の設立といういずれの領域も、一九八〇年代を一つの転機として、それぞれ影響し合いながら発展していったが、共通して八〇年代が大きな転機となったことの背景にはやはり、一定の時間が経たなければ、これらのナチ体制期の過去を客観的に歴史化することは困難であったという問題があろう。ナチ体制期の過去との取り組みにおいては、六八年の学生運動およびそこでの世代間闘争が大きな役割を演じたことがよく指摘されるが、この運動・闘争においてまず問題視されたのはユダヤ人迫害やホロコーストであり、「忘れられた犠牲者」である強制断種や「安楽死」の被害者の問題にまで関心が向けられるようになるまでには、さらに一〇数年の時間が必要であった。

一九八〇年代以降は、医学界や政界のみならず一般市民のレベルでもさまざまな取り組みが活発化していったが、この時期を境に強制断種や「安楽死」をめぐる取り組みが順調に発展したと評価することは早計であろう。第2節で述べた通り、医学界では八〇年代に至ってもなおナチ体制下の医学の問題を扱うことを抑圧しようとする動きがあったし、戦後補償政策についても、この時期から少しずつ改善されたとはいえ、被害者や遺族側にとっては決して満足のいくものではなかった。

第3節において言及したように、「被害者の会」は二〇一四年に至ってもなお声明文を発表し、強制断種と「安楽死」の被害者を、他のナチ犯罪の犠牲者集団と同権化するよう求めている。また、グラーフェネックの施設で叔母を殺害された「安楽死」犠牲者遺族であるジークリット・ファルケンシュタインは、「ナチズムの犠牲者に対する追悼の日」として連邦議会で行われた一七年の追悼集会に招かれた際、講演を行い、

「『安楽死』と強制断種の犠牲者は、何十年もの間、公的な追悼から排除されていた」だけでなく、「ナチの被迫害者として今日まで認められておらず、迫害された他の集団とも同権化されていない」と訴えた[125]。強制断種や「安楽死」をめぐる「過去の克服」は、現在においてもなお終わっていない現在進行形の問題であることを指摘して本章の結びとしたい。

注

1　Schneider (2010), Präsident der DGPPN, Aachen, „Psychiatrie im Nationalsozialismus—Erinnerung und Verantwortung", https://www.dgppn.de/schwerpunkte/psychiatrie-im-nationalsozialismus/rede-schneider.html（最終閲覧日二〇二一年七月四日）。邦訳は以下を引用した。岩井（二〇一一）、七八五頁。

2　岩井（二〇一一）、七八三－七八五頁。

3　第一一一回日本精神神経学会学術総会資料「ナチ時代の患者と障害者たち」、四－五頁。https://www.dgppn.de/_Resources/Persistent/1b7d75a51a8d79b0d0e5b55533d687a097b08d2e/Broschuere_Japan.pdf（最終閲覧日二〇二一年三月二五日）。

4　https://www.bundesaerztekammer.de/fileadmin/user_upload/downloads/115DAeT2012_NuernbergerErklaerung.pdf（最終閲覧日二〇二一年三月二三日）。

5　「過去の克服」については、石田（二〇一四）。

6　二〇〇〇年代以降に欧米で発表された関連研究としては、例えば、Peiffer (2007) ; Westermann / Kühl / Ohnhäuser (2011) ; Topp (2013) などが挙げられる。

7　「京都保険医新聞」第二八四五号（二〇一三年一月二〇日付）、五頁。https://healthnet.jp/wp-content/themes/main/pdf/paper/h2845.pdf（最終閲覧日二〇二一年七月四日）。

8　第一一一回日本精神神経学会学術総会プログラム。http://www.congre.co.jp/jspn111/pdf/jspn_program.pdf（最終閲覧日二〇二一年七月四日）。

9　二〇一九年二月一日～二日、東京都生協連会館にて開催。詳細は以下ウェブサイトを参照。「【企画】ナチス・ドイツによる障害者虐殺「T４作戦」」http://www.kyosaren.or.jp/%E5%85%A8%E5%9B%BD%E4%BA%8B%E5%8B%99%E5%B1%80/7961/（最終閲覧日二〇二一年七月四日）。

10　Schweizer-Martinschek (2016), 79.

11　以上、継続裁判を含むニュルンベルク裁判の概要については、ヴァインケ（二〇一五）、特にii－iii頁（「訳者まえがき」)；芝（二〇一五）、一三七－一五二頁。
12 Schweizer-Martinschek (2016), 76f.
13 ヴァインケ（二〇一五）、九八頁；Schweizer-Martinschek (2016), 77f.
14 Weindling (2004), 253-256.
15 Weindling (2004), 251, 254; Schweizer-Martinschek (2016), 79.
16 ミッチャーリッヒ、ミールケ（二〇〇一）、二六六頁。
17 Schweizer-Martinschek (2016), 78.
18 Ebbinghaus / Dörner (2002), 18f；芝（二〇一五）、一五一頁。
19 Schweizer-Martinschek (2016), 77.
20 Weindling (2004), 229-245.
21 矢野（二〇〇七）、三八二－三八三頁。
22 Schweizer-Martinschek (2016), 84.
23 矢野（二〇〇七）、三八三頁。
24 福永（二〇二〇）、一八九頁。
25 ただし、いくつかの裁判においては、「人道に対する罪」とドイツ刑法の「謀殺（ないし故殺）」が訴因として並記された例もあった。Schweizer-Martinschek (2016), 84.
26 Schweizer-Martinschek (2016), 86.
27 芝（二〇一五）、一三七頁。
28 Schweizer-Martinschek (2016), 88-89; Dreßen (1996), 36-38; Freudiger (2002), 110-113.
29 Schweizer-Martinschek (2016), 89; Bryant (2005), 120.
30 Schweizer-Martinschek (2016), 93-95; Freudiger (2002), 113-117.
31 Schmuhl (2011c), 272-273.
32 Ebbinghaus (2008), 212.
33 福永（二〇二〇）、一八九頁。
34 Dreßen (1996), 40-41.
35 芝（二〇一五）、一三九頁。
36 Dreßen (1996), 41.
37 Dreßen (1996), 42-43.
38 Dreßen (1996), 40-43.
39 アデナウアーの恩赦政策については、石田（二〇一四）、一〇二－一一一頁を参照。
40 Eichmüller (2008), 626. また引用にあたっては、福永（二〇二〇）、一八五－一八六頁も参考にした。
41 Schweizer-Martinschek (2016), 109-110.
42 芝（二〇一五）、一三八頁。
43 Schweizer-Martinschek (2016), 110-111.
44 Bryant (2005), 145-147.
45 Freimüller (2003), 17; Peter (2015), 28.
46 Mitscherlich / Mielke (1947).
47 Mitscherlich / Mielke (1949)〔金森・安藤訳（二〇〇一）〕。
48 Peter (2015), 45.
49 Freimüller (2003), 28.
50 Hohendorf (2009), 38ff.
51 Schmidt (1965)；Schmidt (2012).

52　Winter (2009), 172.

53　Ärzte unter Hitler. Mission verraten, in: *Der Spiegel*. Nr. 3, 1988. https://www.spiegel.de/politik/aerzte-unter-hitler-mission-verraten-a-96f8990d-0002-0001-0000-000013527109（最終閲覧日二〇二一年三月二六日）。

54　バスティアン（二〇〇五）、一二八－一二九頁。

55　Dörner (2007), 16-19; Dörner (1967), 121-152. また、デルナーの経歴については、市野川（一九九六）も参照。

56　Dörner (2017), 49.　ドイツの精神医療改革やＤＧＳＰについては、橋本（一九九三）、一七七頁；市野川（一九九六）、一四六－一四七頁；梅原・シュムール（二〇一三）、五五六－五五七頁を参照。

57　Dörner / Haerlin / Rau / Schernus / Schwendy (1980), 11.

58　Dörner / Haerlin / Rau / Schernus / Schwendy (1980), 206-215.

59　以上、映画「ホロコースト」については、石田（二〇一四）、二三一－二四二頁。

60　Dörner / Haerlin / Rau / Schernus / Schwendy (1980), 11.

61　米本（一九八九）、二〇頁。

62　Baader / Schultz (1989), 11.

63　Klee (1983)〔松下監訳（一九九九）〕。

64　Bock (1986).

65　Schmuhl (1987).

66　Dörner (2017), 51. ワーキンググループのウェブサイトも参照。http://www.ak-ns-euthanasie.de/（最終閲覧日二〇二一年三月二八日）。

67　Weindling (1989) ; Kater (1989).

68　この展示会については、同名の書籍が刊行されている〔プロス、アリ（一九九三）〕。開催の経緯などは、同書「刊行に寄せて」を参照。

69　木畑（一九九五）、二八六頁。

70　一九八〇年代におけるこうした抑圧については、木畑（一九九五）に詳しい。また、『ランセット』に掲載された論文は、Hanauske-Abel (1986).

71　例えば、デュッセルドルフ大学医学部について、Esch / Grise / Sparing / Woelk (1997) ; Sparing / Heuser (2001) ; Woelk / Sparing / Bayer / Esch (2003).　ハイデルベルク大学医学部精神科教室について、Mundt / Hohendorf / Rotzoll (2001). マックス・プランク研究所の前身カイザー・ヴィルヘルム協会について、Kaufmann (2000).

72　このプロジェクトの研究成果については、Fuchs / Rotzoll / Müller / Richter / Hohendorf (2014) および Rotzoll / Hohendorf / Fuchs / Richter / Mundt / Eckart (2010) の　第四・五・六章。

73　Bundesgesetz zur Entschädigung für Opfer der nationalsozialistischen Verfolgung (Bundesentschädigungsgesetz BEG) in Fassung vom 29. Juni 1956, in: Blessin / Wilden / Ehrig (1957), 5.

74　Blessin / Wilden / Ehrig (1957), 167.

75　広渡（一九九四）、二〇一頁。

76　Blessin / Wilden / Ehrig (1957), 179.

77　邦訳は山田（一九九六）、一〇六頁を参考にした。

78　Bundestagsdrucksache 10/6287, 38.

79　Scheulen (2005), 212f.

80　アメリカや北欧における断種法と断種手術については、市野川（二〇〇〇）、特に一一四－一三〇頁；米本（二〇〇〇）、三四－三七頁。

81　Protokoll der 34. Sitzung des Ausschusses für Wiedergutmachung am Donnerstag, dem 13. April 1961, 9,30 Uhr, 3-4. 後述する「『安楽死』および強制断種被害者の会」のウェブサイトよりＰＤＦを閲覧可能。https://www.euthanasiegeschaedigte-zwangssterilisierte.de/dokumente/bt-protokoll-13-04-1961.pdf（最終閲覧日二〇二一年七月一〇日）。

82　連邦財務省がウェブ上で公開している、ナチの不法行為の補償に関する年表を参照。https://www.bundesfinanzministerium.de/Content/DE/Downloads/Broschueren_Bestellservice/Kalendarium-Entschaedigung-von-NS-Unrecht.pdf?_blob=publicationFile&v=5（最終閲覧日二〇二一年七月一〇日）。

83　以下、ビーゾルトの活動とその成果については、Tümmers (2011), 258-266.

84　「『安楽死』および強制断種被害者の会」については、紀（二〇一六ａ）。

85　この公聴会については、書籍として記録が刊行されている。Deutscher Bundestag (1987).

86　BEZ Rundbrief, Nr. 4, Oktober 1988.

87　一九五〇年代における強制断種被害者団体については、Westermann (2010), 89ff.

88　Bundestagsdrucksache Nr. 11/1714.

89　本章注８２に記載したウェブサイトの年表を参照。

90　Heß (2000), 374.

91　Bundestagsdrucksache Nr. 17/4543; Plenarprotokoll 17/87, 9818-9824.

92　以上、補償額の引き上げについては、「被害者の会」ウェブサイトの「補償政策に関する年表」を参照。https://www.euthanasiegeschaedigte-zwangssterilisierte.de/themen/entschaedigung/zeittafel-entschaedigungspolitik-fuer-zwangssterilisierte-und-euthanasie-geschaedigte/（最終閲覧日二〇二一年二月二七日）。なお、一六年一二月時点までの年表は、Hamm (2017), 177-180にも所収。

93　前注に記載したウェブサイトの年表を参照。

94　https://www.bundesfinanzministerium.de/Content/DE/Downloads/Broschueren_Bestellservice/2018-03-05-entschaedigung-ns-unrecht.html（最終閲覧日二〇二一年七月一〇日）。

95　Heß (2000), 374; Goschler (2008), 214.

96　Appell vom BEZ, „Anerkennung der Zwangssterilisierten und 'Euthanasie,-Geschädigten als NS-Verfolgte", 20. 04. 2014. 全文は以下の「被害者の会」ウェブサイトにて閲覧可

能。https://www.euthanasiegeschaedigte-zwangssterilisierte.de/texte-pdf/appell-anerkennung-zwangssterilisierte-euthanasiegeschaedigte-als-ns-verfolgte-20-04-14.pdf（最終閲覧日二〇二一年七月一〇日）。

97　https://www.gedenkort-t4.eu/de/historische-orte（最終閲覧日二〇二一年七月一一日）。

98　Endlich (2002), 345; George (2006), 430.

99　Endlich (2002), 355; George (2006), 431-434.

100　George (2006), 435-438.

101　George (2006), 435-436.

102　Stöckle (2012), 176-177.

103　「追悼の地グラーフェネック」のウェブサイトより。http://www.gedenkstaette-grafeneck.de/startseite/verein.html（最終閲覧日二〇二一年七月一一日）。

104　Hoffmann (2008), 27.

105　Entstehungsgeschichte der Gedenkstätte. https://www.stsg.de/cms/pirna/histort/geschichte_der_gedenkstaette（最終閲覧日二〇二一年七月一一日）。

106　Seit 2012 Gedenkstätte für die Opfer der Euthanasie-Morde. https://www.brandenburg-euthanasie-sbg.de/geschichte/seit-2012-gedenkstaette-fuer-die-opfer-der-euthanasie-morde/（最終閲覧日二〇二一年三月二八日）。

107　かつてのT４殺害施設の担う役割について、より詳しくは、紀（二〇一六ｂ）、特に二二一－二三二頁。

108　石田・福永（二〇一六）、序文ⅴ頁。また、想起に関する研究で代表的なものとして、アスマン（二〇〇七、二〇一九）などが挙げられる。

109　バーモント大学の社会学教授、ルッツ・ケルバーが運営する「子ども安楽死」とその追悼に関するウェブサイトより。http://www.uvm.edu/~lkaelber/children/eichberg/eichberg.html（最終閲覧日二〇二一年七月一一日）。

110　グロースシュヴァイトニッツの「追悼の地」が運営するウェブサイト。https://gedenkstaette-grossschweidnitz.org/gedenkstaette/（最終閲覧日二〇二一年七月一一日）。

111　デムニヒによる「つまずきの石」のウェブサイト。http://www.stolpersteine.eu/（最終閲覧日二〇二一年二月二七日）。

112　「灰色のバス」プロジェクトのウェブサイトより。http://www.dasdenkmaldergrauenbusse.de/index.php?option=com_content&task=view&id=64&Itemid=68（最終閲覧日二〇二一年七月三日）。

113　Beyer / Fuchs / Hinz-Wessels / Hohendorf / Rotzoll (2014), 121-122.

114　Beyer / Fuchs / Hinz-Wessels / Hohendorf / Rotzoll (2014), 124.

115　Beyer / Fuchs / Hinz-Wessels / Hohendorf / Rotzoll (2014), 123; Bundestagsdrucksache 17/5493.

116　Bundestagsdrucksache 17/5493, 2.

117　「ヨーロッパで虐殺されたユダヤ人のための記念碑」財団公式ウェブサイト。https://www.stiftung-denkmal.

de/denkmaeler/denkmal-fuer-die-ermordeten-juden-europas-mit-ausstellung-im-ort-der-information/（最終閲覧日二〇二〇年二月一九日）。

118　「ホロコースト記念碑」の建設をめぐる議論については、石田（二〇〇〇）、特に一九二－一九五頁を参照。

119　Beyer / Fuchs / Hinz-Wessels / Hohendorf / Rotzoll (2014), 123.

120　Beyer / Fuchs / Hinz-Wessels / Hohendorf / Rotzoll (2014), 125-126.

121　「ニーダーザクセンの記念の地利益協同体およびナチ犯罪の想起のためのイニシアティヴ Interessengemeinschaft niedersächsischer Gedenkstätten und Initiativen zur Erinnerung an die NS-Verbrechen」のウェブサイトより。https://www.gedenkstaetten-niedersachsen.de/gedenkstaettenarbeit/untermenue/zwangssterilisation/（最終閲覧日二〇二一年七月一一日）。

122　同右。

123　Berndt (2014) ,133.

124　Bundestagsdrucksache 16/3811.

125　Bundestag erinnert an die Opfer der „Euthanasie“ im NS-Staat. https://www.bundestag.de/dokumente/textarchiv/2017/kw04-de-gedenkstunde-490478（最終閲覧日二〇二一年七月一一日）。

結

強制断種と「安楽死」の何十万人という犠牲者は、ナチス・ドイツによって「価値を否定された」人々であった。本書がたどってきた歴史は、こうした人々の社会的排除が歯止めを失って極限まで推し進められるプロセスとその「行き着いた先」を示すものである。ナチ体制において「価値が低い」「価値がない」と見なされたのは、当時の国家・社会において「有用でない」とされた人々、社会的周縁に追いやられた「望ましくない」人々であった。本書の第一～第三章がつぶさに見てきたように、強制断種は、「価値が低い」ことが「見込まれる」将来世代の幅広い排除を目指し、戦時下で行われた「安楽死」は、病院や施設といった閉鎖的空間において「価値のない」「不要な」存在と見なされた人々を文字通り目の前から排除した。体制にとって、戦争遂行にとって、病院運営にとって、さまざまな意味で「都合の悪い」人々、最も脆弱な人々が、「有用な人間のため」「全体のため」「より良き未来のため」という大義名分のもとに、個人としての価値を顧みられることなくその尊厳と生とを奪われたのである。

こうした大量殺害はナチ体制の終焉とともに終わりを告げたが、この問題そのものは一九四五年をもって

図　結－１　エルンスト・プッツキが母親と暮らした家。
出　典：https://www.gedenkort-t4.eu/de/node/1029#lebenswege（最終閲覧日2021年３月30日）。

すべて終わったわけではない。「断種法」が戦後もあいまいなまま残されたように、「価値の低い」「価値のない」人々に向けられた国家・社会の差別的扱いは容易には変わらなかった。戦後社会においても、強制断種や「安楽死」の犠牲者あるいはその家族であったことは「価値の低い」「価値のない」存在というレッテルと結びついており、まさにそれゆえに彼らは自らの犠牲を語ることができなかった。本書第四章で見たように、彼らが沈黙を破るのは二〇世紀最後の二〇年になってからであり、名誉と尊厳の回復を求める彼らの運動は現在も進行中である。「人間の価値」をめぐる闘いは今も続いているといえよう。

現代においても、分断と排除は至るところに存在する。こうした流れに抗し、包摂と共生の道を探るためにこの歴史からどのような示唆を得るかは、読者各人に委ねられる。私たちは、過ぎ去った過去の歴史を通して、惨事が引き起こされた諸要因が何であり、後戻りできなくなった転換点がいつだったかをその結末とともに知ることができる。それと同時に、暴走を止める最後の「歯止め」となりうるものがなかったか、という問いに思いを巡らすこともできるのである。強制断種と「安楽死」という「負の過去」について考え続けることの意味は、自身を含めた「今ここ」とその行方をあらたな視点から見つめることにほかならない。

分断と排除に対する「歯止め」の試みの一つとして、最後に、冒頭であげたエルンスト・プッツキの故郷、ドイツ、ハーゲンでの取り組みを紹介して本書を閉じたい。

二〇一八年、エルンスト・プッツキのかつての住まいがあったハーゲン市内のフランクリン通り二一番地の家（図　結-1）の前の歩道に「つまずきの石」が埋め込まれた。[1] 一〇センチ四方の真鍮のプレートには、以下のような言葉が刻まれている。

　ここには一九〇二年生まれのエルンスト・プッツキが住んでいた。一九四三年にヴァールシュタイン精神病院に入院を命じられ、一九四四年九月二九日にハダマー精神病院に「移送」され、一九四五年一月九日に殺害された。（図　結-2）

図　結-2　家の前の歩道に埋め込まれた「つまずきの石」。出典：Wikimedia Commons（最終閲覧日2021年6月30日）。

　歩道に埋め込まれた「つまずきの石」は、特に気にしなければ目につくものではない。しかしこの「石」に気がついた人は、かつてこの家に住んでいた人がナチ時代にたどった運命に思いを馳せることができる。エルンスト・プッツキは、放浪癖のあった二〇代を経て、人生最後の数年間をこの母親の家で過ごしていた。不自由な体のため働くことはできなかったが、彼は一階の窓台に寄りかかって通りを眺め、近所の人たちと話をし、時には子どもたちにせがまれて木のおもちゃを作ってあげたという。親しみやすい「エルンスト小父さん Ernstchen」の死から七七年を経て、この「つまずきの石」が私たちに伝えようとしているのは、「安楽死」の犠牲となったのはどこか別の世界にいる、見知らぬ「気の毒な」人々ではなく、同じ通りに住む見知った人、文字通りの隣人であり、「私たちのなかの一人」だったということなのである。

注

1 以下は https://www.gedenkort-t4.eu/de/node/1029#lebenswege（最終閲覧日二〇二一年三月二九日）。「つまずきの石」については本書第四章第4節を参照。

あとがき

ナチス・ドイツの強制断種と「安楽死」は、ホロコーストと並んで日本でも関心の高いテーマであり、一般のメディアでもしばしば言及される。そこでは、ともすると「悪魔のようなヒトラー」と「恐るべき優生思想」といった「異常性」ですべてが説明されてしまうことも多い。しかし、この事象にもう少し踏み込んでその細部に目を凝らしてみると、そこには、「恐ろしい」過去の出来事として片づけることのできない、現在と地続きの問題がいくつも見え隠れしていることがわかる。そのことに目を向け、真の意味での現代への示唆を得るためには、単純化された図式的理解を越え、個々の歴史的事実と対峙することで、この出来事それ自体を深く理解する必要がある。

ただ、そのために必要十分な情報と歴史的概観を得ることができる手ごろな書物が意外にも見当たらない、これが本企画の出発点であった。現在、このテーマについて日本語で読める文献は、一九八〇〜九〇年代に執筆された外国語文献の翻訳書か、それらに依拠した医学や障害学などの領域における著作であるが、この三〇年の間にこの問題に関する歴史研究はドイツを中心に大きく進展し、その歴史像はより精緻に描かれ、この出来事そのものもさらに広い文脈に位置づけて解釈されるようになっている〔Schmuhl (2010)〕。本書は、そうした現在の研究状況に即した歴史的概要を、この問題に関心を持つ幅広い読者に向けてなるべく平易に、かつ体系的に示すことを目指したものである。

それと同時に、本書はこのテーマにこれから取り組もうとする歴史学の専門研究者にとっても最初の道案内の書となることを心掛けた。むろん、「もはや概観することは不可能」ともされる膨大な研究成果〔Kaminsky (2008), 269〕を限られた紙幅のなかにすべて盛り込むことはもとより不可能であり、本書では取り上げることのできなかった内容も少なくない。そこで、必要最低限ではあるがなるべく出典注を付すこととし、本書の「その先」に関心を持つ研究者向けに、現段階での基本文献や最初の手がかりとなるウェブサイトを巻末に挙げている。

巻末の「基本文献」を一瞥していただくとわかるように、この大きなテーマを一人の研究者がまとめ上げることは困難であった。そのため本書は、それぞれ異なる領域を専門とする四名の執筆者による共著という形を取っている。木畑はこの問題をナチ期の「医学の犯罪」として最初に取り上げた先駆者であり、梅原は医学史・科学史、公衆衛生史、中野は福祉や障害の歴史、そして紀は戦後ドイツにおける「過去の克服」などの文脈でそれぞれこのテーマに取り組んできた。そうした各自の研究蓄積と問題関心を生かしつつ、全体としてまとまりがあり、かつバランスの取れた構成と叙述を模索し、最終的にたどり着いたのが現在の本書の形である。

また、本書は歴史書であるが、医学や法律に関する専門用語が頻出する。執筆者間で注意深く検証を重ねたつもりでも、門外漢ゆえの思わぬ誤訳や思い違いもあるかもしれない。さらにこうした言葉のなかには、種々の理由から現在では使われなくなったものも少なくない。用語自体が歴史性を帯びている場合、それをどの程度歴史叙述に反映させるべきか、原語のドイツ語の持つ意味と日本語の訳語をどう対応させるかについては、執筆者四人の間でも意見が分かれた。また、歴史上の概念や用語についても、各執筆者の意図や文脈を尊重してあえて統一しなかったものもある（読者が混乱しないよう、注記を付している）。構成や叙述、表現の問題を含めて、本書がどれだけ当初のねらいを達成しているかは、この本を手に取ってくださった読者の判断を待つほかはない。忌憚ないご意見、ご批判をお待ちしたい。

本書の企画は、二〇一七年五月の日本西洋史学会大会での中野と梅原の立ち話から始まった。その年の末に初めて四名で集まって以来、数カ月おきに研究会を重ね、四人の共著として書籍化する方向で検討を進めた。初期の段階からこの企画を後押ししてくださったのは、編集者の吉田秀登氏である。研究歴も研究分野も異なる四名の間でしばしば議論が行き詰まるなか、「まずは一番書きたいことを書きたいだけ書く」ことを薦めてくださり、その結果、長大なものとなった最初の原稿を隅から隅まで精読され、文章指導まで厭わなかった氏のご尽力には感謝してもしきれない。その後、諸事情により本企画は吉田氏の手を離れ、吉田氏の紹介により山田洋氏に引き受けていただくことになった。即座に本書刊行の意義を認めてくださり、入稿前の原稿を文字通り一字一句に至るまで点検・添削し、きめ細かなアドバイスと大変なスピードで刊行までの道のりを導いてくださった山田氏の熱意とお力には驚くばかりで、これまた感謝の言葉がみつからない。半ば偶然ともいえるお二人との出会いなくして本書は生まれなかった。執筆者一同、心から御礼を申し上げたい。

また、本書の刊行に際しては、「二〇二一年度成城大学科学研究費助成事業等間接経費による研究支援プロジェクト」による出版助成を受けた。学術書の出版がますます困難になるなか、こうした制度的支援にあらためて感謝の意を示したい。

二〇二一年七月二六日

執筆者一同

141頁。

モア、トーマス（1980）『ユートピア』中公バックス：世界の名著第22巻、沢田昭夫訳、中央公論社。

矢野久（2007）「虐殺の研究とその克服」松村高夫・矢野久編『大量虐殺の社会史―戦慄の二十世紀』所収、ミネルヴァ書房、379-415頁。

山田敏之（1996）「国家社会主義による迫害の被害者に対する補償に関する連邦法（連邦補償法）（訳）」『外国の立法』第34号3/4号、55-128頁。

米本昌平（1989）『遺伝管理社会―ナチスと近未来』弘文堂。

米本昌平（2000）「イギリスからアメリカへ―優生学の起源」米本昌平・松原洋子・橳島次郎・市野川容孝『優生学と人間社会―生命科学の世紀はどこへ向かうのか』所収、講談社、13-50頁。

リッター、G. A（1993）『社会国家―その成立と発展』木谷ほか訳、晃洋書房。

ウェブサイト資料

・ナチズムの犠牲者追悼の日
20099910.pdf (btg-bestellservice.de)（最終閲覧日2021年７月２日）
・「安楽死」犠牲者のバイオグラフィー
https://www.ns-euthanasie.de/index.php/opfer（最終閲覧日2021年３月20日）
https://www.t4-denkmal.de/Opferbiografien（最終閲覧日2021年３月20日）
・「『安楽死』および強制断種被害者の会」
https://www.euthanasiegeschaedigte-zwangssterilisierte.de/（最終確認日2021年３月28日）
・「安楽死」に関係する場所や記念碑のポータルサイト「追悼の地―T4」
https://www.gedenkort-t4.eu/de（最終閲覧日 2021年３月28日）

木畑和子（1995）「ナチス『医学の犯罪』と過去の克服」『世界』第613号、280-286頁。

木畑和子（2002）「民族の『健康』を目指して—第三帝国の保健衛生行政」川越修ほか『ナチズムのなかの20世紀』所収、柏書房、158-187頁。

木畑和子（1992）「第三帝国の『健康』政策」『歴史学研究』640号、1-9、58頁。

クラッツ、トルステン／トレスター、ミヒャエル（2012）「認知症における臨死介助」西土彰一郎訳『成城法学』第81巻、93-111頁。

後藤俊明（2003）「史料翻訳　ハンス・ハルムゼンの優生学—論説三篇の紹介」『地域分析』（愛知学院大学）第42巻第1号、95-112頁。

後藤俊明（2012）「B・バーフィンクにおける優生学とキリスト教の架橋—ドイツ優生学とプロテスタント社会福祉（3）」『地域分析』（愛知学院大学）第50巻第2号、33-59頁。

シェファー、エディス（2019）『アスペルガー医師とナチス—発達障害の一つの起源』山田美明訳、光文社。

芝健介（2015）『ニュルンベルク裁判』岩波書店。

高橋秀寿（2017）『ホロコーストと戦後ドイツ—表象・物語・主体』岩波書店。

トロンブレイ、スティーブン（2000）『優生思想の歴史—生殖への権利』藤田真利子訳、明石書店。

ニーチェ、フリードリヒ（1994）『偶像の黄昏』原祐一訳（ちくま学芸文庫）筑摩書房。

橋本明（1993）「戦後ドイツにおける精神医療の展開—精神医療改革とその後」『季刊社会保障研究』第29巻第2号、175-185頁。

バスティアン、ティル（2005）『恐ろしい医師たち—ナチ時代の医師の犯罪』山本啓一訳、かもがわ出版。

ヒトラー、アドルフ（1973）『わが闘争』上・下、平野一郎ほか訳（角川文庫）角川書店。

ヒポクラテス（1963）「誓い」同『古い医術について　他八編』小川政恭訳（岩波文庫）岩波書店、191-192頁。

広渡清吾（1994）「ドイツにおける戦後責任と戦後補償」粟屋憲太郎・田中宏ほか編『戦争責任・戦後責任—日本とドイツはどう違うか』所収、朝日新聞社、169-220頁。

福永美和子（2020）「戦後ドイツ司法によるナチ犯罪追及—占領期から今日までの展開とその所産」石田勇治・川喜田敦子編『現代ドイツへの視座—歴史学的アプローチ2　ナチズム・ホロコーストと戦後ドイツ』所収、勉誠出版、185-215頁。

フリードリヒ、イェルク（2011）『ドイツを焼いた戦略爆撃　1940-1945』香月恵理訳、みすず書房。

プロス、クリスチアン／アリ、ゲッツ編（1993）『人間の価値—1918年から1945年までのドイツの医学』林功三訳、風行社。

ベーコン、フランシス（2005）『学問の進歩』（『ベーコン　学問の進歩／ノヴム・オルガヌムほか』ワイド版：世界の大思想 II-04、服部栄次郎・多田英次訳、河出書房新社。

ポイカート、デートレフ（1991）『ナチス・ドイツ—ある近代の社会史』木村靖二・山本秀行訳、三元社。

松原洋子（2002）「優生学」市野川容孝編『生命倫理とは何か』所収、平凡社、135-

Woellert, Katharina / Schmiedebach, Heinz-Peter (2008) *Sterbehilfe*, München.

Wuttke-Groneberg, Walter (1980) *Medizin im Nationalsozialismus. Ein Arbeitsbuch,* Wurmlingen.

Zankl, Heinrich (2008) Von der Vererbungslehre zur Rassenhygiene, in: Klaus-Dietmar Henke (Hg.) *Tödliche Medizin im Nationalsozialismus. Von der Rassenhygiene zum Massenmord*, Köln u. a., S.47-63.

Zu Nieden, Andrea / Korecky, Karina (2018) *Psychiatrischer Alltag. Zwang und Reform in den Anstalten des Landschaftsverbandes Rheinland (1970-1990)*, Berlin.

邦語文献

アスマン、アライダ（2007）『想起の空間―文化的記憶の形態と変遷』安川晴基訳、水声社。

アスマン、アライダ（2019）『想起の文化―忘却から対話へ』安川晴基訳、岩波書店。

石田勇治（2000）「現代ドイツの歴史論争」歴史学研究会編『歴史における「修正主義」』所収、青木書店、181-208頁。

石田勇治（2014）『［新装復刊］過去の克服―ヒトラー後のドイツ』白水社。

石田勇治／福永美和子（2016）「序文」石田勇治・福永美和子編『現代ドイツへの視座―歴史学的アプローチ１　想起の文化とグローバル市民社会』所収、勉誠出版、ⅴ-xi頁。

市野川容孝（1996）「ナチズムの安楽死をどう〈理解〉すべきか―小俣和一郎氏への批判的コメント」『イマーゴ』第７巻第10号、145-159頁。

市野川容孝（2000）「北欧―福祉国家と優生学」米本昌平・松原洋子・橳島次郎・市野川容孝『優生学と人間社会―生命科学の世紀はどこへ向かうのか』所収、講談社、107-140頁。

岩井一正（2011）「70年間の沈黙を破って―ドイツ精神医学精神療法神経学会（DGPPN）の2010年総会における謝罪表明（付）追悼式典における DGPPN フランク・シュナイダー会長の談話『ナチ時代の精神医学―回想と責任』（邦訳）」『精神神経学雑誌』第113巻第８号、782-796頁。

ヴァインケ、アンネッテ（2015）『ニュルンベルク裁判―ナチ・ドイツはどのように裁かれたのか』板橋拓己訳、中央公論新社。

梅原秀元／シュムール、ハンス - ヴァルター（2013）「『治療と絶滅』から『過去との対話と改革』へ―20世紀ドイツ精神医療史」『日本医史学雑誌』第59巻第４号、547-563頁。

川越修（2004）『社会国家の生成―20世紀社会とナチズム』岩波書店。

北垣徹（2018）「人間の再生―フランスにおける優生学の歴史」山崎喜代子編『生命の倫理3　優生政策の系譜』所収、九州大学出版会。

紀愛子（2016a）「『ナチスによる「安楽死」および強制断種被害者の会』の歴史と活動」『早稲田大学大学院文学研究科紀要』第61輯、91-106頁。

紀愛子（2016b）「〈研究ノート〉ナチスによる『安楽死』をめぐる想起の文化―ドイツおよびオーストリアにおける T4殺人施設跡地を訪れて」『史論』第69号、101-122頁。

木畑和子（1994）「『忘れられた犠牲者』との『出会い』の旅」『季刊戦争責任研究』第６号、51-55頁。

Vossen, Johannes (2001) *Gesundheitsämter im Nationalsozialismus. Rassenhygiene und offene Gesundheitsfürsorge in Westfalen 1900-1950*, Essen.

Walter, Bernd (1991) Anstaltsleben als Schicksal. Die nationalsozialistische Erb- und Rassenpflege an Psychiatriepatienten, in: Frei, Norbert (Hg.), *Medizin und Gesundheitspolitik in der NS-Zeit*, Oldenborug, S. 217-233.

Walter, Bernd (1993) Fürsorgepflicht und Heilungsanspruch. Die Überforderung der Anstalt? (1870-1930), in: Kersting, Franz-Werner / Teppe, Karl / Walter, Bernd (Hg.) *Nach Hadamar. Zum Verhältnis von Psychiatrie und Gesellschaft im 20. Jahrhundert*, Paderborn, S. 66-97.

Walter, Bernd (1996) *Psychiatrie und Gesellschaft in der Moderne. Geisteskrankenfürsorge in der Provinz Westfalen zwischen Kaiserreich und NS-Regime*, Paderborn.

Walter, Bernd (2001) Die NS-„Kinder-Eutnahasie"-Aktion in der Provinz Westfalen (1940-1945), in: *Praxis der Kinderpsychologie und Kinderpsychiatrie*, Bd. 50, S. 211-227.

Weindling, Paul (1989) *Health, Race and German Politics between National Unification and Nazism 1870-1945*, Oxford.

Weindling, Paul (2004) *Nazi Medicine and the Nuremberg Trials. From Medical War Crimes to Informed Consent*, New York.

Weindling, Paul (2015) *Victims and Survivors of Nazi Human Experiments. Science and Suffering in the Holocaust*, London / New York.

Weingart, Peter / Kroll, Jürgen / Bayertz, Kurt (1992) *Rasse, Blut und Gene. Geschichte der Eugenik und Rassenhygiene in Deutschland*, Berlin.

Weiss, Sheila Faith (1989) Die Rassenhygienische Bewegung in Deutschland,1904-1933, in: Äztekammer Berlin (Hg.) Pross, Christian / Aly, Götz (Redaktion), *Der Wert des Menschen. Medizin in Deutschland 1918-1945*, Berlin, S.374-376.

Weiss, Sheila Faith (1990) The Race Hygiene Movement in Germany, 1904-1945, in: Adams, Mark B.(ed.) *The Wellborn Science. Eugenics in Germany, France, Brazil, and Russia*, New York / Oxford, pp.8-68.

Weiss, Sheila Faith (2004) German Eugenics,1890-1933, in: Kuntz, Dieter / Bachrach, Susan (eds.) *Deadly Medicine. Creating the Master Race*, Washington DC, pp.15-39.

Westermann, Stefanie (2010) *Verschwiegenes Leid. Der Umgang mit den NS-Zwangssterilisationen in der Bundesrepublik Deutschland*, Köln.

Westermann, Stefanie / Kühl, Richard / Ohnhäuser, Tim (Hg.) (2011) *NS-„Euthanasie" und Erinnerung. Vergangenheitsaufarbeitung — Gedenkformen — Betroffenenperspektiven*, Münster.

Wildt, Michael (2019) »Arbeit macht frei«. Zugehörigkeit, Ausgrenzung, Vernichtung durch Arbeit im Nationalsozialismus, in: Wildt, Michael, *Die Ambivalenz des Volkes. Der Nationalsozialismus als Gesellschaftsgeschichte*, Berlin, S. 199-222.

Winter, Bettina (2009) ;„Befreiung" und Nachkriegsprozesse, in: Landeswohlfahrtsverband Hessen (Hg.) *„Verlegt nach Hadamar". Die Geschichte einer NS-„Euthanasie"-Anstalt. Begleitband zur Ausstellung des Landeswohlfahrtsverbandes Hessen, Historische Schriftenreihe des Landeswohlfahrtsverbandes Hessen,* Kataloge Bd. *2*, 4. Aufl., Kassel, S. 166-188.

Woelk, Wolfgang / Sparing, Frank / Bayer, Karen / Esch, Michael (Hg.) (2003) *Nach der Diktatur. Die Medizinische Akademie Düsseldorf nach 1945,* Düsseldorf.

Tiedemann, Sibylle von (2018b) Ruth Levinger, in: NS-Dokumentationszentrum München und Bezirk Oberbayern durch Cranach, Michael von / Eberle, Annette / Hohendorf, Gerrit / Tiedemann, Sibylle von (Hg.) *Gedenkbuch für die Münchner Opfer der nationalsozialistischen »Euthanasie«-Morde*, Göttingen, S. 349-354.

Tiedemann, Sibylle von (2018c) Emilie (Emmy) Rowohlt, in: NS-Dokumentationszentrum München und Bezirk Oberbayern durch Cranach, Michael von / Eberle, Annette / Hohendorf, Gerrit / Tiedemann, Sibylle von (Hg.) *Gedenkbuch für die Münchner Opfer der nationalsozialistischen »Euthanasie«-Morde*, Göttingen, S. 361-363.

Tiedemann, Sibylle von / Cranach, Michael von (2018) Institutionen, Täter und Beteiligte in München und Oberbayern, in : NS-Dokumentationszentrum München und Bezirk Oberbayern durch Cranach, Michael von / Eberle, Annette / Hohendorf, Gerrit / Tiedemann, Sibylle von (Hg.) *Gedenkbuch für die Münchner Opfer der nationalsozialistischen »Euthanasie«-Morde*, Göttingen, S. 57-72.

Tiedemann, Sibylle von / Eberle, Annette (2018) Einzelne Opfergruppen: Jüdische Patienten, Zwangsarbeiter, Patienten aus der Fürsorge, in: NS-Dokumentationszentrum München und Bezirk Oberbayern durch Cranach, Michael von / Eberle, Annette / Hohendorf, Gerrit / Tiedemann, Sibylle von (Hg.) *Gedenkbuch für die Münchner Opfer der nationalsozialistischen »Euthanasie«-Morde*, Göttingen, S. 131-142.

Tiedemann, Sibylle von / Hohendorf, Gerrit / Cranach, Michael von (2018a) Dezentrale »Euthanasie« in der Heil- und Pflegeanstalt Eglfing-Haar (1939-1945), in: NS-Dokumentationszentrum München und Bezirk Oberbayern durch Cranach, Michael von / Eberle, Annette / Hohendorf, Gerrit / Tiedemann, Sibylle von (Hg.) *Gedenkbuch für die Münchner Opfer der nationalsozialistischen »Euthanasie«-Morde*, Göttingen, S. 105-123.

Tiedemann, Sibylle von / Hohendorf, Gerrit / Cranach, Michael von (2018b) Die Ermittlung der Opfer der dezentralen »Euthanasie«, in: NS-Dokumentationszentrum München und Bezirk Oberbayern durch Cranach, Michael von / Eberle, Annette / Hohendorf, Gerrit / Tiedemann, Sibylle von (Hg.) *Gedenkbuch für die Münchner Opfer der nationalsozialistischen »Euthanasie«-Morde*, Göttingen, S. 169-192.

Topp, Sascha (2004) Der „Reichsausschuß zur wissenschaftlichen Erfassung erb- und anlagebedingter schwerer Leiden". Zur Organisation der Ermordung minderjähriger Kranker im Nationalsozialismus 1939-1945, in: Beddies, Thomas / Hübener, Kristina (Hg.) *Kinder in der NS-Psychiatrie*, Berlin, S. 17-54.

Topp, Sascha (2013) *Geschichte als Argument in der Nachkriegsmedizin. Formen der Vergegenwärtigung der nationalsozialistischen Euthanasie zwischen Politisierung und Historiographie*, Göttingen.

Tümmers, Henning (2011) *Anerkennungskämpfe. Die Nachgeschichte der nationalsozialistischen Zwangssterilisationen in der Bundesrepublik* (Beiträge zur Geschichte des 20. Jahrhunderts, Bd.11), Göttingen.

Umehara, Hideharu / Fangerau, Heiner / Gaebel, Wolfgang / Kim, Yoshiharu / Schott, Heinz / Zielasek, Jürgen (2011): Von der „Schizophrenie" zur „Störung der Einheit der Selbst". Ursachen und Folgen der Umbenennung der Schizophrenie in Japan im Jahre 2002, in: *Nervenarzt*, Bd. 82, S. 1160-1168.

Psychiatrie in Düsseldorf während des Nationalsozialismus, Essen.

Stephenson, Jill (2014) *Women in Nazi Germany*, London / New York.

Stockdreher, Petra (2012) Heil- und Pflegeanstalt Eglfing-Haar, in: Cranach, Michael von / Siemen, Hans-Ludwig (Hg.) *Psychiatrie im Nationalsozialismus. Die Bayerischen Heil- und Pflegeanstalten zwischen 1933 und 1945*, 2. Aufl., München, S. 327-362.

Stöckle, Thomas (2010) Die Reaktionen der Angehörigen und der Bevölkerung auf die »Aktion 4«, in: Rotzoll, Maike / Hohendorf, Gerrit / Fuchs, Petra / Richter, Paul / Mundt, Christoph / Eckart, Wolfgang U. (Hg.) *Die nationalsozialistische »Euthanasie«-Aktion »T4« und ihre Opfer. Geschichte und ethische Konsequenzen für die Gegenwart*, Paderborn u. a. S. 118-124.

Stöckle, Thomas (2012) *Grafeneck 1940. Die Euthanasie-Verbrechen in Südwestdeutschland*, 3. Aufl., Tübingen.

Süß, Winfried (2003) *Der „Volkskörper" im Krieg. Gesundheitspolitik, Gesundheitsverhältnisse und Krankenmord im nationalsozialistischen Deutschland 1939-1945*, München.

Süß, Winfried (2004) »Dann ist keienr von uns seines Lebens mehr sicher«. Bischof von Galen, der katholische Protest gegen die »Euthanasie« und der Stopp der »Aktion T4«, in: Sabrow, Martin (Hg.) *Skandal und Diktatur. Formen öffentlicher Empörung im NS-Staat und in der DDR*, Göttingen, S. 102-129.

Sueße, Thorsten / Meyer, Heinrich (1988) *Abtransport der "Lebensunwerten". Die Konfrontation niedersächsischer Anstalten mit der NS-"Euthanasie"*, Hannover.

Thom, Achim (1991) Kriegsopfer der Psychatrie. Das Beispiel der Heil- und Pflegeanstalten Sachsens, in: Frei, Norbert (Hg.) *Medizin und Gesundheitspolitik in der NS-Zeit* (Sondernummer Schriftenreihe der Vierteljahrshefte für Zeitgeschichte), München, S. 201-216.

Thomson, Matthew / Weindling, Paul (1993) Sterilisationspolitik in Großbritannien und Deutschland, in: Kersting, Franz-Werner / Teppe, Karl / Walter, Bernd (Hg.) *Nach Hadamar. Zum Verhältnis von Psychiatrie und Gesellschaft im 20. Jahrhundert*, Paderborn, S.137-173.

Tiedemann, Sibylle von (2014a) Dezentrale „Euthanasie" in der Heil- und Pflegeanstalt Eglfing-Haar. Eine Untersuchung der Münchner Todesfälle 1939-1945, in: Hohendorf, Gerrit / Raueiser, Stefan / Cranach, Michael von / Tiedemann, Sibylle von (Hg.) *Die „Euthanasie"-Opfer zwischen Stigmatisierung und Anerkennung. Forschungs- und Ausstellungsprojekte zu den Verbrechen an psychisch Kranken und die Frage der Namensnennung der Münchner „Euthanasie"-Opfer*, Münster, S. 34-51.

Tiedemann, Sibylle von (2014b) Emmy R. - Opfer der Hungerkost, in: Hohendorf, Gerrit / Raueiser, Stefan / Cranach, Michael von / Tiedemann, Sibylle von (Hg.) *Die „Euthanasie"-Opfer zwischen Stigmatisierung und Anerkennung. Forschungs- und Ausstellungsprojekte zu den Verbrechen an psychisch Kranken und die Frage der Namensnennung der Münchner „Euthanasie"-Opfer*, Münster, S. 194-196.

Tiedemann, Sibylle von (2018a) Irmgard Burger, geb. Blankenstein, in: NS-Dokumentationszentrum München und Bezirk Oberbayern durch Cranach, Michael von / Eberle, Annette / Hohendorf, Gerrit / Tiedemann, Sibylle von (Hg.) *Gedenkbuch für die Münchner Opfer der nationalsozialistischen »Euthanasie«-Morde*, Göttingen, S. 323-327.

Robert / Eckart, U.Wolfgang / Schmuhl, Hans-Walter / Süß, Winfried (Hg.) *Medizin und Nationalsozialismus. Bilanz und Perspektiven der Forschung*, Göttingen, S. 267-282.

Schmuhl, Hans-Walter (2013) Walter Creutz und die „Euthanasie" in der Rheinprovinz. Zwischen Resistenz und Kollaboration, in: *Nervenarzt*, Bd. 84, S. 1069-1074.

Schmuhl, Hans-Walter (2016) Was heißt „Widerstand" gegen die NS-„Euthanasie"-Verbrechen?, in: Stollberg, Gunnar / Vanja, Christina / Bruns, Florian / Dross, Fritz (Hg.) *Patientengeschichte in Hospital, Heilstätte und Krankenhaus* (Historia Hosipitalium. Jahrbuch der Deutschen Gesellschaft für Krankenhausgeschichte, Bd. 29 (2014/15)), Berlin, S. 237-255.

Schneider, Frank (2010) Psychiatrie im Nationalsozialismus — Erinnerung und Verantwortung. (https://www.dgppn.de/schwerpunkte/psychiatrie-im-nationalsozialismus/rede-schneider.html 最終閲覧日 2021年3月28日)

Schneider, Frank / Lutz, Petra (Hg.) (2014) *erfasst, verfolgt, vernichtet. Kranke und behinderte Menschen im Nationalsozialismus (registered, persecuted, annihilated. The Sick and the Disabled under National Socialism)*, Berlin/Heidelberg.

Schulze, Dietmar / Fiebrandt, Maria (Hg.) (2016) *»Euthanasie« in Großschweidnitz. Regionalisierter Krankenmord in Sachsen 1940-1945*, Köln.

Schwanninger, Florian / Zauner-Leitner, Irene (Hg.) (2013) *Lebensspuren. Biografische Skizzen von Opfern der NS-Tötungsanstalt Hartheim*, Innsbruck u. a.

Schwartz, Michael (1995) *Sozialistische Eugenik. Eugenische Sozialtechnologien in Debatten und Politik der deutschen Sozialdemokratie 1890-1933*, Bonn.

Schweizer-Martinschek, Petra (2016) *Die Strafverfolgung von NS-„Euthanasie" -Verbrechen in SBZ und DDR*, Hamburg.

Siemen, Hans-Ludwig (2012a) Die bayerischen Heil- und Pflegeanstalten während des Nationalsozialismus, in: Cranach, Michael von / Siemen, Hans-Ludwig (Hg.) *Psychiatrie im Nationalsozialismus. Die Bayerischen Heil- und Pflegeanstalten zwischen 1933 und 1945*, 2. Aufl., München, S. 417-474.

Siemen, Hans-Ludwig (2012b) Psychiatrie im Nationalsozialismus, in: Cranach, Michael von / Siemen, Hans-Ludwig (Hg.) *Psychiatrie im Nationalsozialismus. Die Bayerischen Heil- und Pflegeanstalten zwischen 1933 und 1945*, 2. Aufl., München, S.15-34.

Sirl, Sr. M. Benigna / Pfister, Peter (Hg.) (2011) *Die Assoziationsanstalt Schönbrunn und das nationalsozialistische Euthanasie-Programm*, Regensburg.

Söhner, Felicitas / Fangerau, Heiner / Becker, Thomas (2018) Der Weg zur Psychiatrie-Enquete. Rekonstruktion der politischen Vorbereitung der ersten Enquetekommission des Deutschen Bundestags, in: *Nervenarzt*, Bd. 89, S. 570-578.

Sparing, Frank (2013) Hungersterben in den rheinischen Provinzial-Heil-und Pflegeanstalten nach dem Kriegsende 1945, in: Arbeitskreis zur Erforschung der nationalsozialistischen „Euthanasie" und Zwangssterilisation (Hg.) *Schatten und Schattierungen. Perspektiven der Psychaitriegeschichte im Rheinland* (Berichte des Arbeitskreises, Bd. 9), Münster, S. 115-140.

Sparing, Frank (2018) *Zwischen Verwahrung und Therapie. Psychiatrische Unterbringung und Behandlung im Bereich des Landschaftsverbandes Rheinland von 1945 bis 1970*, Berlin.

Sparing, Frank / Heuser, Marie-Luise (Hg.) (2001) *Erbbiologische Selektion und „Euthanasie"*.

S. 228-233.

Sandner, Peter (2003) *Verwaltung des Krankenmordes. Der Bezirksverband Nassau im Nationalsozialismus*, Gießen.

Scheulen, Andreas (2005) Zur Rechtslage und Rechtsentwicklung des Erbgesundheitsgesetz 1934, in: Hamm, Margret (Hg.) *Lebensunwert — Zerstörte Leben. Zwangssterilisation und „Euthanasie"*, Frankfurt a. M, S. 212-219.

Schleiermacher, Sabine (Hg.) (2008) *Die Charité im Dritten Reich. Zur Dienstbarkeit medizinischer Wissenschaft im Nationalsozialismus*, Paderborn u. a.

Schmidt, Gerhard (1965) *Selektion in der Heilanstalt 1939-1945*, Stuttgart.

Schmidt, Gerhard (2012) *Selektion in der Heilanstalt 1939-1945,* Neuausgabe mit ergänzenden Texten, Berlin / Heidelberg.

Schmidt, Martin / Kuhlmann, Robert / Cranach, Michael von (2012) Heil- und Pflegeanstalt Kaufbeuren, in: Cranach, Michael von / Siemen, Hans-Ludwig (Hg.) *Psychiatrie im Nationalsozialismus. Die Bayerischen Heil- und Pflegeanstalten zwischen 1933 und 1945*, 2. Aufl., München, S. 265-325.

Schmidt, Ulf (2009) *Hitlers Arzt Karl Brandt. Medizin und Macht im Dritten Reich*, Berlin.

Schmiedebach, Hans-Peter (2011) The reputation of psychiatry in the first half of the twentieth century, in: *European Archive of Psychiatry and Clinical Neuroscience*, Bd. 261 (Suppl. 2), pp.192-196.

Schmuhl, Hans-Walter (1987) *Rassenhygiene, Nationalsozialismus, Euthanasie. Von der Verhütung zur Vernichtung ›lebensunwerten Lebens‹ 1890-1945*, Göttingen.

Schmuhl, Hans-Walter (1993) Kontinuität oder Diskontinuität? Zum epochalen Charakter im Psychiatrie im Nationalsozialismus, in: Kersting, Franz-Walter / Teppe, Karl / Walter, Bernd (Hg.) *Nach Hadamar. Zum Verhältnis von Psychiatrie und Gesellschaft im 20. Jahrhundert*, Paderborn, S. 112-136.

Schmuhl, Hans-Walter (2000) *Hirnforschung und Krankenmord. Das Kaiser-Wilhelm-Institut für Hirnforschung 1937-1945* (Ergebnisse. Vorabdrucke aus dem Forschungsprogramm „Geschichte der Kaiser-Wilhelm-Gesellschaft im Nationalsozialismus", Bd. 1), Berlin（http://www.mpiwg-berlin.mpg.de/KWG/Ergebnisse/Ergebnisse1.pdf 最終閲覧日2021年3月7日）.

Schmuhl, Hans-Walter (2010) Die Genesis der »Euthanasie«. Interpretationsansätze, in: Rotzoll, Maike / Hohendorf, Gerrit / Fuchs, Petra / Richter, Paul / Mundt, Christoph / Eckart, Wolfgang U. (Hg.) *Die nationalsozialistische* »Euthanasie«-Aktion »T4« *und ihre Opfer. Geschichte und ethische Konsequenzen für die Gegenwart*, Paderborn u. a., S. 66-73.

Schmuhl, Hans-Walter (2011a) »Euthanasie« und Krankenmord, in: Jütte, Robert / Eckart, U. Wolfgang / Schmuhl, Hans-Walter / Süß, Winfried (Hg.) *Medizin und Nationalsozialismus. Bilanz und Perspektiven der Forschung*, Göttingen, S. 214-255.

Schmuhl, Hans-Walter (2011b) Zwangssterilisation, in: Jütte, Robert / Eckart, U. Wolfgang / Schmuhl, Hans-Walter / Süß, Winfried (Hg.), *Medizin und Nationalsozialismus. Bilanz und Perspektiven der Forschung,* Göttingen, S. 201-213.

Schmuhl, Hans-Walter (2011c) Nürnberger Ärzteprozess und »Euthanasie«-Prozesse, in: Jütte,

Rauh, Philipp (2010b) Von Verdun nach Grafeneck. Die psychisch kranken Veteranen des Ersten Weltkrieges als Opfer der nationalsozialistischen Krankenmordaktion T4, in: Quinkert, Babette / Rauh, Philipp / Winkler, Ulrike (Hg.) *Krieg und Psychiatrie 1914-1950* (Beiträge zur Geschichte des Nationalsozialismus, Bd. 26), Göttingen, S. 54-74.

Richarz, Bernhard (1987) *Heilen, Pflegen, Töten. Zur Alltagsgeschichte einer Heil- und Pflegeanstalt bis zum Ende des Nationalsozialismus*, Göttingen.

Richter, Ingrid (2001) *Katholizismus und Eugenik in der Weimarer Republik und im Dritten Reich. Zwischen Sittlichkeitsreform und Rassenhygiene*, Paderborn u. a.

Rieß, Volker (1996) *Die Anfänge der Vernichtung »lebensunwerten Lebens« in den Reichsgauen Danzig-Westpreußen und Wartheland, 1939/40*, Frankfurt a. M.

Roelcke, Volker (2005) „Lebensunwertes Leben" und Rechtfertigung zum Töten. Zu Entstehungskontexten und Rezeption der Publikation von Binding und Hoche aus dem Jahr 1920, in: Riha, Ortrun (Hg.) *‚Die Freigabe der Vernichtung lebensunwerten Lebens'. Beiträge des Symposiums über Karl Binding und Alfred Hoche am 2. Dezember 2004 in Leipzig* (Schriftenreihe des Instituts für Ethik in der Medizin Leipzig e. V., Bd. 7), Aachen, S. 14-34.

Roelcke, Volker (2006) „Ars moriendi" und „euthanasia medica". Zur Neukonfiguration und ärztlichen Aneignung normativer Vorstellungen über den „guten Tod" um 1800, in: Jordan, Lothar (Hg.) *Sterben und Tod bei Heinrich von Kleist in seinem historischen Kontext* (Beiträge zur Kleist-Forschung 2004: 18), Würzburg, S. 29-44.

Roelcke, Volker (2010) Deutscher Sonderweg? Die eugenische Bewegung in europäischer Perspektive bis in die 1930er Jahre, in: Rotzoll, Maike / Hohendorf, Geritt / Fuchs, Petra / Richter, Paul / Mundt, Christoph /Eckart, Wolfgang U. (Hg.) *Die nationalsozialistische »Euthanasie«-Aktion »T4« und ihre Opfer. Geschichte und ethische Konsequenzen für die Gegenwart*, Paderborn, S. 47-55.

Roelcke, Volker / Hohendorf, Gerrit / Rotzoll, Maria (1998) Erbpsychologische Forschung in Kontext der „Euthanasie": Neue Dokumente und Aspekte zu Carl Schneider, Julius Deussen und Ernst Rüdin, in: *Fortschritt der Neurologie und Psychiatrie*, Bd. 66, S. 331-336.

Rothhaar, Markus (2010) Sterbebegleitung, in: Wittwe, Héctor / Schäfer, Daniel / Frewer, Andreas (Hg.) *Sterben und Tod. Geschichte-Theorie-Ethik. Ein interdisziplinäres Handbuch*, Stuttgart / Weimar, S. 225-228.

Rotzoll, Maike / Hohendorf, Gerrit (2012) Krankenmord im Dienst des Fortschritts. Der Heidelberger Psychiater Carl Schneider als Gehirnforscher und therapeutischer Idealist, in: *Nervenarzt*, Bd. 83, S. 311-320.

Rotzoll, Maike / Hohendorf, Gerrit / Fuchs, Petra / Richter, Paul / Mundt, Christoph / Eckart, Wolfgang U. (Hg.) (2010) *Die nationalsozialistische »Euthanasie«-Aktion »T4« und ihre Opfer. Geschichte und ethische Konsequenzen für die Gegenwart*, Paderborn u. a.

Ruckert, Frederic (2012) *Zwangssterilisationen im Dritten Reich 1933-1945. Das Schicksal der Opfer am Beispiel der Frauenklinik des Städtischen Krankenhauses und der Hebammenlehranstalt Mainz*, Stuttgart.

Sahm, Stephan (2010) Sterbehilfe, in: Wittwe, Héctor / Schäfer, Daniel / Frewer, Andreas (Hg.) *Sterben und Tod. Geschichte-Theorie-Ethik. Ein interdisziplinäres Handbuch*, Stuttgart / Weimar,

Nitschke, Asmus (1999) *Die ‚Erbpolizei' im Nationalsozialismus. Zur Alltagsgeschichte der Gesundheitsämter im Dritten Reich. Das Beispiel Bremen*, Opladen / Wiesbaden.

Nowak, Klara (1998) Verweigerte Anerkennung als NS-Verfolge. Zwangssterilisierte und *»Euthanasie«*-Geschädigte, in: Kolb, Stephan / Seithe Horst / IPPNW (Hg.) *Medizin und Gewissen. 50 Jahre nach dem Nürnberger Ärzteprozeß. Kongreßdokumentation*, Frankfurt. a. M.

Nowak, Kurt (1978 / 1980, 2. Aufl.) *„Euthanasie" und Sterilisierung im „Dritten Reich". Die Konfrontation der evangelischen und katholischen Kirche mit dem „Gesetz zur Verhütung erbkranken Nachwuchses" und der „Euthanasie"-Aktion* (Arbeiten zur Geschichte des Kirchenkampfes, Ergänzungsreihe, Bd. 12), Göttingen.

Nowak, Kurt (1991) Widerstand, Zustimmung, Hinnahme. Das Verhalten der Bevölkerung zur „Euthanasie", in: Frei, Norbert (Hg.) *Medizin und Gesundheitspolitik in der NS-Zeit*, München, S. 235-251.

NS-Dokumentationszentrum München und Bezirk Oberbayern durch Cranach, Michael von / Eberle, Annette / Hohendorf, Gerrit / Tiedemann, Sibylle von (Hg.) (2018) *Gedenkbuch für die Münchner Opfer der nationalsozialistischen »Euthanasie«-Morde*, Göttingen.

Pearson, Karl (1930) *The Life, Letters and Labours of Francis Galton*, Vol. 3A, Cambridge.

Peiffer, Jürgen (2007) Phasen der Auseinandersetzung mit den Krankentötungen in der NS-Zeit in Deutschland nach 1945, in: Oehler-Klein, Sigrid / Roelcke, Volker (Hg.) *Vergangenheitspolitik in der universitären Medizin nach 1945. Institutionelle und individuelle Strategien im Umgang mit dem Nationalsozialismus*, Stuttgart, S. 331-359.

Peter, Jürgen (2015) Die von Alexander Mitscherlich, Fred Mielke und Alice von Platen-Hallermund vorgenommene Dokumentation des Nürnberger Ärzteprozess, in: Braese, Stephan / Groß, Dominik (Hg.) *NS-Medizin und Öffentlichkeit. Formen der Aufarbeitung nach 1945*, Frankfurt a. M / New York, S. 17-55.

Petersen, Hans-Christian / Zankel, Sönke (2003) Werner Catel – ein Protagonist der NS-„Kindereuthanaise" und seine Nachkriegskarriere, in: *Medizinhistorisches Journal*, Bd. 38, S. 139-173.

Pommerin, Reiner (1979) *»Sterilisierung der Rheinlandbastarde«. Das Schicksal einer farbigen deutschen Minderheit 1928-1937*, Düsseldorf.

Pretsch, Hermann J. (Hg.) (1996) *„Euthanasie". Krankenmorde in Südwestdeutschland*, Zwiefalten.

Proctor, Robert N. (1999) *The Nazi War on Cancer*, Princeton.〔プロクター、ロバート・N『健康帝国ナチス』宮崎尊訳、草思社、2003年〕

Rahe, Thomas (2001) Die »Opferperspektive« als Kategorie der Gedenkstättenarbeit, in: KZ-Gedenkstätte Neuengame (Hg.) *Museale und mediale Präsentationen in KZ-Gedenkstätten. Beiträge zur Geschichte der nationalsozialistischen Verfolgung in Norddeutschland*, Bremen, S. 34-50.

Rauh, Philipp (2010a) Medizinische Selektionskriterien versus ökonomisch-utilitaristische Verwaltungsinteressen. Ergebnisse der Meldebogenauswertung, in: Rotzoll, Maike / Hohendorf, Gerrit / Fuchs, Petra / Richter, Paul / Mundt, Christoph / Eckart, Wolfgang U. (Hg.) *Die nationalsozialistische »Euthanasie«-Aktion »T4« und ihre Opfer. Geschichte und ethische Konsequenzen für die Gegenwart*, Paderborn u. a., S. 297-309.

リカの優生学とナチ優生思想』麻生九美訳、明石書店、1999年〕

Kühl, Stefan (1997) *Die Internationale der Rassisten. Aufstieg und Niedergang der internationalen Bewegung für Eugenik und Rassenhygiene im 20. Jahrhundert*, Frankfurt a. M.

Labisch, Alfons / Tennstedt, Florian (1985) *Der Weg zum „Gesetz über die Vereinheitlichung des Gesundheitswesens" vom 3. Juli 1934, Teil 1. u. 2.*, Düsseldorf.

Lenz, Fritz (1921) *Menschliche Auslese und Rassenhygiene,* (Grundriss der menschlichen Erblichkeitslehre und Rassenhygiene, Bd. 2), 1. Aufl., München.

Ley, Astrid (2004) *Zwangssterilisation und Ärzteschaft. Hintergründe und Ziele ärztlichen Handelns 1934-1945*, Frankfurt a. M. / New York.

Ley, Astrid / Hinz-Wessels, Annette (Hg.) (2017) *Die Euthanasie-Anstalt Brandenburg an der Havel. Morde an Kranken und Behinderten im Nationalsozialismus*, Berlin.

Lutz, Petra (2006) Herz und Vernunft. Angehörige von „Euthanasie"-Opfern im Schriftwechsel mit den Anstalten, in: Fangerau, Heiner / Nolte, Karen (Hg.) *„Moderne" Anstaltspsychiatrie im 19. und 20. Jahrhundert – Legitimation und Kritik*, Stuttgart, S. 143-167.

Lutz, Petra (2014) Überlegungen zur Ausstellung „erfasst, verfolgt, vernichtet. Kranke und behinderte Menschen im Naionalsozialismus", in: Hohendorf, Gerrit / Raueiser, Stefan / Cranach, Michael von / Tiedemann, Sibylle von (Hg.) *Die „Euthanasie"-Opfer zwischen Stigmatisierung und Anerkennung. Forschungs- und Ausstellungsprojekte zu den Verbrechen an psychisch Kranken und die Frage der Namensnennung der Münchner „Euthanasie"-Opfer*, Münster, S. 113-120.

Luxemburger, Hans (1931) Möglichkeiten und Notwendigkeiten für die psychiatrisch-eugenische Praxis, in: *Münchener Medizinische Wochenschrift*, Bd. 78, S. 753-758.

Markwart, Hagen (2018) Schlesiche Psychiatriepatienten als Opfer der regionalisierten Krankenmorde nach dem Abbruch der „Aktion T4", in: Böhm, Borris (Hg.) *Vergessene Opfer der NS-„Euthanasie". Die Ermordung schlesischer Anstaltspatienten 1940-1945*, Leipzig, S. 119-142.

Matthias, Eugen (1927) Fürsorge für Geisteskranke, in: Gottstein, Adolf / Schloßmann, Arthur / Teleky, Ludwig (Hg.) *Handbuch der Sozialen Hygiene und Gesundheitsfürsorge*, Bd. 4, S. 512-526.

Meltzer, Ewald (1925) *Das Problem der Abkürzung „lebensunwerten" Lebens*, Halle .a. S.

Mitscherlich, Alexander / Mielke, Fred (Hg.) (1947) *Das Diktat der Menschenverachtung. Ein Dokumentation,* Heidelberg.

Mitscherlich, Alexander / Mielke, Fred (Hg.) (1949) *Medizin ohne Menschlichkeit. Dokumente des Nürnberger Ärzteprozesses,* Heidelberg.〔ミッチャーリッヒ、アレキサンダー／ミールケ、フレート編『人間性なき医学―ナチスと人体実験』金森誠也・安藤勉訳、星雲社、2001年〕

Mitscherlich, Alexander / Mielke, Fred (Hg.) (2001) *Medizin ohne Menschlichkeit*, Frankfurt a. M. / Berlin.

Mundt, Christoph / Hohendorf, Gerrit / Rotzoll, Maike (Hg.) (2001) *Psychiatrische Forschung und NS-„Euthanasie". Die Beteiligung der Heidelberger Psychiatrischen Universitätsklinik an den nationalsozialistischen Euthanasieaktionen*, Heidelberg.

Dokumentationszentrum München und Bezirk Oberbayern durch Cranach, Michael von / Eberle, Annette / Hohendorf, Gerrit / Tiedemann, Sibylle von (Hg.) *Gedenkbuch für die Münchner Opfer der nationalsozialistischen »Euthanasie«-Morde*, Göttingen, S. 73-81.

Kaufmann, Doris (Hg.) (2000) *Geschichte der Kaiser-Wilhelm-Gesellschaft im Nationalsozialismus,* 2 Bd., Göttingen.

Kaupen-Haas, Heidrun (1986) Die Bevölkerungsplaner im Sachverständigenbeirat für Bevölkerungs- und Rassenpolitik, in : Kaupen-Haas, Heidrun (Hg.) *Der Griff nach der Bevölkerung. Aktualität und Kontinuität nazistischer Bevölkerungspolitik* (Schriften der Hamburger Stiftung für Sozialgeschichte des 20. Jahrhunderts, Bd.1), Nördlingen, S. 103-120.

Kersting, Franz-Walter (Hg.) (2003) *Psychiatriereform als Gesellschaftsreform. Die Hypothek des Nationalsozialismus und der Aufbruch der sechziger Jahre*, Paderborn.

Kevles, Daniel J. (1985) *In the Name of Eugenics. Genetics and the Uses of Human Heredity*, New York.〔ケヴルズ、ダニエル・J『優生学の名のもとに―「人類改良」の悪夢の百年』西俣総平訳、朝日新聞社、1993年〕

Kihn, B(erthold) (1932) Die Ausschaltung der Minderwertigen aus der Gesellschaft, in: *Allgemeine Zeitschrift für Psychiatrie*, Bd. 98, S. 387-404.

Kipfelsperger, Tanja (2011) Medizinhistorische Erkenntnisse aus den Krankenakten von Schönbrunn, in: Sirl, Sr. M. Benigna / Pfister, Peter (Hg.), *Die Assoziationsanstalt Schönbrunn und das nationalsozialistische Euthanasie-Programm*, Regensburg, S. 119-138.

Klee, Ernst (1983) *»Euthanasie« im NS-Staat. Die »Vernichtung lebensunwerten Lebens«*, Frankfurt a. M.〔クレー、エルンスト『第三帝国と安楽死―生きるに値しない生命の抹殺』松下正明監訳、批評社、1999年〕

Klee, Ernst (Hg.) (1985) *Dokumente zur »Euthanasie«*, Frankfurt a. M.

Klee, Ernst (1993) *»Die SA Jesu Christi«. Die Kirche im Banne Hitlers*, Frankfurt a. M.

Klein, Matthias (2020) *NS-»Rassenhygiene« im Raum Trier. Zwangssterilisationen und Patientenmorde im ehemaligen Regierungsbezirk Trier 1933-1945*, Wien/Köln/Weimar.

Knust, Christine (2009) Kontinuitäten der Stigmatisierung von „Mischlingskindern“ und Farbigen am Beispiel der „Rheinlandbastarde“, in: Westermann, Stefanie / Kühl, Richard / Groß, Dominik(Hg.) *Medizin im Dienst der „Erbgesundheit“. Beiträge zur Geschichte der Eugenik und „Rassenhygiene“*, Münster, S.109-125.

Koch, Thomas (1994) *Zwangssterilisation im Dritten Reich. Das Beispiel der Universitätsfrauenklinik Göttingen*, Frankfurt a. M.

Krischer, Markus (2006) *Kinderhaus. Leben und Ermordung des Mädchens Edith Hecht*, München.

Krumpolt, Holm (2016) Die Auswirkungen der nationalsozialistischen Gesundheitspolitik auf die Landesanstalt Großschweidnitz in den Jahren 1939-1945, in: Schulze, Dietmar / Fiebrandt, Maria (Hg.) *»Euthanasie« in Großschweidnitz. Regionalisierter Krankenmord in Sachsen 1940-1945* (Berichte des Arbeitskreises zur Erforschung der nationalsozialistischen »Euthanasie« und Zwangssterilisation, Bd. 11), Bonn, S. 61-80.

Kühl, Stefan (1994) *The Nazi Connection. Eugenics, American Racism, and German National Socialism*, New York / Oxford.〔キュール、シュテファン『ナチ・コネクション―アメ

Hohendorf, Gerrit / Fuchs, Petra / Richter, Paul / Mundt, Christoph / Eckart, Wolfgang U. (Hg.), *Die nationalsozialistische »Euthanasie«-Aktion »T4« und ihre Opfer. Geschichte und ethische Konsequenzen für die Gegenwart*, Paderborn u. a., S. 310-324.

Hohendorf, Gerrit (2013) *Der Tod als Erlösung vom Leiden. Geschichte und Ethik der Sterbehilfe seit dem Ende des 19. Jahrhunderts in Deutschland*, Göttingen.

Hohendorf, Gerrit / Raueiser, Stefan / Cranach, Michael von / Tiedemann, Sibylle von (Hg.) (2014) *Die „Euthanasie"-Opfer zwischen Stigmatisierung und Anerkennung. Forschungs- und Ausstellungsprojekte zu den Verbrechen an psychisch Kranken und die Frage der Namensnennung der Münchner „Euthanasie"-Opfer*, Münster.

Hohendorf, Gerrit / Rotzoll, Maike (2004) „Kindereuthanasie" in Heidelberg, in: Beddies, Thomas / Hübener, Kristina (Hg.) *Kinder in der NS-Psychiatrie*, Berlin, S. 125-148.

Hohendorf, Gerrit / Tiedemann Sibylle von (2018) Die Deportationen der Münchner Psychiatriepatienten im Rahmen der »Aktion T4«, in: NS-Dokumentationszentrum München und Bezirk Oberbayern durch Cranach, Michael von / Eberle, Annette / Hohendorf, Gerrit / Tiedemann, Sibylle von (Hg.) *Gedenkbuch für die Münchner Opfer der nationalsozialistischen »Euthanasie«-Morde*, Göttingen, S. 83-103.

Hübener, Kristina (Hg.) (2002) *Brandenburgische Heil- und Pflegeanstalten in der NS-Zeit*, Berlin.

Hüttenberger, Peter (1989) *Düsseldorf. Geschichte von den Anfängen bis ins 20. Jahrhundert. Bd. 3 (Die Industrie- und Verwaltungsstadt (20. Jahrhundert))*, Düsseldorf.

Hufeland, Christoph Wilhelm (1806) Die Verhältnisse des Arztes, in: *Neues Journal der practischen Arzneykunde und Wundarzneykunst*, Bd. 23, 3. Stück, S. 5-36.

Jost, Adolf (1895) *Das Recht auf den Tod. Sociale Studie*, Göttingen.

Jütte, Robert / Eckart, U. Wolfgang / Schmuhl, Hans-Walter / Süß, Winfried (2011) *Medizin und Nationalsozialismus. Bilanz und Perspektiven der Forschung*, Göttingen.

Kaiser, Jochen-Christoph / Nowak, Kurt / Schwartz, Michael (Hg.) (1992) *Eugenik, Sterilisation, ›Euthanasie‹. Politische Biologie in Deutschland 1895-1945. Eine Dokumentation*, Berlin.

Kaminsky, Uwe (1995) *Zwangssterilisation und* »Euthanasie« *im Rheinland. Evangelische Erziehungsanstalten sowie Heil- und Pflegeanstalten 1933-1945*, Köln.

Kaminsky, Uwe (2008) Die NS-„Euthanasie". Ein Forschungsüberblick, in: Henke, Klaus-Dietmar (Hg.), *Tödliche Medizin im Nationalsozialismus. Von der Rassenhygiene zum Massenmord*, Köln u.a. S. 269-290.

Kaminsky, Uwe (2010) Eugenik und »Euthanasie« nach 1945. Historiografie und Debatten am Beispiel der Evangelischen Kirche, in: Rotzoll, Maike / Hohendorf, Geritt/ Fuchs, Petra / Richter, Paul / Mundt, Christoph / Eckart, Wolfgang U. (Hg.) *Die nationalsozialistische »Euthanasie« -Aktion »T4« und ihre Opfer. Geschichte und ethische Konsequenzen für die Gegenwart*, Paderborn u. a., S.375-383.

Kaminsky, Uwe (2017) *»Keilförmig«. Das Diakonissenhaus Berlin-Teltow und die Betroffenen der Zwangssterilisation im Nationalsozialismus*, Berlin.

Kater, Michael H. (1989) *Doctors under Hitler*, Chapel Hill / London.

Katzur, Julia (2018) Münchner Kinder und Jugendliche als Opfer der »Kindereuthanasie« in der »Kinderfachabteilung« der Heil- und Pflegeanstalt Eglfing-Haar, in: NS-

Tiergartenstraße 4, Berlin, S. 161-167.

Hamm, Margret (2012) Geleitwort, in: Ley, Astrid / Hinz-Wessels, Annette (Hg.) *Die Euthanasie-Anstalt Brandenburg an der Havel. Morde an Kranken und Behinderten im Nationalsozialismus,* Berlin, S. 9-10.

Hamm, Margret (Hg.) (2017) *Ausgegrenzt! Warum? Zwangssterilisierte und Geschädigte der NS-„Euthanasie" in der Bundesrepublik Deutschland,* Berlin.

Hanauske-Abel, Hartmut M. (1986) From Nazi Holocaust to nuclear Holocaust. A lesson to learn? in: *The Lancet,* Vol. 328, Issue 8501, 2 August 1986, pp. 271-273.

Hartmann u. a. (Hg.)(2016) *Hitler, Mein Kampf. Eine kritische Edition,* Band I, München / Berlin.

Heitzer, Horst W. (2005) *Zwangssterilisation in Passau. Die Erbgesundheitspolitik des Nationalsozialismus in Ostbayern 1933-1939,* Köln.

Heß, Marga (2000) Zur Geschichte der Entschädigung von »Euthanasie«-Opfern. Gedenken und Handeln, in: Frewer, Andreas / Eickhoff, Clemens (Hg.) *»Euthanasie« und die aktuelle Sterbehilfe-Debatte. Die historischen Hintergründe medizinischer Ethik,* Frankfurt am Main / New York, S. 370-382.

Heyll, Uwe (1997) Friedrich Panse und die psychiatrische Erbforschung, in: Esch, Michael G. / Griese, Kerstin / Sparing, Frank / Woelk, Wolfgang (Hg.) *Die Medizinische Akademie Düsseldorf im Nationalsozialismus,* Bochum, S. 318-341.

Hinz-Wessels, Annette (2002) Das Schicksal jüdischer Patienten in brandenburgischen Heil- und Pflegeanstalten im Nationalsozialismus, in: Hübener, Kristina (Hg.) *Brandenburgische Heil- und Pflegeanstalten in der NS-Zeit,* Berlin, S. 259-286.

Hinz-Wessels, Annette (2004) *NS-Erbgesundheitsgerichte und Zwangssterilisation in der Provinz Brandenburg,* Berlin.

Hinz-Wessels, Annette (2008) *Das Robert Koch-Institut im Nationalsozialismus,* Berlin.

Hinz-Wessels, Annette (2010) Jüdische Opfer der »Aktion T4« im Spiegel der überlieferten »Euthanasie«-Krankenakten im Bundesarchiv, in: Rotzoll, Maike / Hohendorf, Gerrit / Fuchs, Petra / Richter, Paul / Mundt, Christoph / Eckart, Wolfgang U. (Hg.) *Die nationalsozialistische »Euthanasie«-Aktion »T4« und ihre Opfer. Geschichte und ethische Konsequenzen für die Gegenwart,* Paderborn u. a., S. 143-146.

Hinz-Wessels, Annette (2013) Antisemitismus und Krankenmord, in: *Vierteljahrshefte für Zeitgeschichte,* 61 Jg., H.1, S. 65-92.

Hirschinger, Frank (2001) *„Zur Ausmerzung freigegeben". Halle und die Landesheilanstalt Altscherbitz 1933-1945* (Schriften des Hannah-Arendt-Instituts für Totalitarismusforschung, Bd.16), Köln.

Hoffmann, Ute (2008) *„...dass das Unkraut vernichtet werden müsse". NS-Zwangssterilisation, „Euthanasie" und Ermordung von KZ-Häftlingen in Bernburg. Texte und Bilder der Ausstellung,* Calbe.

Hohendorf, Gerrit (2009) The Representation of Nazi "Euthanasia" in German Psychiatry 1945 to 1998. A Preliminary Survey, in: *Korot. The Israel Journal of the History of Medicine and Science* 19, pp. 29-48.

Hohendorf, Gerrit (2010) Die Selektion der Opfer zwischen rassenhygienischer »Ausmerz«, ökonomischer Brauchbarkeit und medizinischem Erlösungsideal, in: Rotzoll, Maike /

»Das Vergessen der Vernichtung ist Teil der Vernichtung selbst«. Lebensgeschichte von Opfern der nationalsozialistischen »Euthanasie«, 3. durchgesehene Aufl., Göttingen.

Gabriel, Regine / Maul, Bärbel / Sandner, Peter (Hg.)(1992) *Informations- und Arbeitsmaterialien für den Unterricht zum Thema "Euthanasie" -Verbrechen im Nationalsozialismus*, Kassel.

Ganssmüller, Christian (1987) *Die Erbgesundheitspolitik des Dritten Reiches. Planung, Durchführung und Durchsetzung*, Köln.

Gaup, Robert (1920) Die Freigabe der Vernichtung lebensunwerten Lebens, in: *Deutsche Strafrechts-Zeitung*, Bd. 7, S. 332-337.

Geleitwort der Angehörigen der Opfer (2018), in: NS-Dokumentationszentrum München und Bezirk Oberbayern durch Cranach, Michael von / Eberle, Annette / Hohendorf, Gerrit / Tiedemann, Sibylle von (Hg.) *Gedenkbuch für die Münchner Opfer der nationalsozialistischen »Euthanasie«-Morde*, Göttingen, S. 15-16.

George, Uta (2006) Erinnerung und Gedenken in Hadamar, in: George, Uta / Lilienthal, Georg / Roelcke, Volker / Sandner, Peter / Vanja, Christina (Hg.) *Hadamar. Heilstätte - Tötungsanstalt - Therapiezentrum*, Marburg, S. 429-442.

Gerkan, Roland (1913) Euthanasie, in: *Das monistische Jahrhundert*, Bd. 2, S. 169-173.

Gesetz zur Verhütung erbkranken Nachwuchses vom 14. Juli 1933 (1933), in: *Reichsgesetzblatt* I, Nr. 86, 25. Juli 1933, S. 529-531.

Goschler, Constantin (2008) *Schuld und Schulden. Die Politik der Wiedergutmachung für NS-Verfolgte seit 1945*, Göttingen.

Griese, Kerstin / Sparing, Frank (2001) „...nur solche Fälle in den Heil- und Pflegeanstalten verbleiben, die zur Aufrechterhaltung des wirtschaftlichen Betriebes unbedingt notwendig sind." Die Heil- und Pflegeanstalt Düsseldorf-Grafenberg und die Verlegungstransporte der „Aktion Brandt" 1943/44, in: Sparing, Frank / Heuser, Marie-Luise (Hg.) *Erbbiologische Selektion und „Euthanasie". Psychiatrie in Düsseldorf während des Nationalsozialismus*, Essen, S. 213-257.

Grotjahn, Alfred (1922) Soziale Hygiene, Geburtenrückgang und das Problem der körperlichen Entartung, in: Gärtner, A. (Hg.) *Weyl's Handbuch der Hygiene*, 2. Aufl, Ergänzungsband, 2. Abteilung, Leipzig.

Gütt, Arthur /Rüdin, Ernst / Ruttke, Falk (bearb. und erläutert) (1936) *Zur Verhütung erbkranken Nachwuchses vom 14.Juli 1933 nebst Ausführungsverordnungen. Gesetz und Erläuterungen*, 2. Aufl., München.

Haeckel, Ernst (1904) *Die Lebenswunder. Gemeinverständliche Studien über Biologische Philosophie. Ergänzungsband zu dem Buche über die Welträthsel*, Stuttgart.

Hahn, Daphne (2009) Vom Zwang zur Freiwilligkeit, in : Wecker, Regina / Braunschweig, Sabine / Imboden, Gabriela / Küchenhoff Bernhard /Ritter, Hans Jakob (Hg.), *Wie nationalsozialistisch ist die Eugenik? — What is National Socialist about Eugenics? Internationale Debatten zur Geschichte der Eugenik im 20. Jahrhundert - International Debates on the History of Eugenics in the 20th Century*, Wien/Köln/Weimar, S. 259-270.

Hamann, Matthias (1989) Die Ermordung psychisch kranker polnischer und sowjetischer Zwangsarbeiter, in: Aly, Götz (Hg.) *Aktion T4 1939-1945. Die »Euthanasie«-Zentrale in der*

Erwin Baur, Eugen Fischer und Fritz Lenz im Spiegel der zeitgenössischen Rezensionsliteratur 1921-1941 (Diss.), Bochum.

Fangerau, Heiner / Krischel, Matthis (2011) Der Wert des Lebens und das Schweigen der Opfer: Zum Umgang mit den Opfern nationalsozialistischer Verfolgung in der Medizinhistoriografie, in: Westermann, Stefanie / Kühl, Richard / Ohnhäuser, Tim (Hg.) *NS-„Euthanasie" und Erinnerung. Vergangenheitsaufarbeitung – Gedenkformen – Betroffenenperspektiven*, Berlin, S. 19-28.

Fangerau, Heiner / Müller, Irmgard (2002) Das Standardwerk der Rassenhygiene von Erwin Baur, Eugen Fischer und Fritz Lenz im Urteil der Psychiatrie und Neurologie 1921-1940, in: *Nervenarzt*, 73, S.1039-1046.

Faulstich, Heinz (1998) *Hungersterben in der Psychiatrie 1919-1949: mit einer Topographie der NS-Psychiatrie*, Freiburg i. Br.

Faulstich, Heinz (2000) Die Zahl der »Euthanasie«-Opfer, in: Frewer, Andreas / Eickhoff, Clemens (Hg.) *»Euthanasie« und die aktuelle Sterbehilfe-Debatte. Die historischen Hintergründe medizinischer Ethik*, Frankfurt a. M., S. 218-236.

Faulstich, Heinz (2003) Die Anstaltspsychiatrie unter den Bedingungen der „Zusammenbruchgesellschaft" in: Kersting, Franz-Walter (Hg.) *Psychiatriereform als Gesellschaftsreform. Die Hypothek des Nationalsozialismus und der Aufbruch der sechziger Jahre*, Paderborn, S. 21-30.

Freimüller, Tobias (2003) Mediziner. Operation Volkskörper, in: Frei, Norbert (Hg.) *Hitlers Eliten nach 1945*, München, S. 13-68.

Freßner, Alfred / George, Ute / Harms, Ingo / Keller, Rolf (2014) *Forschungen zur Medizin im Nationalsozilaismus. Vorgeschichte- Verbrechen- Nachwirkungen*, Göttingen.

Freudiger, Kerstin (2002) *Die juristische Aufarbeitung von NS-Verbrechen,* Tübingen.

Friedlander, Henry (1989) Jüdische Antstaltspatienten im NS-Deutschland, in: Aly, Götz (Hg.) *Aktion T4 1939-1945. Die »Euthanasie«-Zentrale in der Tiergartenstraße 4*, Berlin, S. 34-44.

Friedlander, Henry (1995) *The Origins of Nazi Genocide. From Euthanasia to the Final Solution*, Chapel Hill / London.

Friedlander, Henry (2008) Von der „Euthanasie" zur „Endlösung", in: Henke, Klaus-Dietmar (Hg.) *Tödliche Medizin im Nationalsozialismus. Von der Rassenhygiene zum Massenmord*, Köln, S. 185-202.

Fuchs, Petra (2009) „Ich rechne für jeden Fall 20 Minuten" — Zur Tätigkeit des Potsdamer Erbgesundheitsgerichts in der Zeit von 1934 bis 1945, in: Westermann, Stefanie / Kühl, Richard / Groß, Dominik (Hg.) *Medizin im Dienst der „Erbgesundheit". Beiträge zur Geschichte der Eugenik und „Rassenhygiene"*, Münster, S. 23-38.

Fuchs, Petra (2014) Die Opfer als Gruppe. Eine kollektivbiografische Skizze auf der Basis empirischer Befunde, in: Fuchs, Petra / Rotzoll, Maike / Müller, Ulrich / Richter, Paul / Hohendorf, Gerrit (Hg.) *»Das Vergessen der Vernichtung ist Teil der Vernichtung selbst«. Lebensgeschichten von Opfern der nationalsozialistischen »Euthanasie«*, 3. durchgesehene Aufl., Göttingen, S. 53-72.

Fuchs, Petra / Rotzoll, Maike / Müller, Ulrich / Richter, Paul / Hohendorf, Gerrit (Hg.) (2014)

Erkennen, Trauern, Begegnen, Bonn.

Drecktrah, Volker Friedrich (2008) Die Erbgesundheitsgerichte Stade und Verden, in: *Juristische Zeitgeschichte Nordrhein-Westfalen*, Bd. 17, S. 93-112.

Dreßen, Willi (1996) NS- »Euthanasie«- Prozesse in der Bundesrepublik Deutschland im Wandel der Zeit, in: Loevy, Henno / Winter, Bettina (Hg.) *NS-»Euthanasie« vor Gericht. Fritz Bauer und die Grenzen juristischer Bewältigung*, Frankfurt a. M, S. 35-58.

Ebbinghaus, Angelika (2008) Mediziner vor Gericht, in: Henke, Klaus-Dietmar (Hg.) *Tödliche Medizin im Nationalsozialismus. Von der Rassenhygiene zum Massenmord,* Köln u. a., S. 203-224.

Ebbinghaus, Angelika / Dörner, Klaus (2002) Zu diesem Buch, in: Ebbinghaus, Angelika / Dörner, Klaus (Hg.) *Vernichten und Heilen. Der Nürnberger Ärzteprozeß und seine Folgen*, Berlin, S. 9-25.

Ebbinghaus, Angelika / Kaupen-Haas, Heidrun / Roth, Karl Heinz (Hg.) (1984) *Heilen und Vernichten im Mustergau Hamburg. Bevölkerungs- und Gesundheitspolitik im Dritten Reich*, Hamburg.

Eberle, Annette (2018a) Hans Erich Kraus, in: NS-Dokumentationszentrum München und Bezirk Oberbayern durch Cranach, Michael von / Eberle, Annette / Hohendorf, Gerrit / Tiedemann, Sibylle von (Hg.) *Gedenkbuch für die Münchner Opfer der nationalsozialistischen »Euthanasie«-Morde*, Göttingen, S. 343-345.

Eberle, Annette (2018b) Hedwig Lau, in: NS-Dokumentationszentrum München und Bezirk Oberbayern durch Cranach, Michael von / Eberle, Annette / Hohendorf, Gerrit / Tiedemann, Sibylle von (Hg.) *Gedenkbuch für die Münchner Opfer der nationalsozialistischen »Euthanasie«-Morde*, Göttingen, S. 347.

Ehmer, Josef (2004) „Nationalsozialistische Bevölkerungspolitik" in der neueren historischen Forschung, in: Rainer Mackensen (Hg.) *Bevölkerungslehre und Bevölkerungspolitik im „Dritten Reich"*, Wiesbaden S. 21-44.

Eichmüller, Andreas (2008) Die Strafverfolgung von NS-Verbrechen durch westdeutsche Justizbehörden seit 1945, in: *Vierteljahrshefte für Zeitgeschichte*, 56. Jg., 4. Hefte, S. 621-640.

Endlich, Stefanie (2002) „Das Gedenken braucht einen Ort". Formen des Gedenkens an den authentischen Orten, in: Hübener, Kristina (Hg.) *Brandenburgische Heil- und Pflegeanstalten in der NS-Zeit*, Brandenburg, S. 341-388.

Endres, Sonja (2010) *Zwangssterilisation in Köln 1934-1945* (Schriften des NS-Dokumentationszentrums der Stadt Köln, Bd. 16), Köln.

Esch, Michael / Grise, Kerstin / Sparing, Frank / Woelk, Wolfgang (Hg.) (1997) *Die Medizinische Akademie Düsseldorf im Nationalsozialismus,* Essen.

Evans, Richard J. (2008) Zwangssterilisierung, Krankenmord und Judenvernichtung im Nationalsozialismus: Ein Überblick, in: Klaus-Dietmar Henke (Hg.) *Tödliche Medizin, Rassenwahn im Nationalsozialismus. Von der Rassenhygiene zum Massenmord,* Köln u. a., S. 31-45.

Falkenstein, Sigrid (2012) *Annas Spuren. Ein Opfer der NS-»Euthanasie«*, München.

Fangerau, Heiner (2000) *Das Standardwerk zur menschlichen Erblichkeitslehre und Rassenhygiene von*

Czech, Herwig (2018) Hans Asperger, National Socialism, and „race hygiene", in Nazi-era Vienna, in: *Molecular Autism*（https://molecularautism.biomedcentral.com/articles/10.1186/s13229-018-0208-6 最終閲覧日 2021年3月7日）

Dahl, Matthias (2002) „... deren Lebenserhaltung für die Nation keinen Vorteil bedeutet." Behinderte Kinder als Versuchsobjekte und die Entwicklung der Tuberkulose-Schutzimpfung, in: *Medizinhistorisches Journal*, Bd. 37, S. 57-90.

Daum, Monika / Deppe, Hans-Urlich (1991) *Zwangssterilisation in Frankfurt am Main 1933-1945*, Frankfurt a. M. / New York.

Delius, Peter (1993) Im Schatten der Opfer. Die Bewältigung der NS-Gewaltmaßnahmen gegen psychisch Kranke durch deren Angehörige, in: Heesch, Eckhard (Hg.) *Heilkunst in unheilvoller Zeit. Beiträge zur Geschichte der Medizin im Nationalsozialismus*, Frankfurt a. M. S. 65-84.

Deutscher Bundestag (1975a) *Bericht über die Lage der Psychiatrie in der Bundesrepublik Deutschland zur psychiatrischen und psychotherapeutischen / psychosomatischen Versorgung der Bevölkerung.* Drucksache 7/4200.

Deutscher Bundestag (1975b) *Anhang zum Bericht über die Lage der Psychiatrie in der Bundesrepublik Deutschland.* Drucksache 7/4201.

Deutscher Bundestag (Hg.) (1987) *Wiedergutmachung und Entschädigung für nationalsozialistisches Unrecht. Öffentliche Anhörung des Innenausschusses des Deutschen Bundestages am 24. Juni 1987*, Bonn.

Doetz, Susanne (2009) Zwangssterilisierung, in: Jüdisches Museum Berlin (Hg.) *Tödliche Medizin, Rassenwahn im Nationalsozialismus*, Göttingen, S.34-44.

Doetz, Susanne (2011) *Alltag und Praxis der Zwangssterilisation. Die Berliner Universitätsfrauenklinik unter Walter Stoeckel 1942-1944*, Berlin.

Dokumentation der Lesung am „Tag der Erinnerung" im Franziskuswerk Schönbrunn am 25. März 2011 (2011), in: Sirl, Sr. M. Benigna / Pfister, Peter (Hg.) *Die Assoziationsanstalt Schönbrunn und das nationalsozialistische Euthanasie-Programm*, Regensburg, S. 143-165.

Domes, Robert (2008) *Nebel im August. Die Lebensgeschichte des Ernst Lossa*, München.

Dörner, Klaus (1967) Nationalsozialismus und Lebensvernichtung, in: *Vierteljahrshefte für Zeitgeschichte,* 15. Jg., 2. Heft, S. 121-152.

Dörner, Klaus (2002) *Tödliches Mitleid. Zur sozialen Frage der Unerträglichkeit des Lebens*, 4. Aufl., Neumünster.

Dörner, Klaus (2007) *Tödliches Mitleid. Zur sozialen Frage der Unerträglichkeit des Lebens*, Fortgeschriebene Neuauflage der Neuausgabe von 2002, Neumünster.

Dörner, Klaus (2017) Der Balken im eigenen Auge. Ein Erfahrungsbericht zur Entwicklung von Psychiatriereform, Aufarbeitung und Anerkennung der nationalsozialistischen „Euthanasie"- und Sterilisationsverbrechen, in: Hamm, Margret (Hg.) *Ausgegrenzt! Warum? Zwangssterilisierte und Geschädigte der NS-„Euthanasie" in der Bundesrepublik Deutschland*, Berlin, S. 49-54.

Dörner, Klaus / Haerlin, Christiane / Rau, Veronika / Schernus, Renate / Schwendy, Arnd (1980) *Der Krieg gegen die psychisch Kranken. Nach »Holocaust«. Erkennen – Trauern – Begegnen*, Rehburg-Loccum.

Dörner, Klaus et al. (Hg.) (1989) *Der Krieg gegen die psychisch Kranken: Nach »Holocaust«.*

Bock, Gisela (1984) Racism and Sexism in Nazi Germany: Motherhood, Compulsory Sterilization, and the State, in: Brindenthal, Renate / Grossmann, Atina / Marion Kaplan (eds.) *When Biology Became Destiny. Women in Weimar and Nazi Germany*, New York.

Bock, Gisela (1986) *Zwangssterilisation im Nationalsozialismus. Studien zur Rassenpolitik und Frauenpolitik*, Opladen.

Bock, Gisela (2004) Nazi Sterilization and Reproductive Policies, in: Kuntz, Dieter / Bachrach, Susan (eds.) *Deadly Medicine. Creating the Master Race*, Washington DC, pp.61-87.

Böhm, Boris (2001) Funktion und Verantwortung des Sächsischen Innenministeriums während der „Aktion T4", in: Arbeitskreis zur Erforschung der nationalsozialistischen „Euthanasie" und Zwangssterilisation (Hg.) *Der sächsische Sonderweg bei der NS-„Euthanasie"*, Münster, S. 63-90.

Böhm, Boris (Hg.) (2018) *Vergessene Opfer der NS-„Euthanasie". Die Ermordung schlesischer Anstaltspatienten 1940-1945*, Leipzig.

Böhm, Boris / Schulze, Ricarda (bearb. und eingel.) (2003) *„...ist uns noch allen lebendig in Erinnerung". Biografische Porträts von Opfern der nationalsozialistischen „Euthanasie"-Anstalt Pirna-Sonnenstein*, Dresden.

Braß, Christoph (2004) *Zwangssterilisation und ›Euthanasie‹ im Saarland 1933-1945*, Paderborn u.a.

Brink, Cornelia (2010) *Grenzen der Anstalt. Psychiatrie und Gesellschaft in Deutschland 1860-1980*, Göningen.

Bryant, Michael S. (2005) *Confronting the "Good Death". Nazi Euthanasia on Trial. 1945-1953*, Colorado.

Burleigh, Michael (1994) *Death and Deliverance. 'Euthanasia' in Germany c.1900-1945*, Cambridge.

Burleigh, Michael / Wippermann, Wolfgang (1991) *The Racial State. Germany 1933-1945*, Cambridge, et. al.〔バーリー、M／ヴィッパーマン、W『人種主義国家ドイツ1933－45』柴田敬二訳、刀水書房、2001年〕

Cranach, Michael von / Eberle, Annette / Hohendorf, Gerrit / Tiedemann, Sibylle von (2018) Warum ein Gedenkbuch für die Münchner »Euthanasie«-Opfer?, in: NS-Dokumentationszentrum München und Bezirk Oberbayern durch Cranach, Michael von / Eberle, Annette / Hohendorf, Gerrit / Tiedemann, Sibylle von (Hg.) *Gedenkbuch für die Münchner Opfer der nationalsozialistischen »Euthanasie«-Morde*, Göttingen, S. 19-28.

Cranach, Michael von / Hohendorf, Gerrit (2018) Nach dem Krieg, in: NS-Dokumentationszentrum München und Bezirk Oberbayern durch Cranach, Michael von / Eberle, Annette / Hohendorf, Gerrit / Tiedemann, Sibylle von (Hg.) *Gedenkbuch für die Münchner Opfer der nationalsozialistischen »Euthanasie«-Morde*, Göttingen, S. 155-167.

Cranach, Michael von / Siemen, Hans-Ludwig (Hg.) (2012, 2. Aufl. [1999]) *Psychiatrie im Nationalsozialismus. Die Bayerischen Heil- und Pflegeanstalten zwischen 1933 und 1945*, München.

Cranach, Michael von / Tiedemann, Sibylle von (2018) Die Angehörigen, in: NS-Dokumentationszentrum München und Bezirk Oberbayern durch Cranach, Michael von / Eberle, Annette / Hohendorf, Gerrit / Tiedemann, Sibylle von (Hg.) *Gedenkbuch für die Münchner Opfer der nationalsozialistischen »Euthanasie«-Morde*, Göttingen, S. 143-152.

Görden als Opfer der NS-Medizinverbrechen, in: Hübener, Kristina (Hg.) *Brandenburgische Heil- und Pflegeanstalten in der NS-Zeit*, Berlin, S. 129-154.

Beddies, Thomas (2003) Der Kinderarzt und „Euthanasie"-Gutachter. Ernst Wentzler, in: *Monatsschrift für Kinderheilkunde*, Bd. 151, S. 1020-1026.

Beddies, Thomas (2009) Die Einbeziehung von Minderjährigen in die nationalsozialistischen Medizinverbrechen – dargestellt am Beispiel der brandenburgischen Landesanstalt Görden, in: *Praxis der Kinderpsychologie und Kinderpsychiatrie*, Bd. 58, S. 518-529.

Beddies, Thomas / Hübener, Kristina (Hg.) (2004) *Kinder in der NS-Psychiatrie*, Berlin.

Benz, Wolfgang / Graml, Hermann / Weiß, Hermann (Hg.) (1998) *Enzyklopädie des Nationalsozialismus,* 3. Aufl., München.

Benzenhöfer, Udo (1997) Der „gute Tod". Zur Begriffsgeschichte der Euthanasie in der Antike, in: *Münchener Medizinische Wochenschrift*, Bd. 139, S. 760-762.

Benzenhöfer, Udo (2009) *Der guter Tod? Geschichte der Euthanasie und Sterbehilfe*, 2. Aufl., Göttingen.

Benzenhöfer, Udo (2017) *Entwürfe für ein NS-„Euthanasie"-Gesetz (1939/1940)*, Ulm.

Benzenhöfer, Udo (2019) *Der Kinder- und Jugendpsychiater Hans Heinze und die „NS-Euthanasie" unter besonderer Berücksichtigung der „Kinderfachabteilung" in Görden* (Frankfurter Studien zur Geschichte und Ethik der Medizin, Neue Folge, Bd. 6), Ulm.

Benzenhöfer, Udo (2020) *Kindereuthanasie in der NS-Zeit unter besonderer Berücksichtigung von Reichsausschussverfahren und Kinderfachabteilungen*, Münster.

Benzenhöfer, Udo / Ackermann, Hanns (2015)*Die Zahl der Verfahren und der Sterilisationen nach dem Gesetz zur Verhütung erbkranken Nachwuchses*, Münster.

Berndt, Karin (2014) Mannheim enthüllt mobiles Mahnmal für die Opfer der Zwangssterilisierung im Nationalsozialismus, in: Hohendorf, Gerrit / Raueiser, Stefan / Cranach, Michael von / Tiedemann, Sibylle von (Hg.) *Die „Euthanasie"-Opfer zwischen Stigmatisierung und Anerkennung. Forschungs- und Ausstellungsprojekte zu den Verbrechen an psychischen Kranken und die Frage der Namensnennung der Münchner „Euthanasie"-Opfer,* Münster, S. 133-135.

Beyer, Christof / Fuchs, Petra / Hinz-Wessels, Annette / Hohendorf, Gerrit / Rotzoll, Maike (2014) Vom Übersehenen zum Unübersehbaren. Stationen auf dem Weg zum Gedenk- und Informationsort für die Opfer der NS-„Euthanasie" - Morde in der Berliner Tiergartenstraße 4, in: Hohendorf, Gerrit / Raueiser, Stefan / Cranach, Michael von / Tiedemann, Sibylle von (Hg.) *Die „Euthanasie"-Opfer zwischen Stigmatisierung und Anerkennung. Forschungs- und Ausstellungsprojekte zu den Verbrechen an psychischen Kranken und die Frage der Namensnennung der Münchner „Euthanasie"-Opfer,* Münster, S. 121-132.

Binding, Karl / Hoche, Alfred (1920) *Die Freigabe der Vernichtung lebensunwerten Lebens*, Leipzig.〔カール・ビンディング／アルフレート・ホッヘ『生きるに値しない命を終わらせる行為の解禁―その基準と形式をめぐって』、森下直貴／佐野誠編著『[新版]「生きるに値しない命」とは誰のことか―ナチス安楽死思想の原典からの考察』中公選書、2020年所収〕

Blessin, Georg / Wilden, Hans / Ehrig, Hans-Georg (Hg.) (1957) *Bundesentschädigungsgesetze. Kommentar*, 2. völlig neugestaltete Auflage, München / Berlin.

主要参考文献一覧

外国語文献

Abschrift der Predigt des Bischofs von Galen (Teil) (1941) in: Schneider, Frank / Lutz, Petra (Hg.) (2014) *erfasst, verfolgt, vernichtet. Kranke und behinderte Menschen im Nationalsozialismus (registered, persecuted, annihilated. The Sick and the Disabled under National Socialism)*, Berlin/ Heidelberg, S. 114-117.

Adams, Mark B. (ed.) (1990) *The Wellborn Science. Eugenics in Germany, France, Brazil, and Russia*, New York / Oxford.

Albus, Margot / Busch, Claudia / Groß, Kristian / Wörishofer, Gottfried (2014) Plädoyers von Angehörigen, Psychiatrieerfahrenen und Medizinern, in: Hohendorf, Gerrit / Raueiser, Stefan / Cranach, Michael von / Tiedemann, Sibylle von (Hg.) *Die „Euthanasie"-Opfer zwischen Stigmatisierung und Anerkennung. Forschungs- und Ausstellungsprojekte zu den Verbrechen an psychisch Kranken und die Frage der Namensnennung der Münchner „Euthanasie"-Opfer*, Münster, S. 167-176.

Aly, Götz (1985) Der saubere und der schmutzige Fortschritt, in: Aly, Götz / Masuhr, Karl Friedrich / Lehmann, Maria / Roth, Karl Heinz / Schultz, Ulrich (Hg.) *Reform und Gewissen. »Euthanasie« im Dienst des Fortschritts* (Beiträge zur nationalsozialistischen Gesundheits- und Sozialpolitik, Bd. 2), Berlin, S. 9-78.

Aly, Götz (2014) *Die Belasteten. ›Euthanasie‹ 1939-1945. Eine Gesellschaftsgeschichte*, Frankfurt a. M.

Arbeitskreis zur Erforschung der nationalsozialistischen „Euthanasie" und Zwangssterilisation (Hg.) (2012) *NS-Euthanasie in der „Ostmark"* [Münster u.a.].

Ash, Michel G. (2002) Wissenschaft und Politik als Ressourcen für einander, in: v. Bruch, Rüdiger / Kaderas, Brigitte (Hg.) *Wissenschaften und Wissenschaftspolitik. Bestandaufnahmen zur Formationen, Brüchen und Kontinuitäten im Deutschland des 20. Jahrhunderts*, Stuttgart, S. 32-51.

Baader, Gerhard / Schultz, Ulrich (Hg.) (1989) *Medizin und Nationalsozialismus. Tabuisierte Vergangenheit-Ungebrochene Tradition?* 4. Aufl., Berlin.

Baader, Gerhard / Schultz, Ulrich (Hg.) (2010) *Medizin und Nationalsozialismus. Tabuisierte Vergangenheit-Ungebrochene Tradition?* Berlin.

Bashford, Alison / Levine, Philippa (eds.) (2010) *The Oxford Handbook of the History of Eugenics*, Oxford.

Bauer, Erwin / Fischer, Eugen / Lenz, Fritz (1921) *Grundriß der menschlichen Erblichkeitslehre und Rassenhygiene,* Band II, München.

Beddies, Thomas (2002) Kinder und Jugendliche in der brandenburgischen Heil- und Pflegeanstalt

ヤ行

ラ行

ワ行

ナ行

ハ行

マ行

タ行

事項索引

略号

ア行

マ行

ヤ行

ラ行

人名索引

著者紹介

中野智世（なかの・ともよ）　成城大学文芸学部教授。専門はドイツ近現代史・社会史。主著：*Familienfürsorge in der Weimarer Republik. Das Beispiel Düsseldorf*（Droste Verlag, 2008）、『近代ヨーロッパとキリスト教』（共編著、勁草書房、2016）、『歴史のなかの障害者』（共著、法政大学出版局、2014）、『近代ヨーロッパの探求⑮福祉』（共編著、ミネルヴァ書房、2012）。

木畑和子（きばた・かずこ）　成城大学名誉教授。専門はドイツ現代史。主著：『ユダヤ人児童の亡命と東ドイツへの帰還―キンダートランスポートの群像』（ミネルヴァ書房、2015）、『ドイツ社会史』（共著、有斐閣、2001）、『ナチズムのなかの20世紀』（共著、柏書房、2002）、W・ラカー『ホロコースト大事典』（共訳、柏書房、2003）、V・ギッシング『キンダートランスポートの少女』（未來社、2008）。

梅原秀元（うめはら・ひではる）　立教大学文学部特任准教授。専門は近現代のドイツをフィールドに医学史・科学と社会の関係の歴史・社会史。主著：*Gesunde Schule und Gesunde Kinder. Schulhygiene in Düsseldorf 1880-1933*（Klartext Verlag, 2013）、「第一次世界大戦における医学と兵士の体―ドイツを事例に」（『軍事史学』第53巻第4号、2018）、「『治療と絶滅』から『過去との対話と改革』へ―20世紀ドイツ精神医療史」（共著、『日本医史学雑誌』第59巻第4号、2013）。

紀　愛子（きの・あいこ）　早稲田大学等非常勤講師。専門はドイツ現代史。主著：「「ナチスによる『安楽死』および強制断種被害者の会」の歴史と活動」（『早稲田大学大学院文学研究科紀要第4分冊』第61号、2015）、「ナチスによる強制断種の被害者に対する戦後補償政策の展開」（『史観』第179号、2018）、『ヨーロッパ史のなかの思想』（共著、彩流社、2016）。

「価値を否定された人々」
――ナチス・ドイツの強制断種と「安楽死」

（検印廃止）

2021年10月10日　初版第1刷発行
2021年12月25日　初版第2刷発行

著　者　中野智世
　　　　木畑和子
　　　　梅原秀元
　　　　紀　愛子

発行者　武市一幸

発行所　株式会社 新評論

〒169-0051 東京都新宿区西早稲田3-16-28
http://www.shinhyoron.co.jp

TEL 03（3202）7391
FAX 03（3202）5832
振替 00160-1-113487

定価はカバーに表示してあります
落丁・乱丁本はお取り替えします

装幀　山田英春
印刷　フォレスト
製本　松岳社

ISBN978-4-7948-1192-9
Printed in Japan

「歴史に学ぶ」新評論の話題の書

T. トドロフ／小野潮訳 **善のはかなさ** ISBN978-4-7948-1180-6	四六 246頁 3300円 〔21〕	【ブルガリアにおけるユダヤ人救出】ユダヤ人強制収容所送りを食い止めた国，ブルガリア。政治上の善を可能にしたこの国の土壌に迫り，善を到来させた人々の行動・感情に学ぶ。
T. トドロフ／大谷尚文・小野潮訳 **野蛮への恐怖、文明への怨念** ISBN978-4-7948-1154-7	A5 328頁 3850円 〔20〕	【「文明の衝突」論を超えて「文化の出会い」を考える】あらゆる暴力の源泉にある「人間的なもの」。他者性排斥と善悪二元論に打ち克つための，万人に求められる思考実践，共存の形式。
T. トドロフ／小野潮訳 **屈服しない人々** ISBN 978-4-7948-1103-5	四六 324頁 2970円 〔18〕	「知られざる屈服しない人々に捧げる」。エティ・ヒレスム，ティヨン，パステルナーク，ソルジェニーツィン，マンデラ，マルコムX，シュルマン，スノーデン。8人の“憎しみなき抵抗”の軌跡。
林幸子編著 **改訂新装版** **テレジンの子どもたちから** ISBN978-4-7948-1184-4	A5 248頁 2640円 〔00/21〕	【ナチスに隠れて出された雑誌『VEDEM（ヴェデム）』より】チェコの「テレジン・ユダヤ人強制収容所」の中で子どもたちが発行し続けた日記・詩・絵の永久保存版。カラー口絵付。
M. グルエンバウム＋T. ハサク＝ロウィ 林幸子・酒井佑子訳 **太陽はきっとどこかで輝いている** ISBN 978-4-7948-1183-7	四六 404頁 2750円 〔21〕	【ホロコーストの記憶】テレジン強制収容所に8歳で収容され，15歳で解放された著者M. グルエンバウム（90歳）が，ホロコーストの実態を子どもの目線で回想した貴重な記録。
M. フェロー／小野潮訳 **戦争を指導した七人の男たち** ISBN978-4-7948-0971-1	四六 558頁 6050円 〔15〕	【1918～45年／並行する歴史】無差別空爆，大量殺戮，民間動員，民族・人種差別は何故に拡大したか。大戦指導者各々の言動を付き合わせ，各々の事件を巨視的観点から読み直す。
M. フェロー／片桐祐・佐野栄一訳 **植民地化の歴史** ISBN978-4-7948-1054-0	A5 640頁 7150円 〔17〕	【征服から独立まで／一三～二〇世紀】数百年におよぶ「近代の裏面史」を一望する巨大な絵巻物。今日世界を覆うグローバルな収奪構造との連続性を読み解く歴史記述の方法。
A. J. ノチェッラ2世＋C. ソルター＋J. K. C. ベントリー編／ 井上太一訳 **動物と戦争** ISBN 978-4-7948-1021-2	四六 308頁 3080円 〔15〕	【真の非暴力へ，《軍事－動物産業》複合体に立ち向かう】「人間の，人間による，人間のための平和思想」には限界がある。《平和》概念を人間以外の動物の観点から問い直す。
菊地昌実 **絶対平和論** ISBN978-4-7948-1084-7	四六 248頁 1650円 〔18〕	【日本は戦ってはならない】西洋近代の受容，植民地主義，天皇制，琉球・アイヌ，対米従属，核政策…。明治150年，日本近代の鏡像を通じて我が国の歩むべき道を考える。
G. ケペル＋A. ジャルダン／義江真木子訳 **グローバル・ジハードのパラダイム** ISBN 978-4-7948-1073-1	四六 440頁 3960円 〔17〕	【パリを襲ったテロの起源】ウェブ時代のテロはいかに生成されるか。イスラム主義研究の第一人者が，現代のジハード主義を生み出した個人史・イデオロギー・暴力の接点に迫る。
O. ロワ／辻由美訳 **ジハードと死** ISBN978-4-7948-1124-0	四六 224頁 1980円 〔19〕	「イスラーム国」が崩壊しても問題は解決しない――。テロリストの膨大なプロファイルを非宗教的観点から読み解き，周縁化された若者たちを「死にがい」に誘う幻想の正体を暴く。
中野憲志編 **終わりなき戦争に抗う** ISBN 978-4-7948-0961-2	四六 292頁 2970円 〔14〕	【中東・イスラーム世界の平和を考える10章】「積極的平和主義」は中東・イスラーム世界の平和を実現しない。対テロ戦争・人道的介入を超える21世紀のムーブメントを模索する。
J. ブリクモン／N. チョムスキー緒言／菊地昌実訳 **人道的帝国主義** ISBN 978-4-7948-0871-4	四六 310頁 3520円 〔11〕	【民主国家アメリカの偽善と反戦平和運動の実像】人権擁護，保護する責任，テロとの戦い…戦争正当化イデオロギーは誰によってどのように生産されてきたか。欺瞞の根源に迫る。

価格は消費税込みの表示です。

「もう一歩先へ！」新評論の話題の書

B. ラトゥール／川村久美子編訳 **地球に降り立つ** ISBN978-4-7948-1132-5	四六 240頁 2420円 〔19〕	【新気候体制を生き抜くための政治】空気, 海洋, 氷河, 気象, 土壌, 生命…地球上のあらゆる抗議者が声を上げている。人間－自然, グローバル－ローカル, 右派－左派…近代的二分法を問い直す。
B. ラトゥール／川村久美子訳・解題 **虚構の「近代」** ISBN978-4-7948-0759-5	A5 328頁 3520円 〔08〕	【科学人類学は警告する】解決不能な問題を増殖させた近代人の自己認識の虚構性とは。自然科学と人文・社会科学をつなぐ現代最高の座標軸。世界27ヶ国が続々と翻訳出版。好評６刷
ヴォルフガング・ザックス＋ティルマン・ザンタリウス編／川村久美子訳・解題 **フェアな未来へ** ISBN 978-4-7948-0881-3	A5 430頁 4180円 〔13〕	【誰もが予想しながら誰も自分に責任があるとは考えない問題に私たちはどう向きあっていくべきか】「予防的戦争」ではなく「予防的公正」を！スーザン・ジョージ絶賛の書。
W.ザックス／川村久美子・村井章子訳 **地球文明の未来学** ISBN 4-7948-0588-8	A5 324頁 3520円 〔03〕	【脱開発へのシナリオと私たちの実践】効率から充足へ。開発神話に基づくハイテク環境保全を鋭く批判！先進国の消費活動自体を問い直す社会的想像力へ向けた文明変革の論理。
C. ディオン／丸山亮・竹上沙希子訳 **未来を創造する物語** ISBN978-4-7948-1145-5	四六 200頁 1980円 〔20〕	【現代のレジスタンス実践ガイド】コロナ後の世界の風景。人々を世界的な環境行動へと導いた映画『TOMORROW』の監督が,「生」と「共」のためのもう一つの行動を呼びかける。
ポール・ヴィリリオ／土屋進訳 **黄昏の夜明け** ISBN 978-4-7948-1126-4	四六 272頁 2970円 〔19〕	【光速度社会の両義的現実と人類史の今】「速度の政治経済学」の提唱を通じ, 人類社会の光と闇の実体に迫る。時代の最先端で闘い続けたヴィリリオの思想的歩み, その到達点。
ポール・ヴィリリオ／土屋進訳 **瞬間の君臨** ISBN4-7948-0598-5	四六 220頁 2640円 〔03〕	【世界のスクリーン化と遠近法時空の解体】情報技術によって仮想空間が新たな知覚空間として実体化していく様相を, 最新の物理学的根拠や権力の介入の面から全面読解！
ポール・ヴィリリオ／土屋進訳 **情報エネルギー化社会** ISBN4-7948-0545-4	四六 236頁 2640円 〔02〕	【現実空間の解体と速度が作り出す空間】絶対速度が空間と時間を汚染している現代社会（ポスト工業化社会）。そこに立ち現れた仮想現実空間の実相から文明の新局面を開示。
B. スティグレール／G. メランベルジェ＋メランベルジェ眞紀訳 **象徴の貧困** ISBN 4-7948-0691-4	四六 256頁 2840円 〔06〕	【1. ハイパーインダストリアル時代】規格化された消費活動, 大量に垂れ流されるメディア情報により, 個としての特異性が失われていく現代人。深刻な社会問題の根源を読み解く。
B. スティグレール／浅井幸夫訳 **偶有（アクシデント）からの哲学** ISBN 978-4-7948-0817-2	四六 196頁 2420円 〔09〕	【技術と記憶と意識の話】デジタル社会を覆う「意識」の産業化,「記憶」の産業化の中で,「技術」の問題を私たち自身の「生」の問題として根本から捉え直す万人のための哲学書。
C. ラヴァル／菊地昌実訳 **経済人間** ISBN978-4-7948-1007-6	四六 448頁 4180円 〔15〕	【ネオリベラリズムの根底】利己的利益の追求を最大の社会的価値とする人間像はいかに形づくられてきたか。西洋近代功利主義の思想史的変遷を辿り, 現代人の病の核心に迫る。
佐野誠 **99%のための経済学【教養編】** ISBN 978-4-7948-0920-9	四六 216頁 1980円 〔12〕	【誰もが共生できる社会へ】「新自由主義サイクル」＋「原発サイクル」＋「おまかせ民主主義」＝共生の破壊…悪しき方程式を突き崩す,「市民革命」への多元的な回路を鮮やかに展望。
折原利男編著　ゲスト▶ミランダ・シュラーズ **脱原子力　明るい未来のエネルギー** ISBN978-4-7948-1146-2	四六 200頁 1980円 〔20〕	【ドイツ脱原発倫理委員会メンバー　ミランダ・シュラーズさんと考える「日本の進むべき道筋」】福島市・郡山市・東京, ミランダさん訪日イベントの全記録。次世代のための必読書。

価格は消費税込みの表示です。